教育・保育カリキュラム論

新・基本保育シリーズ ⑬

監修
公益財団法人
児童育成協会

編集
千葉 武夫
那須 信樹

中央法規

新・基本保育シリーズ
刊行にあたって

　認可保育所を利用したくても利用できない、いわゆる「保育所待機児童」は、依然として社会問題になっています。国は、その解消のために「子育て安心プラン」のなかで、保育の受け皿の拡大について大きく謳っています。まず、2020年度末までに全国の待機児童を解消するため、東京都ほか意欲的な自治体への支援として、2018年度から2019年度末までの2年間で必要な受け皿約22万人分の予算を確保するとしています。さらに、女性就業率80％に対応できる約32万人分の受け皿整備を、2020年度末までに行うこととしています。

　子育て安心プランのなかの「保育人材確保」については、保育補助者を育成し、保育士の業務負担を軽減するための主な取り組みとして、次の内容を掲げています。
・処遇改善を踏まえたキャリアアップの仕組みの構築
・保育補助者から保育士になるための雇上げ支援の拡充
・保育士の子どもの預かり支援の推進
・保育士の業務負担軽減のための支援

　また、保育士には、社会的養護、児童虐待を受けた子どもや障害のある子どもなどへの支援、保護者対応や地域の子育て支援など、ますます多様な役割が求められており、保育士の資質および専門性の向上は喫緊の課題となっています。

　このような状況のなか、2017(平成29)年3月の保育所保育指針、幼稚園教育要領、幼保連携型認定こども園教育・保育要領の改定・改訂、2018(平成30)年4月の新たな保育士養成課程の制定を受け、これまでの『基本保育シリーズ』を全面的に刷新し、『新・基本保育シリーズ』として刊行することになりました。

　本シリーズは、2018(平成30)年4月に新たに制定された保育士養成課程の教科目の教授内容等に準拠し、保育士や幼稚園教諭など保育者に必要な基礎知識の習得を基本に、学生が理解しやすく、自ら考えることにも重点をおいたテキストです。さらに、養成校での講義を想定した目次構成になっており、使いやすさにも配慮しました。

　本シリーズが、保育者養成の現場で、保育者をめざす学生に広く活用されることをこころから願っております。

公益財団法人　児童育成協会

はじめに

　幼稚園・保育所・認定こども園は、このような子どもに育ってほしいとの願いである「保育理念」や「めざす子ども像」等をもっている。そして、これらの達成に向けて日々の保育を展開している。「保育理念」を実現するための道すじを示したものが幼稚園では「教育課程」、保育所および認定こども園では「全体的な計画」である。

　一例をあげると、神戸市では、保育の理念を「いのちを大切にする子ども」とし、具体的に「人の気持ちがわかる子ども」「自分で見て考え、自分の言葉でいう子ども」「豊かに感じとり、表現する子ども」「助けあい、力をあわせる子ども」「人や物とのかかわりを喜ぶ子ども」の5つをめざして保育を進めている。教育課程、全体的な計画においては、この「いのちを大切にする子ども」を育むために、発達過程区分ごとにさまざまな経験を通してめざす子どもの姿（ねらい）が示されている。「人の気持ちがわかる子ども」は、5歳のときに突然そのような状態になるのではなく、それまでの積み重ねによってできるようになる。これは、0歳児のときに十分に愛され受け止められ、安定感、安心感をもつ経験をすること、1歳児のときに人への基本的な信頼感を育む経験ができたことによって、醸成されていく。「人の気持ちがわかる子ども」に育っていくためにはそれまでの育ちが重要なのである。このことから、「めざす子ども像」を達成するためには、小さな年齢からの育ちの見通しが必要となるのである。それを計画的に示したものが教育課程、全体的な計画である。どの先生が保育をしても、保育理念にそった保育が展開できる重要な役割をもつものである。

　さて、保育者のなかには、「指導計画」の作成を非常に苦手とする人も多い。指導計画の本などだれかが作成した指導計画をそのまま使用する保育者もいる。しかし、保育者一人ひとりが子どもにさまざまな経験をさせたいとの思いや願いをもって環境を整備し実施した保育は、明らかに子どもが受ける経験の質が違う。例えば、秋の自然にふれさせたいと思ってただ単に散歩に出かける保育と、散歩をするなかで落ち葉の色の美しさ、形の違い、葉っぱのカサコソとした音や感触など五感を通して経験させたいと保育者が明確な「ねらい」をもって実施する散歩では、たとえ同じ時間、同じ場所であっても、子どもの受ける保育の質（経験の質）は、大きく異なる。このことからも目の前にいる子どもの姿から興味・関心にそって指導計画を作成することが重要なのである。

　本書では、第1講から第10講は、保育における計画の理論や指導計画の作成の方

針等を示してある。これは、自分で考え指導計画を作成できる力がつくことをめざしている。第11講から第15講では、乳児から小学校就学までの具体的な指導計画等を多く取り入れ、実践的な力を身につけることをめざしている。これが本書の構造的特徴である。子どもがその時その時をこころから喜び、真に豊かな人生を歩むための支援ができる内容となるように工夫した。

　最後に、この「教育・保育カリキュラム論」の執筆に際し、子どもの幸せのためにとの思いと願いをもって取り組んだ数多くの執筆者に敬意を表す。

　本書が、「子どもの生活や経験の質」の向上のために、いささかなりとも資すれば望外の幸せである。

2019年1月

千葉武夫・那須信樹

本書の特徴

- 3Stepによる内容構成で、基礎から学べる。
- 国が定める養成課程に準拠した学習内容。
- 各講は見開きで、見やすく、わかりやすい構成。

Step1

基本的な学習内容
保育者として必ず押さえておきたい
基本的な事項や特に重要な内容を学ぶ

Step2

1. カリキュラムについて

カリキュラム（curriculum）という英語は、元はラテン語のクレーレ（currere）という動詞から派生したもので、本来は、スタートからゴールに至る陸上競技用の走路ないしは競争を意味していた。アメリカなどでは、元来そのような意味をおびていたはずのカリキュラムという語が、学校教育の分野でいつしか、学校に入学した子どもがそこを卒業するまでにたどることになる計画されたコース（course）を指すものとして転用されるようになり、ついには、わが国でも、その語が「教育課程」として訳出され、使用されるに至っている。

さて、この語源に関していえば、幼稚園・保育所におけるカリキュラムとは、子どもが幼稚園・保育所における保育者の援助のもとに、目標をめざして進んでいく走路とかコース、すなわち幼稚園・保育所における活動経験の系列を意味する。いいかえれば、カリキュラムとは、教育（保育）目標を達成するために、その目標に照らして、子どもが幼稚園（保育所）で活動する内容を取捨選択し、整理して編成した、全体の教育（保育）計画であるといってよい。

2. カリキュラムの類型について

教科カリキュラム・経験カリキュラム

カリキュラムを典型的な2つの傾向に大別すると、教科カリキュラムと経験カリ

Step1

1. 幼稚園教育要領・保育所保育指針の変遷

保育は、子どもの日々の生活を、安定した情緒のもとで発展させ、望ましい発達を援助するものである。そのためにも、幼稚園や保育所、または認定こども園において、あらかじめ計画を立案し、それに基づいて保育を展開することは、きわめて重要とされている。こうした計画がカリキュラム（curriculum）であり、幼稚園においては「教育課程」、保育所や幼保連携型認定こども園においては「全体的な計画」といわれている。

「教育課程」「全体的な計画」が必要な根拠

幼稚園教育要領では、「各幼稚園においては、教育基本法及び学校教育法その他の法令並びにこの幼稚園教育要領の示すところに従い、創意工夫を生かし、幼児の心身の発達と幼稚園及び地域の実態に即応した適切な教育課程を編成するものとする」（第1章 総則 第3 教育課程の役割と編成等 1 教育課程の役割）と明記され、教育課程を編成することや、編成する際の基準が示されている。

また、保育所保育指針においても、「保育所は、1の(2)に示した保育の目標を達成するために、各保育所の保育の方針や目標に基づき、子どもの発達過程を踏まえて、保育の内容が組織的・計画的に構成され、保育所の生活の全体を通して、総合的に展開されるよう、全体的な計画を作成しなければならない」（第1章 総則 3 保育の計画及び評価 (1) 全体的な計画の作成 ア）と明記され、全体的な計画を作成することや、作成する際の基準が示されている。

図表2-1 幼稚園と保育所、認定こども園の違い

	幼稚園	保育所	認定こども園
学校施設の別	学校	児童福祉施設	幼稚園（学校）・保育所（児童福祉施設）等
管轄	文部科学省	厚生労働省	文部科学省・厚生労働省・内閣府等
根拠法	学校教育法	児童福祉法	学校教育法・児童福祉法・教育基本法等
対象児	満3歳～小学校就学前の幼児	0歳～小学校就学前の保育を必要とする乳児・幼児	0歳～小学校就学前の子ども
カリキュラムの基準	幼稚園教育要領	保育所保育指針	幼稚園教育要領・保育所保育指針・幼保連携型認定こども園教育・保育要領

幼稚園教育要領・保育所保育指針のこれまでの流れ

戦後わが国は、再び戦争の惨禍が起こることのないようにすることを決意し、1946（昭和21）年、主権が国民に存することを宣言した日本国憲法を制定した。そして翌年の1947（昭和22）年には、日本国憲法に基づいた教育基本法、学校教育法、児童福祉法が制定され、戦後の新たな日本の教育および福祉の方向性が法によって示されたのである。

1948（昭和23）年、文部省（現・文部科学省）は、幼稚園教諭・保育所保母（現・保育所保育士）・一般の母親を対象に、「保育要領──幼児教育の手引き」を示した。これが、現在の幼稚園教育要領、保育所保育指針、幼保連携型認定こども園教育・保育要領の源流であり、その後図表2-2の流れで、内容等の改訂（定）がなされていった。

2. 幼保連携型認定こども園教育・保育要領について

2006（平成18）年6月15日、「就学前の子どもに関する教育、保育等の総合的な提供の推進に関する法律」（認定こども園法）が制定、同年10月1日から施行され、「認定こども園」の制度がはじまった。

これは、少子化・女性の社会参画や就労形態の多様化等で、幼稚園在園児数の減少や保育所の待機児童の増加が社会的課題となっていることなどから、現代の保育ニーズに適切かつ柔軟に対応するため、幼児教育・保育制度について新たな選択肢を増やし制度化したものである。

そして2012（平成24）年には、認定こども園法の一部が改正され、教育ならびに保育を行う「幼保連携型認定こども園」（同法第2条第7項）、教育を行う「幼稚園型認定こども園」（同法第3条第2項第1号）、保育を行う「保育所型認定こども園」（同法第3条第2項第2号）と、「地方裁量型認定こども園」（同法第3条第2項第3号）による、新制度がはじまった。

新制度における認定こども園においては、区分の複雑さ等により、今も若干の混乱が生じているところもある。しかしながら、その原点が「我が国の未来の担い手である子どもたちやその保護者の幸福の追求」のためにあることを、経営者や園長等の責任者および保育者は忘れてはならない。

また、認定こども園において働く保育者の職名が「保育教諭」と呼ばれることになり、幼稚園教諭免許と保育士資格の双方を有していることが原則となった。した

Step3

1. 幼稚園の創設者

フレーベル

「さあ、私たちの子どもらに、生きよう！」という言葉を残したフレーベル(Fröbel, F. W. A., 1782～1852年)は、まさに児童中心主義の幼児教育者であり、実践家である。彼は、1840年に世界初の「幼稚園（ドイツ語：キンダーガルテン。英語：キンダーガーテン）」を創設したことで有名であるが、それと同時に、教育遊具であるガーベ＝恩物を考案作製し、幼児のカリキュラムに取り入れている。主要な著述には、『人間の教育(人の教育)』『母の歌と愛撫の歌』などがある。

また、フレーベルは、『社会契約論』『エミール』を著し、「自然へ還れ」というスローガンや消極教育や感覚教育を提唱したルソー(Rousseau, J. J., 1712～1778年)や、「直感教授」「直感ABC」などの教授方法を提唱し、『隠者の夕暮れ』『リーンハルトとゲルトルート』などを著したペスタロッチー(Pestalozzi, J. H., 1746～1827年)に多大な影響を受け、経験カリキュラム的スタンスに立つ教育者であった。

2. カリキュラムの歴史──明治期の保育

明治期の幼稚園教育

1872(明治5)年「学制」の制定後の、1876(明治9)年に日本最初の国立幼稚園である東京女子師範学校附属幼稚園(現：お茶の水女子大学附属幼稚園)が誕生する。初代監事(園長)は、フレーベルが考案したガーベ(Gabe)を恩物と訳し、その使用法を訳した『幼稚園法二十遊嬉』を著した、関信三である。ドイツ語であるガーベ(Gabe)は、英語ではギフト(Gift)であり、神様から子どもへの贈り物という意味を込めて名づけられた。

東京女子師範学校附属幼稚園の保育科目(現：保育内容)は、「第1物品科・第2美麗科・第3知識科」の3科に分かれていたが、具体的には、その内容のほとんどは、幼児の知力の増進を図るための教材として解釈された恩物を、教師の指導のもとに操作することに重点がおかれた。したがって、このことは教科カリキュラム的な立場にほかならない。そしてその内容は、小学校の時間割のごとく進められ、この方法がわが国の幼稚園教育の指針になっていくのである。

図表2-6は、明治後期の日本国内のある幼稚園の参考例である。

3. カリキュラムの歴史──昭和初期の保育

倉橋惣三

先に述べたように、幼稚園教育が恩物によってあたかも教科の授業のようになっていったことは、やがて批判されることになる。

倉橋惣三(1882～1955年)は、東京帝国大学で哲学を学んだ後、東京女子高等師範学校教員を務め、その後、同校附属幼稚園の主事に就任した。学生時代より同園において子どもとともに遊び、子どもと学んでいた彼は、形式的恩物操作主義に陥っていた当時の幼児教育を批判した。そして、フレーベルが本来めざしたはずの遊びを重視した児童中心の幼児教育を主張した。また、附属幼稚園の恩物をすべて1つの篭の中に入れ、自由に遊べる道具として使用させたことや、幼児の生活そのものをカリキュラムに取り入れようとする考えから、「生活を生活で生活へ」と語ったことは後の有名なエピソードである。主要な著述には、『幼稚園保育法真諦』『幼稚園雑草』などがある。

さらに倉橋は、保育は自由に・生活のなかで・遊びを通して行うべきとし、「誘導保育論」(幼児のさながらの生活)「自由と設備」→「自己充実」→「充実指導」→「誘導」→「教導」も提唱した。すなわちそれは、これまでの教科カリキュラム的な立場ではなく、経験カリキュラム的な立場に立つものであった。

日本のフレーベルと呼ばれることもある倉橋の思想および理論は、現行の幼稚園教育要領の「幼児の自発的な活動としての遊びは、心身の調和のとれた発達の基礎

図表2-4 『幼稚園教育要領』『保育所保育指針』『幼保連携型認定こども園教育・保育要領』における5領域とカリキュラム

Step2

基本を深めた学習内容

Step1をふまえ、より詳しい内容、多様化する保育者の役割、児童福祉や教育との関連などを学ぶ

Step3

発展的な学習内容

近年の動向、関連領域の知識など、発展的な内容を学ぶ

保育士養成課程——本書の目次
対応表

　指定保育士養成施設の修業教科目については国で定められており、養成課程を構成する教科目については、通知「指定保育士養成施設の指定及び運営の基準について」（平成15年雇児発第1209001号）において、その教授内容が示されている。

　本書は保育士養成課程における「教科目の教授内容」に準拠しつつ、授業で使いやすいよう全15講に目次を再構成している。

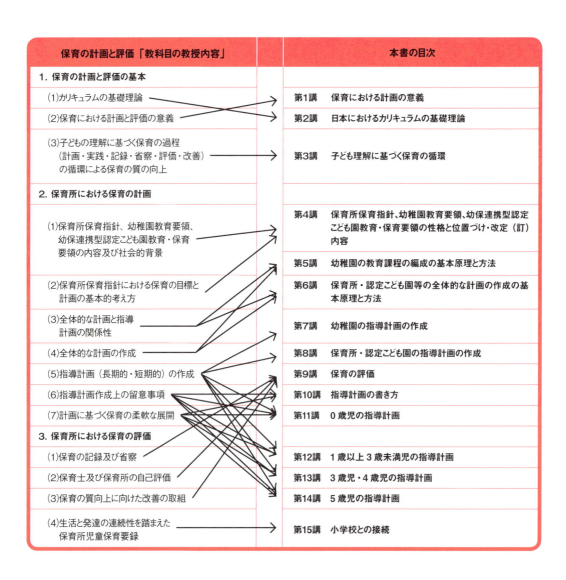

保育の計画と評価「教科目の教授内容」	本書の目次
1. 保育の計画と評価の基本	
(1) カリキュラムの基礎理論	第1講　保育における計画の意義
(2) 保育における計画と評価の意義	第2講　日本におけるカリキュラムの基礎理論
(3) 子どもの理解に基づく保育の過程（計画・実践・記録・省察・評価・改善）の循環による保育の質の向上	第3講　子ども理解に基づく保育の循環
2. 保育所における保育の計画	
(1) 保育所保育指針、幼稚園教育要領、幼保連携型認定こども園教育・保育要領の内容及び社会的背景	第4講　保育所保育指針、幼稚園教育要領、幼保連携型認定こども園教育・保育要領の性格と位置づけ・改定（訂）内容
	第5講　幼稚園の教育課程の編成の基本原理と方法
(2) 保育所保育指針における保育の目標と計画の基本的考え方	第6講　保育所・認定こども園等の全体的な計画の作成の基本原理と方法
(3) 全体的な計画と指導計画の関係性	第7講　幼稚園の指導計画の作成
(4) 全体的な計画の作成	第8講　保育所・認定こども園の指導計画の作成
(5) 指導計画（長期的・短期的）の作成	第9講　保育の評価
(6) 指導計画作成上の留意事項	第10講　指導計画の書き方
(7) 計画に基づく保育の柔軟な展開	第11講　0歳児の指導計画
3. 保育所における保育の評価	
(1) 保育の記録及び省察	第12講　1歳以上3歳未満児の指導計画
(2) 保育士及び保育所の自己評価	第13講　3歳児・4歳児の指導計画
(3) 保育の質向上に向けた改善の取組	第14講　5歳児の指導計画
(4) 生活と発達の連続性を踏まえた保育所児童保育要録	第15講　小学校との接続

CONTENTS

新・基本保育シリーズ　刊行にあたって
はじめに
本書の特徴
保育士養成課程――本書の目次　対応表

第1講　保育における計画の意義

Step1
1. 計画はなぜ必要か ……… 2
2. 子どもの主体性を尊重した保育 ……… 2
3. 計画のための要点 ……… 3

Step2
1. 全体的な計画作成の基本 ……… 4
2. 計画作成のポイント ……… 6

Step3
1. 保育における評価の意義 ……… 8
2. PDCAサイクルを意識した保育の評価と計画の再編成 ……… 8
3. 保育者の専門性として求められる「省察」する力 ……… 9

COLUMN　「計画する力」を強化する「実体験」 ……… 12

第2講　日本におけるカリキュラムの基礎理論

Step1
1. 幼稚園教育要領・保育所保育指針の変遷 ……… 14
2. 幼保連携型認定こども園教育・保育要領について ……… 15

Step2
1. カリキュラムについて ……… 18
2. カリキュラムの類型について ……… 18

Step3
1. 幼稚園の創設者 ……… 20
2. カリキュラムの歴史――明治期の保育 ……… 20
3. カリキュラムの歴史――昭和初期の保育 ……… 21
4. カリキュラムの歴史――倉橋以降から現代まで ……… 23

第3講　子ども理解に基づく保育の循環

Step1　これから求められる教育の方向性 ……… 26

Step2
1. カリキュラム・マネジメントの実現に向けて ……… 28
2. より機能的なカリキュラム・マネジメントをめざして ……… 29

　　　　3. カリキュラム・マネジメントとアクティブ・ラーニング ……………… 30
　　　　4. カリキュラム・マネジメントと評価 …………………………………… 31
　　　　5. カリキュラム・マネジメントと指導計画 ……………………………… 32
　Step3　1. 教育課程および全体的な計画と指導計画 …………………………… 34
　　　　2. 指導計画の考え方 ……………………………………………………… 34
　COLUMN　初めて出会う先生としての自覚と責任 …………………………………… 36

第4講　保育所保育指針、幼稚園教育要領、幼保連携型認定こども園教育・保育要領の性格と位置づけ・改定（訂）内容

　Step1　1.「幼稚園教育要領」「保育所保育指針」「幼保連携型認定こども園教育・保育要領」の性格 ………………………………………………… 38
　　　　2. 幼児教育としての共通性 ……………………………………………… 39
　　　　3. 幼児教育において育みたい資質・能力 ………………………………… 39
　Step2　幼稚園教育要領、保育所保育指針、幼保連携型認定こども園教育・保育要領の改定（訂）内容 …………………………………………………… 42
　Step3　1. 保育内容をより深く理解するための演習 …………………………… 46
　　　　2. 保育の質の向上のための取り組み …………………………………… 46
　COLUMN　運動指導に関しての注意点 …………………………………………………… 48

第5講　幼稚園の教育課程の編成の基本原理と方法

　Step1　1. 幼稚園における幼児教育 ………………………………………………… 50
　　　　2. 幼稚園教育要領における教育課程と全体的な計画 ………………… 51
　Step2　1. 教育課程編成の基本 …………………………………………………… 52
　　　　2. 教育課程編成の手順 …………………………………………………… 53
　　　　3. 全体的な計画の作成 …………………………………………………… 54
　Step3　1. カリキュラム・マネジメントの必要性 …………………………………… 56
　　　　2.「課題」のとらえ方とカリキュラム・マネジメント …………………… 57
　　　　3. カリキュラム・マネジメントを行う組織のあり方 ……………………… 58
　COLUMN　ある職員室の光景 …………………………………………………………… 60

第6講　保育所・認定こども園等の全体的な計画の作成の基本原理と方法

Step1
1. 全体的な計画とは 62
2. 全体的な計画とその他の計画との関係性 63

Step2
1. 全体的な計画の作成の基本 66
2. 全体的な計画の評価と改善 67
3. 全体的な計画の作成手順 67

Step3
1. 児童福祉施設における計画と意義 70
2. 自立支援計画の策定過程とその展開 71

COLUMN 保育を計画する楽しみ 74

第7講　幼稚園の指導計画の作成

Step1
1. 指導計画の必要性 76
2. 指導計画の関係性 76
3. 指導計画作成上の留意事項 77
4. 指導計画作成のポイント 80

Step2
1. 長期の指導計画 82
2. 年間指導計画 82
3. 月の指導計画（月案） 84

Step3 短期の指導計画 86

COLUMN 「書く」ことを楽しもう 88

第8講　保育所・認定こども園の指導計画の作成

Step1
1. 指導計画の必要性 90
2. 指導計画作成上の留意事項 91

Step2 長期の指導計画 92

Step3 短期の指導計画 98

COLUMN 食物アレルギーのある子どもへの対応 102

第9講　保育の評価

Step1
1. 保育における評価とは……104
2. 保育者による評価と方向づけ……104
3. 子どもの育ちを肯定的にみる……105

Step2
1. 記録の意義……106
2. 記録の目的……106
3. 記録の原則……107
4. 記録を書くときの留意点……108
5. 記録の心得……109
6. 記録の記入例……110

Step3
1. 子どもの内面理解……112
2. 子どもと保育者への視点……112
3. 計画・実践・反省（評価）・改善と記録……113
4. 記録の教育的機能……114
5. 反省（評価）と記録の視点……114

第10講　指導計画の書き方

Step1
1. 指導計画とは……118
2. 指導計画の必要性……118
3. 幼児教育の新たな視点……119

Step2
1. 長期の指導計画……120
2. 年間指導計画の例……120

Step3
1. 短期の指導計画……122
2. 日案の書き方……122
3. 子ども理解をもとにした指導計画（個別の支援計画へ）……125

COLUMN セミの絵……128

第11講　0歳児の指導計画

Step1
1. 乳児の発達の特徴と配慮……130
2. 乳児の生活と計画……130

Step2
1. 保育所保育指針における3つの視点と5領域……132

		2. 指導計画作成の留意点	133
		3. 年間指導計画の実際	133
		4. 月の指導計画（月案）の実際	134
		5. 週の指導計画（週案）の実際	134
Step3		0歳児クラスの指導計画の作成	138
COLUMN		睡眠リズムと保育の計画	140

第12講　1歳以上3歳未満児の指導計画

Step1	1. 1歳以上3歳未満児の理解と保育内容	142
	2. 保育所保育指針における「1歳以上3歳未満児の保育」	142
Step2	1. 1歳以上3歳未満児の指導計画	144
	2. 個人差を考慮した指導計画	145
	3. 家庭との連続した生活を考慮した指導計画	145
	4. 指導計画作成のポイント	146
	5. 記録と評価	149
Step3	指導計画を立ててみよう	150
COLUMN	「自分で選びたい」「自分で決めたい」	152

第13講　3歳児・4歳児の指導計画

Step1	1. 指導計画作成の基本①──子ども理解に始まる保育のデザイン	154
	2. 指導計画作成の基本②──3歳以上児の保育に関するねらいおよび内容のとらえ方	155
	3. 指導計画作成の基本③	156
Step2	1. 指導計画の実際と展開の理解	158
	2. 指導計画の実際と展開の理解（異年齢保育）	160
Step3	園行事の指導計画	162
COLUMN	環境を工夫して、カリキュラムを可視化し、保護者との連携を図る	164

第14講　5歳児の指導計画

Step1	1. 5歳児の発達の特徴と保育者の配慮	166

　　　　2. 5歳児の発達に関する「保育内容」と「幼児期の終わりまでに育ってほしい姿」 166

Step2　1. 長期の指導計画を作成するうえで必要な子どもの姿の理解 168
　　　　2. 短期の指導計画作成の留意点 169

Step3　1. 実習生が作成する指導計画（指導案）の考え方 172
　　　　2. 年齢（発達）に応じた保育者の意図 172
　　　　3. 「ねらい」に込められた保育者の願い 173
　　　　4. 評価の観点 173

COLUMN　子どもの姿をイメージできること 178

第15講　小学校との接続

Step1　1. 乳幼児期の教育から小学校教育の接続を考える 180
　　　　2. 乳幼児期から大学までの体系的な教育の実施 182

Step2　1. 子どもの育ちを小学校へつなぐ資料を作成するために 186
　　　　2. 保育者にとって要録を作成する意味 188

Step3　1. 乳幼児期の教育との接続 190
　　　　2. 幼稚園教育要領、保育所保育指針、幼保連携型認定こども園教育・保育要領の改定（訂）のめざすところ 191

参考資料1　－法令等－

　　1-1　学校教育法（一部抜粋） 196
　　1-2　学校教育法施行規則（一部抜粋） 197
　　1-3　保育所保育指針（一部抜粋） 199
　　1-4　幼稚園教育要領（一部抜粋） 202
　　1-5　幼保連携型認定こども園教育・保育要領（一部抜粋） 205
　　1-6　保育内容「健康」（旧・保育所保育指針より） 210
　　1-7　保育内容「人間関係」（旧・保育所保育指針より） 211
　　1-8　保育内容「環境」（旧・保育所保育指針より） 212
　　1-9　保育内容「言葉」（旧・保育所保育指針より） 213
　　1-10　保育内容「表現」（旧・保育所保育指針より） 214
　　1-11　児童福祉施設の設備及び運営に関する基準（一部抜粋） 215

参考資料2 －指導計画等－

2-1 自立支援計画票（記入例） 218
2-2 幼稚園幼児指導要録（学籍に関する記録） 219
2-3 幼稚園幼児指導要録（最終学年の指導に関する記録） 220
2-4 3歳児　7月の指導計画──石川県むつみ会自主研究委員会 222
2-5 4歳児　12月の指導計画──石川県むつみ会自主研究委員会 224
2-6 5歳児　6月の指導計画──石川県むつみ会自主研究委員会 226

索引
企画委員一覧
編集・執筆者一覧

第1講

保育における計画の意義

子どもの健やかな健康と育ちにかかわる保育者は、そのために必要な環境を計画的に構成し、援助することが必要である。本講では、保育における計画の意義やその必要性の概略について解説する。
まず、子どもの主体性が尊重(そんちょう)されるための「計画性のある保育」の必要性を学び、次に、保育の全体的な計画の作成の基本となる要点について学びながら、最後に、専門職として求められる「省察(せいさつ)」する力の必要について学ぶ。

Step 1

1. 計画はなぜ必要か

　幼稚園や保育所、幼保連携型認定こども園には、それぞれ園固有の保育理念や保育方針が存在し、その規模や所在する地域性などにより、保育のありようは実に多様である。その多様性に富む保育を実践していくうえで基本となるのが、子どもの主体性を尊重（そんちょう）しながら、子ども自らが環境にかかわり、さまざまな環境との相互作用を通して得られる多様な体験を保障し、子どもが心身ともに健やかに育つのをめざすことである。

　このことは、専門職としての幼稚園教諭・保育士・保育教諭（以下、総称する場合は「保育者」）が果たすべき重要な役割の存在を示すものである。それは、「子どもが発達に必要な経験を積み重ねていくことができる環境を計画的に構成し、子どもの心身の状況により適切な援助をする」ことであり、子どもの発達特性と一人ひとりの子どもの実態をふまえた「見通し」ある保育を展開していくことである。ここに、「計画性のある保育」の必要性が指摘される根拠が存在する。

2. 子どもの主体性を尊重した保育

　保育の計画を立てるにあたっては、それぞれの園が有する保育理念や保育方針が重視されるとともに、すべての園において共有すべき前提が存在する。それは、幼稚園の場合は「幼児の主体性と指導の計画性」（「幼稚園教育要領解説」）であり、保育所の場合は「乳幼児期の発達の特性と一人一人の子どもの実態を踏まえ、保育の環境を計画的に構成すること」（「保育所保育指針解説」）である。幼保連携型認定こども園の場合も「園児の主体性と指導の計画性」（「幼保連携型認定こども園教育・保育要領解説」）の重要性が謳（うた）われている。つまり、保育の計画を立てる場合、その最優先事項として「子どもの主体性」が尊重されなければならない。

　この前提をふまえつつ、幼稚園の場合は「幼稚園教育要領」、保育所の場合は「保育所保育指針」に示された目標を達成するために、全体的な計画となる「教育課程」や「全体的な計画」を編成し、それをもとに「指導計画」が作成されることになる（第5講・第6講参照）。子どもの主体性を尊重し、子ども自らが環境にかかわり、環境との相互作用を通して多様な経験をすることで、子どもが心身共に健やかに育つことを保障できる具体的な計画が必要となる。

3. 計画のための要点

前述のとおり、計画性のある保育の実践にあたっては、子どもの主体性が尊重されなければならない。そこには、同時に「一貫性と柔軟性」といった保育者の姿勢が求められる。

「一貫性」とは、保育所の場合、0歳児から就学前までの子どもの育ちや学びへの見通しをもちながら、子どもの最善の利益を保障するという観点から、日々の保育所における生活をデザインし続けることである。「柔軟性」とは、保育者主導のもと、事前の計画どおりに保育を展開するのではなく、子どもの「今、ここ」に寄り添い、そのときどきの状況を見極めながら応答的な環境構成や必要な援助を行い、子ども自身の「生きる力」の基礎を培うことである。以下、一貫性と柔軟性に基づく計画性のある保育を展開していくための要点をあげる。

（1）発達の見通しをもつ・共有する

乳幼児期の子どもの発達特性を知り、それぞれの年齢における育ちや学びの傾向や特徴に見通しをもっておく必要がある。また、その見通しを職員間で共有しながら、園全体としての保育力の向上につなげていくことが求められる。

（2）調和のとれた発達を意識する

子どもの自由意思による活動に任せておくだけでは獲得できない発達課題がある。適切な時期に、適切な環境のもと、一人ひとりの発達を見通した援助を計画的に、かつていねいに行っていくことで、子どもの調和のとれた発達が可能となる。

（3）子どもの現実の活動に向き合う

保育という営みは、「実践の科学であり、個別性が強く、不確定要素が大きく、ライブで展開し、一般化が困難」[*1]という再現不可能な現実世界である。保育者は瞬間瞬間の出来事に向き合いながら、自らの保育を振り返り、よりよい保育を考え、それらを丹念に積み重ねていくという地道な現実世界を受け止めなくてはならない。このような現実世界に向き合い、調整し、改善を図っていくためにも、事前の保育の計画が必要となる。

（4）保護者との連携をふまえる

日々の保育は、各園（各所）が単独で行うものではない。保護者との連携・協働を前提としつつ、日常的な対話を重視した信頼関係の構築に努めていくなかではじめて実現されるものである。

---

*1 北野幸子「研修と研究の一体化の試み(1)」『遊育』第14号，p.26，2018.

Step 2

1. 全体的な計画作成の基本

　幼稚園や保育所、幼保連携型認定こども園では、幼稚園教育要領、保育所保育指針、幼保連携型認定こども園教育・保育要領において、いずれも「保育の計画と評価」が重視されている。保育実践を組織的に高めていくこと、子どもの実態把握と理解、保育実践への見通しとともに、計画的に進めていくための「教育課程」や「全体的な計画」の編成の必要性、評価による継続的な改善が求められている。

　教育課程や全体的な計画の編成にあたっては、保育の内容に関する全体的な計画の基盤として、教育基本法・児童福祉法・就学前の子どもに関する教育、保育等の総合的な提供の推進に関する法律（認定こども園法）・学校保健安全法等の法律、関連する政令や省令、要領や指針を位置づけながら、各園（各所）の建学や開設の精神をもとに教育目標・保育目標を設定し、子どもの実際の姿や各園（各所）の所在する地域性に照らし合わせながら創意工夫を図ることが求められる（**図表1-1**）。

　具体的な作成手順の一例について、幼保連携型認定こども園教育・保育要領を参考にまとめたものを次に示す。

図表1-1 保育の全体的な計画作成の基本

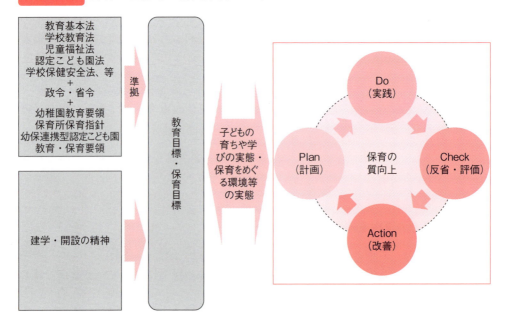

(1) 作成に必要な基本的事項についての理解を図る

- 関係法令、要領や指針、同解説等の内容について共通理解を図る。
- 自我の発達の基礎が形成される乳幼児期の発達、乳幼児期から児童期への発達についての共通理解を図る。
- 各園（各所）や地域の実態、園児の発達の実情等を把握する。
- 社会からの要請や保護者の願いなどを把握する。

(2) 各園（各所）における教育および保育の目標に関する共通理解を図る

- 現在の教育および保育が果たさなければならない課題や期待する園児像などを明確にして、教育および保育の目標についての理解を深める。

(3) 園児の発達の過程を見通す

- 園生活の全体を通して、園児がどのような発達をするのか、どの時期にどのような生活が展開されるのかなどの発達の節目を探り、長期的に発達を見通す。
- 園児の発達の過程に応じて、教育および保育の目標がどのように達成されていくかについて、およそ予測する。

(4) 具体的なねらいと内容を組織する

- 園児の発達の各時期にふさわしい生活が展開されるように、適切なねらいと内容を設定する。その際、園児の生活経験や発達の過程等を考慮して、園生活全体を通して、幼稚園・保育所・認定こども園のいずれにおいても、各要領・指針の第1章「総則」に示された事項をふまえながら、総合的に指導され、達成されるようにする。

(5) 教育および保育の内容に関する全体的な計画を実施した結果を反省、評価し、次の作成に活かす

　以上のような手順を踏みながら、教育課程や全体的な計画は編成されていく。とりわけ重要なことは、園（所）長のリーダーシップ、マネジメントのもと、全職員がこの編成過程に与することである（第3講・第4講参照）。例えば、各年齢の子どもたちの発達過程について全職員で話し合い、確認をしていくことで、3歳児の担当保育者は2歳児の、あるいは4歳児の発達過程や保育内容との連続性、継続性を意

写真1-1　A幼稚園の園内研修時における保育内容の検討

識しながら、3歳児にふさわしい保育内容の検討が可能となる。

　このように、自園の保育に対する共通認識を得ていく過程が重視されており、一人ひとりの保育者の資質の向上とともに、組織的な保育力を向上させていくことが保育施設には求められている。

2. 計画作成のポイント

　ここまで、保育の計画の主だった流れについて学んできたが、保育の計画とはあくまでも子どもの育ちや主体的な学びを保障していくために存在し、子どもが日々の園生活を豊かなものとし、さまざまな環境と主体的にかかわりながら活動していくことを援助するために存在する。

　しかしながら、ときに「計画」そのものが、保育者の都合で考えられる場合がある。実習生が陥りがちな問題と似ているのだが、実習時に行われる部分実習や責任実習時において、自ら作成した指導案どおりに保育を進めようとするあまり、子どもの姿が目に入らず、時間ばかりが気になり、結果的に子どもの育ちや学びを保障するどころか、独りよがりな、子ども不在の部分実習や責任実習になってしまう場合もある。こうした状況に陥らないためにも、計画作成のための主なポイントを押さえておく必要がある。

(1) 子どもの実態を把握する

　保育の計画で何より重要なのは、現在の子どもの実際の姿を把握し、全職員間で共有することである。要領や指針、あるいは専門書を頼りに綿密なまでの計画を立てたとしても、目の前にいる子どもの実態とかけ離れた目標や内容であれば、それは単なる「絵に描いた餅」にすぎない。

　乳幼児期の発達、乳幼児期から児童期への発達の諸相に関する理解に努めながら、子どもの興味や関心は何なのか、どのような要求をもっているのかなどを手がかりに、子どものよりよい育ちや、子どもが自ら多様な体験とともに学びに向かうための力を育んでいくことができる保育を構想する必要がある。

(2) 各園（各所）の実態を把握する

　全国各地に点在する幼稚園や保育所、認定こども園であるが、施設設備の状況や職員の状況、園児定員の状況、所在する地域や文化等々、その人的・物的な条件や地理的な条件などはおのずと異なってくる。当然のことながら、園児数が数百名の園と数十名の園とでは、保育の全体的な計画にも「違い」が出てくる。

　一方で、「違い」は各園（各所）の特色や独自性として評される場合もあるが、

その違いを園児獲得のためだけに強調し、子ども不在の大人の都合ばかりが優先される園運営が営まれている実態も一部存在する。

　要領や指針の基本的な事項に示された内容や、各園（各所）の根拠法となる法律に準拠し、それぞれの施設の社会的な役割や目的に照らし合わせながら、子どもを中心とした、より効果的な保育実践が可能となる工夫、配慮のうえに成り立つ計画が求められる。

（3）家庭の実態を把握する

　近年、保育所に限らず幼稚園や認定こども園でも、就労状況の多様化に伴い、生活形態の異なる保護者が増加している。それにともなって、各園（各所）に対する期待や要望もまた、年々多様化してきている。保護者の子育て支援（子育ち・親育ちとしての支援、さらには親子の関係性の支援）もまた、保育者に期待された社会的かつ専門職としての役割であり、その期待に応えるべく、さまざまな取り組みが展開されている。

　各園（各所）での保育を豊かなものにしていくうえで、家庭との連携・協働は欠くことのできない要因となる。多様化する期待や要望をどこまで保育内容に反映させていくのか、また園運営に反映させていくのか。各園（各所）、そしてすべての保育者の知恵の出しどころである。

（4）地域の実態を把握する

　家庭の実態と同様に、各園（各所）が所在する地域にも多様性が存在する。例えば、都市部と自然環境豊かな農村部での保育には、おのずと違いが出てくる。また、山間部と臨海部での保育には、おのずと違いが出てくる。同じ4月でも、沖縄県と北海道の保育にも、おのずと違いが出てくる。さまざまな「違い」は、各園（各所）の環境特性として、むしろその特性を活かした保育を展開できるような計画が必要である。

　同様に、地域に存在する社会的資源にも目を向ける必要がある。例えば、自園の近隣に所在する公的な施設にはどのようなものがあるのかを把握しておくことは大切である。保育施設・小学校・中学校・高等学校・大学、児童館、地域子育て支援センター、病院、警察署、消防署、社会教育センター等々、あるいは、自園の保育に協力してくれる人材の存在等々、保育をめぐる当事者になりうる施設や人とのつながりを積極的に活用した保育を展開できるような計画が必要である。

Step3

1. 保育における評価の意義

　保育における評価の位置づけについて、幼稚園教諭の場合、「幼児の実態及び幼児を取り巻く状況の変化などに即して指導の過程についての評価を適切に行い、常に指導計画の改善を図る」(幼稚園教育要領第1章　第4　2「指導計画の作成上の基本的事項」)とされている。保育士の場合は、「保育の計画や保育の記録を通して、自らの保育実践を振り返り、自己評価することを通して、その専門性の向上や保育実践の改善に努めなければならない」(保育所保育指針第1章　3「保育の計画及び評価」)とされており、保育教諭の場合には、「園児の実態及び園児を取り巻く状況の変化などに即して指導の過程についての評価を適切に行い、常に指導計画の改善を図る」(幼保連携型認定こども園教育・保育要領第1章　第2　2「指導計画の作成と園児の理解に基づいた評価」)とされている。

　このように、保育者には専門職の責務として、子ども理解にそった保育の計画やそれに基づいた実践に対して、多様な視点をもって振り返り、省察し、評価し、絶えず保育の質を向上させていくことが求められている。

2. PDCAサイクルを意識した保育の評価と計画の再編成

　保育は、通常、十分な子ども理解に基づく計画の作成、適切な環境の構成と活動の展開、子どもの活動にそった必要な援助、反省や評価に基づいた新たな計画の作成という循環を重ねながら展開されるものである。PDCAサイクルは、保育の質向上に援用されるマネジメント手法の1つであり、「子ども理解に基づく計画(Plan)」→「保育実践(Do)」→「反省・評価(Check)」→「改善(Action)」の循環を重視した保育の質向上をめざすためのしくみである(**図表1-2**)。

　具体的には、子どもの育ちや学びの実態をふまえた仮説としての「計画」を立て、環境への十分な配慮や子どもが必要とする援助とともに保育を「実践」し、それに基づいた「反省・評価」を行う。とりわけ「反省・評価」においては、「計画の目標に照らして評価する」ばかりでなく、「実践しつつ考え、考えつつ保育する」、まさに保育者としての「省察」するという行為がきわめて重要になってくる。次いで、今回の保育の「よかったところ」「課題として残ったところ」を明らかにし、次の保育の計画再編につなげ、さらによりよい実践をめざすということを繰り返し展開していく一連の弛まざる流れを意味する。

　この循環型モデルによる保育の質向上に向けた取り組みにおいては、「子ども理

解に基づく計画→保育実践→反省・評価→改善→」という流れを往還的かつらせん状に重ねながら向上させていく（spiral up）過程が重視される。その過程を通して子どもへの理解をさらに深め、保育を振り返るなかでよりよいカリキュラムを模索し、新たな保育をデザインしていく。そこに、子どもにとってふさわしい園生活のありようが立ち現れてくるのである。

　このことは、保育所を除く他の児童福祉施設においても、幼稚園や保育所、幼保連携型認定こども園と同様に、各個の自立支援計画については「アセスメント→計画策定→計画の実施→確認・事後評価→見直し→」という過程に基づいて、一人ひとりの児童に対する適切な支援が実施されることになる（第6講Step 3 参照）。

3. 保育者の専門性として求められる「省察」する力

　十分な子ども理解にそった入念な保育の計画やそれに基づく実践に対して、多様な視点をもって反省・評価し、改善を加えながら絶えず保育の質を向上させていく

図表1-2　PDCAサイクルを援用した保育評価モデル

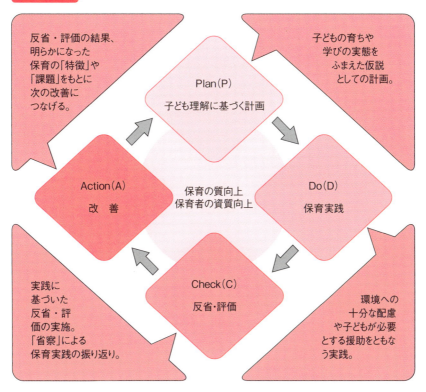

ことが、専門職としての保育者に求められている。加えて、反省や評価を深めていく行為としての「省察」が求められる。省察とは、まさに保育者としての自分自身と向き合うことに他ならない。

とりわけ、この省察の基盤になるものが保育者の専門性としての「振り返る」力や技術であり、ショーン（Schön, D. A.）が指摘する「反省的実践家」[*2]としての力量である。ここでは、反省的実践家として省察を通して保育の評価を深めていくための4つの要点を示す。

（1）「保育の事後」における振り返り

保育の振り返りについて、最も意識しやすいのが「保育の事後の振り返り」であろう。例えば、日誌を書きながら今日1日の子どもの様子について振り返る。保護者への対応のあり方について振り返る。あるいは先週の保育、先月の保育、そしてこの1年間の保育について振り返るというように、さまざまなときや場面への短期的・長期的なスパンからみた振り返りが必要である。

そしてこの振り返りを、次の日、次の1週間、次の1か月、次の学期（期）、次の1年間、さらには「教育課程」や「全体的な計画」の改善につなげていくことが、保育の事後を振り返る大きな意義となる。

（2）「保育行為のなかの瞬間瞬間」における振り返り

保育者は日々、保育を実践しながら、その瞬間瞬間において子どもを受容し、子どもが日常的な園生活のなかで表出してくるさまざまな心情や意欲、態度を受け止めながら、瞬時に専門職としての「判断」を行い、そのときどきの保育行為を決定しているとされる。さらに、子どもの表面的な言動のみならず、その子の家庭環境やこれまでの園生活の状況など、子どもの生活の背景にあるものまでも瞬間瞬間に振り返りながら、保育を実践しているのである。ショーンはこれを、「行為の中の反省＝reflection in action」と呼んでいる。

経験を積んだ多くの保育者が、さまざまな保育場面において臨機応変に対応できるのも、長年にわたって培ってきた保育経験をこの瞬間瞬間における振り返りに活かすことができているからだといえる。

（3）「子どもとの関係性」における振り返り

反省的実践家としての保育者は、「経験的に構成されたフレーム（枠組み・ものの見方・考え方・暗黙の理論）を反省的に自覚し、適用し、修正する、つまりは学

[*2] ドナルド・ショーン，佐藤学・秋田喜代美訳『専門家の知恵――反省的実践家は行為しながら考える』ゆみる出版，2001．

習し続ける存在」*3だとされる。

　日々の園生活のなかで、子どもと保育者の関係性はさまざまに変化していくものである。とりわけ、この「関係性」は保育者側のもつ発達観や保育観、そして子ども観（「子ども」という存在のとらえ方等）によって大きな影響を受ける。例えば、「大人は教え、子どもは学ぶ必要がある」とだけ考えるのか、「大人でも子どもから学ぶ必要がある」と考えるのかでは、保育の計画や実践にも当然影響が出てくる。

　「子どもから学ぶ」ことの重要性は、鯨岡も指摘している保育の両義性（「受け入れ・認め」つつ「教え・導く」）にも示される保育者の専門性の1つである*4。まさに、子どもとの関係性への振り返りを通して、保育者である自らの「経験的に構成されたフレーム」を超える行為、例えば、「子どもも大人も学び合う存在」であるとの認識や言動が求められるということである。つまり、子どもとの関係性における振り返りは、保育者としての器量や度量（創造性・公平性・発想力・技術力・表現力等々）が不断に子どもから問われ続けることへの覚悟をもって行われる必要がある。

（4）「専門的知識・技術」における振り返り

　今あなたが学んでいる専門的な知識や技術自体を、保育者になったあとも批判的に検証してみる必要がある。日々の園生活のなかで、子どもの理解がうまくできないとき、子どもの活動を広げてあげられないとき、保育者として蓄えてきた自らの知識や技術そのものを修正していく必要がある。このことは、何ら恥ずかしいことではない。自らの保育者としての成長に必要な課題や問題を明らかにし、その改善に向けて自覚的に取り組めるようになる点に、この振り返りによってもたらされる大きな効果がある。

　さて、こうした振り返りのなかから生まれてきた問題や課題は、保育者一個人の問題に帰せず、同僚である保育者や保育の研究者らが、保育者と協働しながら改善、対応していくべき問題である。併せて、さまざまな振り返りをより意味のあるもの、価値あるものにしていくためにも、保育者は省察を呼び起こす「記録」という行為の本質を理解しておかなければならない。まさに、「記録」という行為には、子どもや保護者とともに、保育者自らもまた成長していくことができる点に意義がある。

---

*3　全国保育士養成協議会専門委員会編著「保育士養成システムのパラダイム転換――新たな専門職像の観点から」『保育士養成資料集』第44号，全国保育士養成協議会，p.139，2006.
*4　鯨岡峻「保育者の専門性とは何か」『発達』第83号，ミネルヴァ書房，2000.

参考文献
- 津守真『保育の一日とその周辺』フレーベル館，1989.
- 鯨岡峻『保育・主体として育てる営み』ミネルヴァ書房，2010.
- 鯨岡峻「保育者の専門性とは何か」『発達』第83号，ミネルヴァ書房，2000.
- 森上史朗・高杉自子ほか編『(改訂) 幼稚園教育と評価——幼稚園幼児指導要録記入のために』ひかりのくに，1991.
- 厚生労働省「保育所保育指針解説」2018.
- 文部科学省「幼稚園教育要領解説」2018.
- 内閣府・文部科学省・厚生労働省「幼保連携型認定こども園教育・保育要領解説」2018.

COLUMN 「計画する力」を強化する「実体験」

　保育を学ぶ学生が「部分的に」作成する「保育の計画」が存在する。それは、多くの学生(実習生)が実習時に課せられることになる「指導案」と呼ばれるものである。担当する時間の長短により、「部分指導案」や「半日指導案」「全日指導案」など呼び方はさまざまである。一定の時間が割り当てられて、その時間内に活動のねらいや環境構成、準備物、対象年齢をふまえた保育者としての援助や配慮のあり方について時系列に並べ、具体的な保育実践の計画を記載していく。といってしまえば、頭では理解できるかもしれない。しかし、学生にとってはこれがなかなか難しいもののようである。

　指導案作成の重要な要点の1つは、予定したい活動の内容に対して、どのような「見通し」や「予測」を立てることができるかである。見通しや予測が具体的に立てられるか否かは、養成校で学び得た保育に関する専門的な知識が基盤になるのはもちろんのことであるが、実習体験を重ねていくなかで、「何分あればどのようなことができるのか」など、実践にあたっての「時間的な感覚」を身につけることができるかであり、これもまた指導案作成の要点となる。

　しかしながら、この感覚もまた頭で考えていただけでは身につくものではない。実習生として、限られた実習体験をどのように活かすのか。また、実習以外の場面でも、子どもと触れ合う時間を確保するなどの実体験が期待されるところである。「保育の計画」を侮るなかれ、である。

（那須信樹）

第2講

日本におけるカリキュラムの基礎理論

「子宝(こだから)」という言葉が示すように、子どもは私たちすべての大人にとっての宝である。その宝である、子どもの幸福を追求するため、子どものための教育・保育を計画し、実践することが、大人である教育者・保育者の努めである。まず、わが国の幼稚園教育要領や保育所保育指針等の変遷(へんせん)について理解し、続いてカリキュラム類型について学び、今後のカリキュラムのあり方について考える。最後に、幼児期の教育課程の歴史について学ぶ。

Step 1

1. 幼稚園教育要領・保育所保育指針の変遷

　保育は、子どもの日々の生活を、安定した情緒のもとで発展させ、望ましい発達を援助するものである。そのためにも、幼稚園や保育所、または認定こども園において、あらかじめ計画を立案し、それに基づいて保育を展開することは、きわめて重要とされている。こうした計画がカリキュラム（curriculum）であり、幼稚園においては「教育課程」、保育所や幼保連携型認定こども園においては「全体的な計画」といわれている。

「教育課程」「全体的な計画」が必要な根拠

　幼稚園教育要領では、「各幼稚園においては、教育基本法及び学校教育法その他の法令並びにこの幼稚園教育要領の示すところに従い、創意工夫を生かし、幼児の心身の発達と幼稚園及び地域の実態に即応した適切な教育課程を編成するものとする」（第1章　総則　第3　教育課程の役割と編成等　1　教育課程の役割）と明記され、教育課程を編成することや、編成する際の基準が示されている。

　また、保育所保育指針においても、「保育所は、1の(2)に示した保育の目標を達成するために、各保育所の保育の方針や目標に基づき、子どもの発達過程を踏まえて、保育の内容が組織的・計画的に構成され、保育所の生活の全体を通して、総合的に展開されるよう、全体的な計画を作成しなければならない」（第1章　総則　3　保育の計画及び評価　(1)　全体的な計画の作成　ア）と明記され、全体的な計画を作成することや、作成する際の基準が示されている。

図表2-1　幼稚園と保育所、認定こども園の違い

	幼稚園	保育所	認定こども園
学校施設の別	学校	児童福祉施設	幼稚園（学校）・保育所（児童福祉施設）等
管轄	文部科学省	厚生労働省	文部科学省・厚生労働省・内閣府等
根拠法	学校教育法	児童福祉法	学校教育法・児童福祉法・教育基本法等
対象児	満3歳～小学校就学前の幼児	0歳～小学校就学前の保育を必要とする乳児・幼児	0歳～小学校就学前の子ども
カリキュラムの基準	幼稚園教育要領	保育所保育指針	幼稚園教育要領・保育所保育指針・幼保連携型認定こども園教育・保育要領

幼稚園教育要領・保育所保育指針のこれまでの流れ

　戦後わが国は、再び戦争の惨禍が起こることのないようにすることを決意し、1946（昭和21）年、主権が国民に存することを宣言した日本国憲法を制定した。そして翌年の1947（昭和22）年には、日本国憲法に基づいた教育基本法、学校教育法、児童福祉法が制定され、戦後の新たな日本の教育および福祉の方向性が法によって示されたのである。

　1948（昭和23）年、文部省（現・文部科学省）は、幼稚園教諭・保育所保母（現・保育所保育士）・一般の母親を対象に、「保育要領——幼児教育の手引き」を示した。これが、現在の幼稚園教育要領、保育所保育指針、幼保連携型認定こども園教育・保育要領の源流であり、その後図表2－2の流れで、内容等の改訂（定）がなされていった。

2. 幼保連携型認定こども園教育・保育要領について

　2006（平成18）年6月15日、「就学前の子どもに関する教育、保育等の総合的な提供の推進に関する法律」（認定こども園法）が制定、同年10月1日から施行され、「認定こども園」の制度がはじまった。

　これは、少子化・女性の社会参画や就労の増加・就労形態の多様化等で、幼稚園在園児数の減少や保育所の待機児童の増加が社会的課題となったこと等から、現代の保育ニーズに適切かつ柔軟に対応するため、幼児教育・保育制度について新たな選択肢を増やし制度化したものである。

　そして2012（平成24）年には、認定こども園法の一部が改正され、教育ならびに保育を行う「幼保連携型認定こども園」（同法第2条第7項）、教育を行う「幼稚園型認定こども園」（同法第3条第2項第1号）、保育を行う「保育所型認定こども園」（同法第3条第2項第2号）と、「地方裁量型認定こども園」（同法第3条第2項第3号）による、新制度がはじまった。

　新制度における認定こども園においては、区分の複雑さ等により、今も若干の混乱が生じているところもある。しかしながら、その原点が「我が国の未来の担い手である子どもたちやその保護者の幸福の追求」のためにあることを、経営者や園長等の責任者および保育者は忘れてはならない。

　また、認定こども園において働く保育者の職名が「保育教諭」と呼ばれることになり、幼稚園教諭免許と保育士資格の双方を有していることが原則となった。した

図表2-2 幼稚園教育要領・保育所保育指針の歴史

	幼稚園教育要領	保育所保育指針
1947(昭和22)年	学校教育法	児童福祉法
1948(昭和23)年	「保育要領――幼児教育の手引き」 保育内容を「楽しい経験」ととらえ、12項目示す。幼稚園に限定せず、保育所保育や家庭教育にも適用できるように配慮。	児童福祉施設最低基準(現・児童福祉施設の設備及び運営に関する基準)
1950(昭和25)年		保育所運営要領
1952(昭和27)年	幼稚園基準	保育指針
1956(昭和31)年	幼稚園教育要領 教育内容を6領域(健康・社会・自然・言語・音楽リズム・絵画製作)に区分して示す。 幼稚園設置基準	
1964(昭和39)年	第1次改訂幼稚園教育要領(告示) 教育内容を6領域に区分して示す。	
1965(昭和40)年		保育所保育指針(通知) 【望ましいおもな活動】 年齢区分 1歳3か月未満:生活・遊び 1歳3か月~2歳まで:生活・遊び 2歳:健康・社会・遊び 3歳:健康・社会・言語・遊び 4・5・6歳:健康・社会・言語・自然・音楽・造形
1989(平成元)年	第2次改訂幼稚園教育要領(告示) 教育内容を5領域(健康・人間関係・環境・言葉・表現)に区分して示す。	
1990(平成2)年		第1次改定保育所保育指針(通知) 【内容】 年齢区分:3歳児~6歳児 基礎的事項・健康・人間関係・環境・言葉・表現 年齢区分においては、6か月未満児から2歳児までは上記【内容】を一括して示している。
1998(平成10)年	第3次改訂幼稚園教育要領(告示) 教育内容を5領域に区分して示す。	
1999(平成11)年		第2次改定保育所保育指針(通知) 【内容】 発達過程区分:3歳児~6歳児 基礎的事項・健康・人間関係・環境・言葉・表現 発達過程区分においては、6か月未満児から2歳児までは上記【内容】を一括して示している。
2008(平成20)年	第4次改訂幼稚園教育要領(告示) 教育内容を5領域に区分して示す。	第3次改定保育所保育指針(告示) 発達過程を「おおむね6か月未満」「おおむね6か月から1歳3か月未満」「おおむね1歳3か月から2歳未満」「おおむね2歳」…と、6歳まで示した後、保育の内容を、1「養護」(生命の保持・情緒の安定)、2「教育」に分け、2に教育内容を5領域(健康・人間関係・環境・言葉・表現)に区分して示す。
2017(平成29)年	第5次改訂幼稚園教育要領(告示) 教育内容を5領域に区分して示す。	第4次改定保育所保育指針(告示) 「乳児保育」の基本的事項・内容を示した後、「1歳以上3歳未満児」と「3歳以上児」では基本的事項と教育内容を示している。

がって、保育者をめざす学生においては、幼稚園教育および保育所保育の両方を、両者の違いや関連性も含めてより深く学ぶ必要がある。なお、認定こども園における内容等は、**図表2-3**のとおりである。

図表2-3 認定こども園の歴史

2006（平成18）年	就学前の子どもに関する教育、保育等の総合的な提供の推進に関する法律（認定こども園法）の制定 認定こども園制度開始
2012（平成24）年	就学前の子どもに関する教育、保育等の総合的な提供の推進に関する法律の一部を改正する法律の制定
2014（平成26）年 幼保連携型認定こども園カリキュラムの基準	幼保連携型認定こども園教育・保育要領（平成26年内閣府・文部科学省・厚生労働省告示第1号） 管轄：内閣府・文部科学省・厚生労働省 教育保育の別：幼保連携型認定こども園は、現在（2015（平成27）年6月現在）、教育基本法第6条における学校ではあるが、学校教育法第1条には明記されていない学校となる。 教育および保育の内容：5領域（健康・人間関係・環境・言葉・表現）に区分して示す。 特に注目すべき点：「幼稚園教育要領」における「幼児」および「保育所保育指針」における「子ども」を、「園児」と表記している。 満3歳児以上のクラスを「学級」と表記している。
2015（平成27）年	子ども・子育て支援新制度開始 内閣府に「子ども・子育て本部」を設置し、認定こども園、幼稚園、保育所に対する共通の給付や小規模保育等への給付を創設するとともに、文部科学省・厚生労働省にまたがっている財政支援を内閣府の子ども・子育て本部において一本化。
2017（平成29）年	第1次改訂幼保連携型認定こども園教育・保育要領（告示） 「乳児期の園児の保育の内容」の基本的事項・内容を示した後、「満1歳以上満3歳未満の園児の保育の内容」と「満3歳以上の園児の保育の内容」では基本的事項と教育内容（5領域：健康・人間関係・環境・言葉・表現）を示している。

Step 2

1. カリキュラムについて

　カリキュラム（curriculum）という英語は、元はラテン語のクレーレ（currere）という動詞から派生したもので、本来は、スタートからゴールに至る陸上競技用の走路ないしは競争を意味していた。アメリカなどでは、元来そのような意味をおびていたはずのカリキュラムという語が、学校教育の分野でいつしか、学校に入学した子どもがそこを卒業するまでにたどることになる計画されたコース（course）を指すものとして転用されるようになり、ついには、わが国でも、その語が「教育課程」として訳出され、使用されるに至っている。

　さて、この語源に即していえば、幼稚園・保育所におけるカリキュラムとは、子どもが幼稚園・保育所における保育者の援助のもとに、目標をめざして進んでいく走路とかコース、すなわち幼稚園・保育所における活動経験の系列を意味する。いいかえれば、カリキュラムとは、教育（保育）目標を達成するために、その目標に照らして、子どもが幼稚園（保育所）で活動する内容を取捨選択し、整理して編成した、全体的な教育（保育）計画であるといってよい。

2. カリキュラムの類型について

教科カリキュラム・経験カリキュラム

　カリキュラムを典型的な2つの傾向に大別すると、教科カリキュラムと経験カリキュラムに分けることができる。

（1）教科カリキュラム

　教科カリキュラムは、子どもに必要と思われる一定の知識・技術を、園という集団の場を通して、系統的・効率的に伝達していくことを目的としたカリキュラムである。したがって、保育者の主導性のもとに、文字や数、基本的知識などを一定の系統性で整理し、教え込もうとすることなどが多くなる。

（2）経験カリキュラム

　経験カリキュラムは、子どもの直接的な経験、具体的な生活から出発したものである。どのようにして子ども自身の興味・関心に基づいて、有意義かつ自発的な経験をさせるかということを目的としたカリキュラムである。

　そこで、あえて、幼稚園教育要領、保育所保育指針、幼保連携型認定こども園教

育・保育要領における5領域を"教科カリキュラム的方向性"と"経験カリキュラム的方向性"とに分けてとらえてみると、**図表2-4**のようになる。

図表2-4 「幼稚園教育要領」「保育所保育指針」「幼保連携型認定こども園教育・保育要領」における5領域とカリキュラム

	教科カリキュラム	経験カリキュラム
特徴	・知識、技能伝達型 ・保育者中心 ・画一的な教え込み ・教えることに取りこぼしはないが、教わる側に落ちこぼれができる可能性がある ・小学校教育に例えると国語、算数などの教科となる	・体験、経験重視型 ・子ども中心 ・自発的（興味、関心）重視 ・自発的に学べる可能性が高いが、覚えることにむらができる可能性がある 俗にいう、学力低下の問題も出てくる ・小学校教育に例えると生活科、総合学習などの教科となる
5領域を各カリキュラムでとらえる	（健康・人間関係・環境・言葉・表現が横並びで「遊び」の上にある図） 幼稚園教育・保育所保育・幼保連携型認定こども園教育の基本である遊びを、小学校教育における教科のように縦割りにとらえたものである。 　つまり、1時間目に健康の遊び、2時間目に人間関係の遊び、中休み後、3時間目に環境の遊び、4時間目に言葉の遊び、給食後、5時間目は表現の遊びを行うというような保育を計画すると想定した場合である。	（中心に「遊び」があり、周囲に健康・人間関係・環境・言葉・表現が配置された円図） 幼稚園教育・保育所保育・幼保連携型認定こども園教育の基本である遊びは、中心統合法的なものになる。 具体的に解説するならば、仮に、図の中心部の「遊び」と書かれた部分に「砂遊び」を入れてみると、 健康…戸外でからだを動かす、等々。 人間関係…友だちとのかかわり（砂山でトンネルを掘る際のやりとり、ままごとでのやりとり）、等々。 環境…自然、物の性質（砂団子づくり、砂場に湖をつくる）、等々。 言葉…友だちとの言葉でのやりとり、等々。 表現…自分なりのイメージで創作する、等々。
2つのカリキュラムの関係性	（振り子の図：教科と経験）	時代背景により一方が重要視され、振り子のように行きつ戻りつを繰り返す。

第2講　日本におけるカリキュラムの基礎理論

Step 3

1. 幼稚園の創設者

フレーベル

「さあ、私たちの子どもらに、生きよう！」という言葉を残したフレーベル（Fröbel, F. W. A., 1782～1852年）は、まさに児童中心主義の幼児教育者であり、実践家である。彼は、1840年に世界初の「幼稚園（ドイツ語：キンダーガルテン。英語：キンダーガーテン）」を創設したことで有名であるが、それと同時に、教育遊具であるガーベ＝恩物（おんぶつ）を考案作製し、幼稚園のカリキュラムに取り入れている。主要な著述には、『人間の教育（人の教育）』『母の歌と愛撫の歌』などがある。

また、フレーベルは、『社会契約論』『エミール』を著し、「自然へ還れ」というスローガンや消極教育や感覚教育を提唱したルソー（Rousseau, J. J., 1712～1778年）や、「直感教授」「直感ABC」などの教授方法を提唱し、『隠者の夕暮』『リーンハルトとゲルトルート』などを著したペスタロッチー（Pestalozzi, J. H., 1746～1827年）に多大な影響を受け、経験カリキュラム的スタンスに立つ教育者であった。

2. カリキュラムの歴史──明治期の保育

明治期の幼稚園教育

1872（明治5）年「学制」の制定後の、1876（明治9）年に日本最初の国立幼稚園である東京女子師範（しはん）学校附属幼稚園（現：お茶の水女子大学附属幼稚園）が誕生

図表2-5 フレーベルが考案した恩物の一例

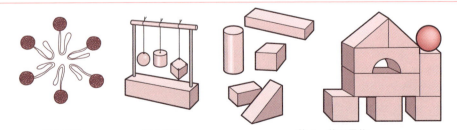

第1恩物　　第2恩物　　第3～第6恩物

恩物は、創造力や思考力および巧緻性等々を高める遊具であるといえる。第6恩物以降は、面から線、線から点となり、現在の算数セットに通じるものがある。また、フレーベルは、第1恩物と第2恩物にみられる「球」を神聖な存在としてとらえている。

する。初代監事（園長）は、フレーベルが考案したガーベ（Gabe）を恩物と訳し、その使用法を訳した『幼稚園法二十遊嬉(ようちえんほうにじゅうゆうき)』を著した、関信三(せきしんぞう)である。ドイツ語であるガーベ（Gabe）は、英語ではギフト（Gift）であり、神様から子どもへの贈り物という意味を込めて名づけられている。

東京女子師範学校附属幼稚園の保育科目（現：保育内容）は、「第1物品科・第2美麗科・第3知識科」の3科に分かれていたが、具体的には、その内容のほとんどは、幼児の知力の増進を図るための教具として解釈された恩物を、教師の指導のもとに操作することに重点がおかれた。したがって、このことは教科カリキュラム的な立場にほかならない。そしてその内容は、小学校の時間割のごとく進められ、この方法がわが国の幼稚園教育の指針になっていくのである。

図表2-6は、明治後期の日本国内のある幼稚園の参考例である。

3. カリキュラムの歴史──昭和初期の保育

倉橋惣三

先に述べたように、幼稚園教育が恩物によってあたかも教科の授業のようになっていったことは、やがて批判されることになる。

倉橋惣三(くらはしそうぞう)（1882～1955年）は、東京帝国大学で哲学を学んだ後、東京女子高等師範学校教員を務め、その後、同校附属幼稚園の主事に就任した。学生時代より同園において子どもとともに遊び、子どもに学んでいた彼は、形式的恩物操作主義に陥(おちい)っていた当時の幼児教育を批判した。そして、フレーベルが本来めざしたはずの遊びを重視した児童中心主義の幼児教育を主張した。また、附属幼稚園の恩物をすべて1つの篭(かご)の中に入れ、自由に遊べる遊具として使用させたことや、幼児の生活そのものをカリキュラムに取り入れようとする考えから、「生活を生活で生活へ」と語ったことは彼の有名なエピソードである。主要な著述には、『幼稚園保育法眞諦』『幼稚園雑草』などがある。

さらに倉橋は、保育は自由に・生活のなかで・遊びを通して行うべきだとし、「誘導保育論」（「幼児のさながらの生活」→「自由と設備」→「自己充実」→「充実指導」→「誘導」→「教導」）も提唱した。すなわちそれは、これまでの教科カリキュラム的な立場ではなく、経験カリキュラム的な立場に立つものであった。

日本のフレーベルと呼ばれることもある倉橋の思想および理論は、現行の幼稚園教育要領に「幼児の自発的な活動としての遊びは，心身の調和のとれた発達の基礎

図表2-6　ある幼稚園の日課表（明治31年）

時間	月	火	水	木	金	土
九時十五ヨリ十五分間	会集	会集	会集	会集	会集	会集
九時十五ヨリ三十十分間	庶物話	修身話	積木	庶物話	修身話	箸排
九時四十ヨリ五分三十分間	遊戯	遊戯	遊戯	遊戯	遊戯	遊戯
十時十五ヨリ三十十分間	積木	板排	織組紙紙	箸画排方	板縫排取	唱歌
十時四十ヨリ五十二十分間	遊戯	遊戯	遊戯	遊戯	遊戯	遊戯
十一時十五ヨリ三十十分間	唱歌	唱歌	唱歌	唱歌	唱歌	珠縫繋取
十一時三十五ヨリ十五分間	遊戯	遊戯	遊戯	遊戯	遊戯	整姿
十一時三十五ヨリ三十分間	食事及遊戯	同前	同前	同前	同前	
〇時三十五分間	織紙	剪紙	麦桿繋 珠繋	織豆細工紙	剪揮紙	
一時二十分間	整姿	整姿	整姿	整姿	整姿	

此日課表ハ一ノ組、二ノ組共有ニシテ、内ニ二ツアルモノハ前一ノ組、後二ノ組ナリ、例エバ組紙一ノ組、織紙二ノ組ナリ。日課表ハ時間ノ長短ニヨリテ異ナレルモ当時ハ、此ノ時間割ニ御座候。

出典：日本保育学会『日本幼児保育史 第2巻』フレーベル館, p.182, 1968.

を培う重要な学習であることを考慮して，遊びを通しての指導を中心として第2章に示すねらいが総合的に達成されるようにすること」（第1章　総則　第1　幼稚園教育の基本）と示されていることと比較しても、現在の保育・幼児教育の考え方と共通するものであることがわかる。そして、その理論の基礎には、前述した、ルソー、ペスタロッチー、フレーベルの理論がある。

4. カリキュラムの歴史——倉橋以降から現代まで

　わが国が終戦を迎えた1945（昭和20）年から2年後の1947（昭和22）年、幼稚園は学校教育法によって学校体系のなかに位置づけられる。その翌年の1948（昭和23）年、文部省（現・文部科学省）は「保育要領——幼児教育の手引き」を刊行した。この保育要領は、幼児の経験や活動を重視したものであり、「楽しい経験」として12の保育内容項目をあげた、経験カリキュラム的なものであった。

　戦後わが国では、文部省、国立教育研究所、日本教職員組合によって学力調査が行われ、児童の基礎学力低下が指摘される。このことは、戦後の経験主義に基づいた教育（経験カリキュラム的教育）への批判へとつながる。そして、経験カリキュラム的な教育を排除する立場と擁護する立場で論争が起こることとなる。そのようななか、1957（昭和32）年、ソ連（現・ロシア）によって、最初の人工衛星スプートニク第1号が打ち上げられた。いわゆるスプートニク・ショックは、教育の効率化を問題としていた、アメリカおよびわが国に脅威をもたらしたのである。

　したがって、戦後の児童中心の経験カリキュラムは「はいまわる経験主義」（活動的ではあるが実がないという意味合い）の批判のもとに葬られ、教科カリキュラムへと傾きかけた振り子は、確実にその方向へと向かうこととなる。またこれらのことは、1956（昭和31）年に刊行された幼稚園教育要領で、小学校教育における教科とほぼ対応した形の6領域で幼稚園の教育内容が示されたこと等々、以降の幼稚園教育要領に対して少なからず影響を与えたのである。

　1989（平成元）年、幼稚園教育要領は四半世紀ぶり改訂・告示され（保育所保育指針は1990（平成2）年）、遊びを中心に環境を通して行う教育であることを前面に打ち出し、領域も6領域から5領域と改め、幼稚園教育および保育所保育における「領域」が小学校教育の「教科」とは異なることを明確に示した。それは、知的学習を中心にすえた教育・保育、知能や技術的能力を早期に開発しようとする教育・保育、能力主義教育観（知的・技術的能力至上主義）に基づいた教育・保育等への反省に基づくものであった。ちなみに、1989（平成元）年に告示された幼稚園教育要領以降、改訂は行われているが、現行の幼稚園教育要領、保育所保育指針、幼保連携型認定こども園教育・保育要領は、経験カリキュラム的立場に基づいているといえる。しかしいずれの立場に寄るかは、その時代背景等によって、振り子のごとく、行きつ、戻りつを繰り返している。したがって、その傾きを注意深く見守る必要がある。

参考文献

- 板倉聖宣『日本理科教育史』第一法規出版，1968.
- 中野光『大正自由教育の研究』黎明書房，1968.
- 文部省『学制百年史 資料編』1981.
- 澤柳政太郎『澤柳政太郎全集』国土社，1975～1980.
- 荘司雅子『フレーベルの生涯と思想』玉川大学出版部，1975.
- 山田敏『幼児教育の方法と内容』明治図書出版，1977.
- 山田敏編著『保育内容総論』明治図書出版，1978.
- 山田敏編著『遊びによる保育』明治図書出版，1979.
- 奥田真丈監『教科教育百年史 資料編』建帛社，1985.
- 奥田真丈監『教科教育百年史』建帛社，1985.
- 山田敏『遊びと教育』明治図書出版，1994.
- 宍戸健夫『保育の森――子育ての歴史を訪ねて』あゆみ出版，1994.
- 近藤充夫・栗原泰子編著『幼児教育原理』学文社，1997.
- 山口宗兼「保育者の養成」細井房明・野口伐名ほか共編『保育の本質と計画』学術図書出版社，2000.
- 民秋言編『保育資料集――教育要領・保育指針の変遷を中心に』萌文書林，2004.
- 民秋言編『幼稚園教育要領・保育所保育指針の成立と変遷』萌文書林，2008.
- 民秋言編集代表「幼稚園教育要領・保育所保育指針・幼保連携型認定こども園教育・保育要領の成立と変遷」萌文書林，2017.
- 山口宗兼「幼稚園・保育所等の保育の計画」細井房明・野口伐名ほか共編『保育の理論と実践』学術図書出版社，2010.
- 山口宗兼「日本におけるカリキュラムの基礎理論」千葉武夫・那須信樹編『基本保育シリーズ14 教育課程・保育課程論』中央法規出版，2016.
- 細井房明『ペスタロッチーの幼児教育思想の構築――【母親教育のための書】の構想と【直観理論】の萌芽から』福村出版，2015.

第3講

子ども理解に基づく保育の循環

これからの保育では、一人ひとりの子どもの興味関心(きょうみかんしん)に応じた多様で質の高い学びを引き出す「アクティブ・ラーニング」の視点からの学習が求められる。

本講では、カリキュラム・マネジメントと指導計画が一体となった評価・改善による保育・教育の質の向上について学ぶ。

Step 1

これから求められる教育の方向性

　知識・情報・技術をめぐる変化の早さが加速度的となり、情報化やグローバル化といった社会的変化が人間の予測を超えて進展するなど、社会の変化は加速度を増してきている。これら複雑で予測困難な社会において、これからの社会を生きる子どもたちが現在と未来に向けて、自らの人生を拓（ひら）いていくために教育は何を準備しなければならないのだろうか。

　2016（平成28）年12月21日、中央教育審議会答申「幼稚園、小学校、中学校、高等学校及び特別支援学校の学習指導要領等の改善及び必要な方策等について」においては、2030年とその先の社会のあり方を見すえながら、学校教育を通じて子どもたちに育てたい姿として、

・社会的・職業的に自立した人間として、我が国や郷土が育んできた伝統や文化に立脚した広い視野を持ち、理想を実現しようとする高い志や意欲を持って、主体的に学びに向かい、必要な情報を判断し、自ら知識を深めて個性や能力を伸ばし、人生を切り拓いていくことができること。

・対話や議論を通じて、自分の考えを根拠とともに伝えるとともに、他者の考えを理解し、自分の考えを広げ深めたり、集団としての考えを発展させたり、他者への思いやりを持って多様な人々と協働したりしていくことができること。

・変化の激しい社会の中でも、感性を豊かに働かせながら、よりよい人生や社会の在り方を考え、試行錯誤しながら問題を発見・解決し、新たな価値を創造していくとともに、新たな問題の発見・解決につなげていくことができること。

の3つが示されている。

　つまり教育には、子どもたち一人ひとりが「直面する様々な変化を柔軟に受け止め、感性を豊かに働かせながら、どのような未来を創っていくのか、どのように社会や人生をよりよいものにしていくのかを考え、主体的に学び続けて自ら能力を引き出し、自分なりに試行錯誤したり、多様な他者と協働したりして、新たな価値を生み出していくために必要な力を身に付け、子供たち一人一人が、予測できない変化に受け身で対処するのではなく、主体的に向き合って関わり合い、その過程を通して、自らの可能性を発揮し、よりよい社会と幸福な人生の創り手となっていけるようにする」[1]ことが求められているのである。さらに、教育は、新しい時代を生

＊1　中央教育審議会「幼稚園、小学校、中学校、高等学校及び特別支援学校の学習指導要領等の改善及び必要な方策等について（答申）」pp.10～11，平成28年12月21日

図表3-1　学習指導要領改訂の方向性

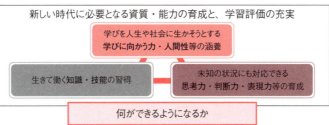

資料：中央教育審議会「幼稚園、小学校、中学校、高等学校及び特別支援学校の学習指導要領等の改善及び必要な方策等について（答申）」補足資料, p.6, 平成28年12月21日

きる子どもたちが、社会や人生をよりよく生き、未来を創り出す力を育むために、「高等学校を卒業する段階で身に付けておくべき力は何か」や、「義務教育を終える段階で身に付けておくべき力は何か」をふまえ、幼児教育から高等学校教育までを通じた見通しをもった教育活動を展開していかなければならないのである。

　これらの力を子どもたちに現在および未来にわたって育んでいくためには、教育課程を軸に教育の改善・充実の好循環を生み出す「カリキュラム・マネジメント」「主体的・対話的で深い学び」（アクティブ・ラーニング）の実現が求められている（図表3-1）。

　これらのことから、特に、幼児教育においては、義務教育およびその後の教育の基礎を培うことを目的として、「環境を通して行う教育」を基本に、子ども一人ひとりの主体性を大事にした、総合的な指導の充実をよりいっそう図っていかなければならないのである。

Step 2

1. カリキュラム・マネジメントの実現に向けて

　2018（平成30）年４月から施行されている、幼稚園教育要領、保育所保育指針、幼保連携型認定こども園教育・保育要領において示された、資質・能力の基礎を育成するという理念を実現していくために、中央教育審議会答申「幼稚園、小学校、中学校、高等学校及び特別支援学校の学習指導要領等の改善及び必要な方策等について」（以下、答申）では、幼稚園等は、教科書のような主たる教材を用いず環境を通して行う教育を基本としていること、家庭との関係において緊密度が他校種と比べて高いこと、預かり保育や子育ての支援などの教育課程以外の活動が多くの幼稚園等で実施されていることなどから、カリキュラム・マネジメントは極めて重要であるとして、

① 　各領域のねらいを相互に関連させ、「幼児期の終わりまでに育ってほしい姿」や小学校の学びを念頭に置きながら、幼児の調和の取れた発達を目指し、幼稚園等の教育目標等を踏まえた総合的な視点で、その目標の達成のために必要な具体的なねらいや内容を組織すること。

② 　教育内容の質の向上に向けて、幼児の姿や就学後の状況、家庭や地域の現状等に基づき、教育課程を編成し、実施し、評価して改善を図る一連のPDCAサイクルを確立すること。

③ 　教育内容と、教育活動に必要な人的・物的資源等を、家庭や地域の外部の資源も含めて活用しながら効果的に組み合わせること。

の３つの視点が示されている。

　つまり、これらの３つの視点をふまえ、教育課程や全体的な計画を編成（Plan）、家庭や地域を巻き込みながら実施（Do）、評価（Check）、改善（Act）という一連のカリキュラム・マネジメントが求められているのである（図表３－２）。

　これらのカリキュラム・マネジメントを達成していくためには、園の有している能力、資源等を活用し、地域や家庭のニーズに対応させながら目標を立て、その達成に向けて方法・手段等を明らかにし、実施体制を整え計画的に取り組むことが必要である。つまり、組織体として力を発揮していくことが求められているのである。

　目的がスローガンにとどまっていたり、具体的な達成目標や計画が不明確となっていないか。評価が園長を含む一部の保育者によって行われていなかったか。改善が計画的に行われていたか。そして何よりも、保育者全員に共有されていたかなどの視点で、これまでの園の教育・保育を振り返ってみることが必要といえる。そうすることで、将来、子どもたちの生きる社会を見すえた質の高い教育・保育が実現

図表3-2 よりよい保育を生み出すカリキュラム・マネジメント

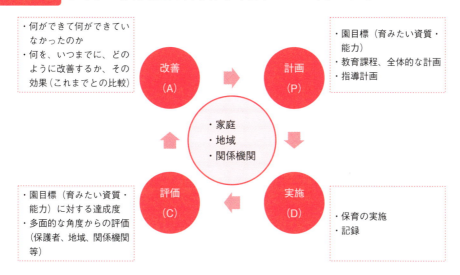

につながるのである。

2. より機能的なカリキュラム・マネジメントをめざして

　カリキュラム・マネジメントは、園の実態や子どもの姿や発達過程、地域の実情、「幼児期の終わりまでに育ってほしい姿」や小学校以降の教育への学びの連続性をふまえ、教育課程や全体的な計画を編成、実施、評価し、保育の質を向上させるための改善を図る一連のプロセスであり、これは、園だけではなく、日々の保育、行事、学年、個別指導のレベルにおいても同様である。その意味においては、園での保育を通して常に機能しているともいえる。

　これら一連のカリキュラム・マネジメントを実現していくためには、管理職のみならずすべての保育者がカリキュラム・マネジメントの必要性を理解しておくことが大切である。そのうえに立ち日々の保育においても教育課程や全体的な計画のなかでの位置づけを意識しながら取り組んでいくことが必要であり、保育者が教育課程や全体的な計画を軸に自身の役割や責任を認識し取り組んでいくことが大切である。

　さらに、子どもたちに育みたい資質・能力を家庭や地域とどのように育むかということを共有したうえで、家庭や地域、園がどのような役割を果たすことができるかということを対話し、家庭や地域と連携、協働した保育を展開していくことが大切である。そのためには、「保護者は、園に何を期待しているのか」「地域住民は、

園に何を期待しているのか」という教育ニーズや願いをとらえ、それに対して園で何が実現できるのかということを考えて教育課程や全体的な計画をつくっていくことが大切である。

3. カリキュラム・マネジメントとアクティブ・ラーニング

　答申では、幼児教育における重要な学習としての遊びは、環境のなかでさまざまな形態により行われていることから、指導の改善にあたっては、①周囲の環境に興味（きょうみ）や関心をもって積極的に働きかけ、見通しをもって粘り強く取り組み、自らの遊びを振り返って、期待をもちながら、次につなげる「主体的な学び」が実現できているか、②他者とのかかわりを深めるなかで、自分の思いや考えを表現し、伝え合ったり、考えを出し合ったり、協力したりして自らの考えを広げ深める「対話的な学び」が実現できているか、③直接的・具体的な体験のなかで、「見方・考え方」を働かせて対象とかかわってこころを動かし、幼児なりのやり方やペースで試行錯誤（しこうさくご）を繰り返し、生活を意味あるものとしてとらえる「深い学び」が実現できているか、という3つの視点が求められている。

　このアクティブ・ラーニングは、子どもたちの興味や関心をもとに、一人ひとりに応じた多様で質の高い学びを引き出すことを意図としており、学習の内容と方法等について、子どもたちの主体的・対話的で深い学びの実現に向けて改善するものである。これらの実現にあたっては、「何ができるようになるのか」（育成をめざす資質・能力）、「何を学ぶのか」（学習内容）、「どのように学ぶのか」（指導計画の作

図表3-3　主体的・対話的で深い学びの実現

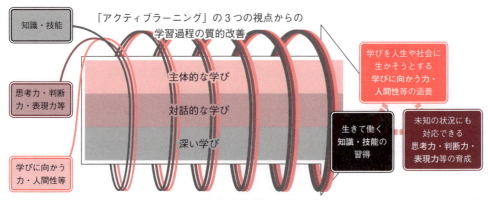

資料：中央教育審議会「幼稚園、小学校、中学校、高等学校及び特別支援学校の学習指導要領等の改善及び必要な方策等について（答申）」補足資料，p.12，平成28年12月21日

成と実施、学習・指導の改善・充実)、「何が身についたか」(学習評価)、「実施するために何が必要か」(今後に向けて必要な方策)という学びの過程において、カリキュラム・マネジメントの組み立てのなかで行っていくこととなる。つまり、アクティブ・ラーニングとカリキュラム・マネジメントは、教育課程を軸にしながら、保育や園の組織や経営の改善を行うものであり、一体として機能させることが必要である(図表3-3)。

4. カリキュラム・マネジメントと評価

　子どもたちに育みたい資質・能力をふまえて教育・保育目標を設定し、その実現に向けて編成される教育課程および全体的な計画を実施、評価、改善していく一連の営みであるカリキュラム・マネジメントは、園の評価の中核であるといえる。園の評価実施にあたっては、園の教育目標や保育目標の実現に向けた教育課程と全体的な計画を関連づけながら改善・充実していくことが大切である。

　評価は、子ども同士を比較したり、優劣をつけたりするのではなく、子どもたち一人ひとりがどのように成長してきているか、学びがどのように深まってきているかなどをとらえるとともに、保育者が自身の保育を振り返り改善することにより、質の高い教育・保育の実現をめざすものである。

　具体的には、実際に子どもが生活する姿から発達の状況、よさや可能性をとらえ、保育者のかかわりは適切であったか、環境構成は子どもの学びにとってふさわしいものであったか、具体的なねらいや内容は適切であったかなどの視点から反省・評価を行っていくことになる。質の高い教育・保育を実現していくためには、評価は欠かせないものであり、適切な教育・保育は適切な評価によってはじめて実現できるといえる。

　保育所における評価については、保育の質の向上を図るため、施設長や主任保育士等のリーダシップの下に、保育の内容とその運営について保育の計画の展開や保育士等の自己評価をふまえ、組織的・継続的に実施することが大切である。

　幼稚園における評価については、教育課程の編成、実施、改善が教育活動や幼稚園運営の中核となることをふまえ、カリキュラム・マネジメントと関連づけながら実施することが大切である。

　幼保連携型認定こども園における評価については、全体的な計画の作成、実施、改善は教育および保育の活動や園運営の中核となることをふまえ、カリキュラム・マネジメントと関連づけて実施することが大切である。

それぞれの施設の特性はあるものの、評価にあたっては、日々の教育・保育の評価にとどまらず、教育課程や全体的な計画に関連づけながら、教育課程や全体的な計画、指導内容、方法等の評価と結びつけて改善する一連のサイクルのなかで行うことが大切である。

5. カリキュラム・マネジメントと指導計画

　教育課程や全体的な計画は、園における教育・保育期間を見通したものであり、目標に向かい入園から修了までの期間においてどのような筋道をたどって子どもが育っていくかを示したものである。実際の保育においては、子どもの生活する姿をふまえ、それぞれの発達の時期にふさわしい保育が展開されるよう具体的な指導計画を作成し、適切な指導が行われていくようにしなければならない。

　さらに、教育課程や全体的な計画を受け、年の計画、期の計画、月の計画、週の計画、日の計画というように、長期の指導計画と短期の指導計画が作成されるということになる。つまり、教育課程や全体的な計画に基づき、それぞれの時期の子どもの生活や実態等をふまえ、ねらい、内容、環境、保育者の援助などについて明らかにした指導計画が作成され一連のPDCAが実施されているのである。

　保育所では、児童福祉法および関係法令、保育所保育指針、児童の権利に関する条約等と各保育所の保育の方針をふまえ、入園から修了までの在園期間の全体にわたって、保育の目標を達成しなければならない。そのため、子どもの発達過程をふまえ、保育の内容が組織的・計画的に構成され、保育所の生活の全体を通して、総合的に展開されるよう、全体的な計画を作成する。そして、全体的な計画に基づき、その時々の実際の子どもの発達や生活の状況に応じた具体的な指導計画やその他の計画を作成しなければならない。

　幼稚園では、教育基本法および学校教育法その他の法令ならびに幼稚園教育要領をふまえ、創意工夫を活かし、幼児の心身の発達と幼稚園および地域の実態に即応した適切な教育課程を編成しなければならない。教育期間の全体にわたって、教育の目的、目標に向かってどのような道すじをたどって教育を進めていくかを明らかにするため、幼稚園教育において育みたい資質・能力をふまえつつ、各幼稚園の特性に応じた教育目標を明確にし、幼児の充実した生活を展開できるよう、指導計画やその他の計画を作成しなければならない。

　幼保連携型認定こども園では、教育基本法、児童福祉法および就学前の子どもに関する教育、保育等の総合的な提供の推進に関する法律（認定こども園法）その他

の法令ならびに幼保連携型認定こども園教育・保育要領の示すところに従い、教育と保育を一体的に提供するため、創意工夫を活かし、園児の心身の発達と幼保連携型認定こども園、家庭および地域の実態に即応した適切な教育および保育の内容ならびに子育ての支援等に関する全体的な計画を作成しなければならない。

　それぞれの施設の特性はあるものの、乳幼児の入園から修了までの在園期間の全体にわたり、それぞれの教育・保育の目標に向かってどのような過程をたどって教育および保育を進めていくかを明らかにし、指導計画を組織的かつ計画的に作成し、教育および保育活動の質の向上を図っていくことが求められている。

　このことから、カリキュラム・マネジメントと日々の保育が独立して機能するのではなく、常に相互に関連しながら園のめざす目標達成に向けて、一体的に機能させることが大切である。

第3講　子ども理解に基づく保育の循環

Step3

1. 教育課程および全体的な計画と指導計画

　実際の保育にあたっては、教育課程や全体的な計画をふまえ、それぞれの発達の時期にふさわしい保育が展開されるよう、具体的な指導計画を作成し適切な指導が行われるようにしなければならない。

　指導計画は、教育課程や全体的な計画を具体化したものであり、年、期、月などにわたる長期的な見通しをもった長期の指導計画と、週あるいは１日を単位とした短期の指導計画がある。

　長期の指導計画は、教育課程や全体的な計画にそいながら、具体的な指導や内容、方法などを大筋でとらえたものである。作成にあたっては、これまでに蓄積された子どもの記録や資料をもとに、季節の変化や地域の行事等も考慮し、それぞれの時期にふさわしい生活が展開されるように作成することが大切である。

　短期の指導計画は、長期の指導計画をふまえ、子どもたちの日々の生活する姿から、興味や関心など子ども一人ひとりの発達する姿などをとらえ、週あるいは１日の保育のねらいや内容、環境の構成、援助などについて実際の保育をデザインすることとなる。その際、子どもにとってメリハリある１日の生活を送ることができるようにすることが大切である。

　指導計画作成の際、理解しておかなければならないことは、子どもは、周囲の環境に興味や関心をもってかかわるなかで、不思議に思ったり、おもしろそう、やってみたいなどというさまざまな気持ちが湧きあがることにより遊びに没頭するということである。このように子どもにとってこころ引かれる体験や遊びに没頭する体験は、子ども自身が何かを学び、新たな興味や関心を喚起し、次の学びへの動機づけとなるのである。つまり、１つの体験がその後の体験につながりをもつというように、体験と体験が関連してくるのである。

　このように、一つひとつの体験が相互に結びつく豊かな体験を通して、「知識及び技能の基礎」「思考力、判断力、表現力等の基礎」「学びに向かう力、人間性等」の資質・能力が育まれていくことにつながるのである。子どもの遊びは、単独で存在するものではなく、互いに関連しあっているということを忘れてはならないのである。

2. 指導計画の考え方

　指導計画作成にあたっては、子ども一人ひとりが必要な体験が得られるようにす

るために、具体的なねらいや内容、環境の構成などの指導内容について作成する。指導計画は、一人ひとりの子どもが乳幼児期にふさわしい生活を得ることができるように、あらかじめ考えた仮説である。

　実際の保育にあたっては、子どもの発想、興味や関心、活動の実際を大切にしながら、当初に設定したねらいや内容を修正し、環境の再構成をしたり必要な支援を行うなど、子どもの生活に応じて常に変化していくということを忘れてはならない。指導計画には、決まった様式や手順はないが、豊かな体験を通して、資質・能力の基礎が育まれるように、それぞれの園の子どもの実態や実情などをふまえた、創意工夫された指導計画の作成が求められている。

図表3-4　指導計画作成の流れ

子どもの生活する姿をとらえる
・興味や感心をもっていること
・環境とどのようにかかわっているか
・友だちとの関係はどのように変化してきたか、などの視点から実態をとらえる。

指導計画の作成

具体的なねらいと内容の設定
その時期の発達の実情を理解し、生活の連続性、季節の変化、子どもの興味・関心などを考慮したねらいと内容を設定する。

環境の構成
ねらいと内容が、実際の保育のなかで実現できるように、適切な環境をつくり出す。

保育者の支援
子どもが、望ましい方向に向かって自ら活動を展開できるよう必要な援助を行う。

評価と改善
子どもの生活する姿をとらえ直すとともに、保育内容の評価を行い、次の指導計画に活かす。

参考文献
- 文部科学省「幼稚園教育要領」2017.
- 厚生労働省「保育所保育指針」2017.
- 内閣府・文部科学省・厚生労働省「幼保連携型認定こども園教育・保育要領」2017.
- 文部科学省『幼稚園教育指導資料第1集――指導計画の作成と保育の展開（平成25年7月改訂）』フレーベル館，2013.
- 文部科学省『幼稚園教育指導資料第3集――幼児理解と評価（平成22年7月改訂）』ぎょうせい，2010.
- 文部科学省『幼稚園教育指導資料第5集――指導と評価に生かす記録（平成25年7月）』チャイルド本社，2013.

COLUMN　初めて出会う先生としての自覚と責任

　「教育は人なり」といわれるように、教育の成否は、教員の資質・能力に負うところがきわめて大きいといえる。特に幼児期の教育は、人格形成の基礎を培う重要な役割を担っている。この幼児期にふさわしい教育・保育を受けることが、将来人とかかわる力や思考力、感性や表現する力などを育み、人間として、社会とかかわる人として生きていくための基礎を身につけていくことになる。そのためには、すぐれた資質・能力を備えた魅力ある保育者が必要である。

　保育の営みは、一人ひとりの子どもが保育者や多くの子どもたちとの集団生活のなかで、周囲の環境に主体的にかかわることにより、発達に必要な経験を自ら獲得していけるようにする営みといえる。そのために、保育者は子ども一人ひとりの言動を通して、何に興味をもっているのか、何を感じているのかなど、常に、子どものこころに耳を傾け、そのこころの音を聴き続けなければならないのである。子どもが発達に必要な経験を得るための環境の構成も、保育者のかかわり方もすべてここからスタートするのである。そこから一人ひとりの子どもの発達を確実にうながし、自らの人生を切り拓いていくことのできる生きる力を育む保育が生み出されていくのである。保育者は、子どもたちにとって初めて出会う先生としての自覚と責任を常に忘れてはならないのである。

（山下文一）

第4講

保育所保育指針、幼稚園教育要領、幼保連携型認定こども園教育・保育要領の性格と位置づけ・改定（訂）内容

教育・保育の計画を作成するためには、その指針となる「幼稚園教育要領」「保育所保育指針」「幼保連携型認定こども園教育・保育要領」の内容について理解する必要がある。本講ではまず、その性格と位置づけについて、次に平成29年度の改定（訂）内容、最後に保育の質の向上に向けた方策等について述べ、教育要領・保育指針等の学びを深める。

Step 1

1.「幼稚園教育要領」「保育所保育指針」「幼保連携型認定こども園教育・保育要領」の性格

　幼稚園は学校教育法のなかに示された学校の1つであり、保育所は児童福祉法に基づく児童福祉施設の1つとしてその役割を果たしてきた。

　幼稚園教育要領（以下、教育要領）、保育所保育指針（以下、保育指針）等の法令的な位置づけについて、まず、教育要領は、学校教育法第25条において「幼稚園の教育課程その他の保育内容に関する事項は、（中略）文部科学大臣が定める」とし、さらに学校教育法施行規則第38条に「幼稚園の教育課程その他の保育内容については、この章に定めるもののほか、教育課程その他の保育内容の基準として文部科学大臣が別に公示する幼稚園教育要領によるものとする」とし、ここに法的な根拠がある。また、保育指針は、児童福祉施設の設備及び運営に関する基準第35条において「保育所における保育は、養護及び教育を一体的に行うことをその特性とし、その内容については、厚生労働大臣が定める指針に従う」とし、ここに法的な根拠がある。

　このようなことから、教育要領・保育指針等は、それぞれ所轄する大臣の告示であり、法規的性質を有しているのである。

規範性を有する基準としての性格

　法規的性質をもつ告示は、どのような形で示されているだろうか。教育要領・保育指針等は、規範性を有する基準としての性格があり、規定されていることをふまえて保育を実施しなければならないものである。そのため、次の3つの記述に区別して規定されている。

① 遵守しなければならないもの（記述例「○○しなければならない」「○○すること」など）
② 努力義務が課されるもの（記述例「努めなければならない」など）
③ 基本原則にとどめ、各保育所の創意や裁量を許容するもの、取り組みが奨励されることや保育の実施上の配慮にとどまるもの

　教育要領・保育指針等は、各園における保育の質の向上のために、最低基準としての性格もある一方で、創意工夫をうながすことをめざし、各園の自主性が尊重されているものである。

2. 幼児教育としての共通性

　子ども・子育て支援新制度の実施にともない、すべての子どもが健やかに成長するよう、質の高い幼児教育を提供することが示された。そして、すべての子どもが健やかに成長することができるように、幼稚園、保育所、幼保連携型認定こども園の教育を対象に「幼児教育」の言葉が使われるようになった。

　これまでの幼児教育では、社会状況の変化等による幼児の生活体験の不足、幼稚園教育と小学校教育との接続において、教育課程の接続が十分でないなどの課題があった。さらに、近年の調査や研究結果等から、非認知的能力を幼児期に身につけることの重要性が明らかになったため、これらを反映した保育が求められる。

　2017（平成29）年、教育要領、保育指針、幼保連携型認定こども園教育・保育要領（以下、教育・保育要領）が同時改定（訂）となり、小学校に入学する前の教育・保育施設の教育・保育に関する「ねらい」「内容」「内容の取扱い」などが共通性をもつことになった。幼児教育の共通性を図るために、3歳以上の幼児期のあらゆる施設での教育については「幼児教育」という言葉が用いられるようになった。

3. 幼児教育において育みたい資質・能力

　小学校以上の学習指導要領は、「何ができるようになるか（新しい時代に必要となる資質・能力の育成と、学習評価の充実）」「何を学ぶか（新しい時代に必要となる資質・能力を踏まえた教科・科目等の新設や目標・内容の見直し）」「どのように学ぶか（主体的・対話的で深い学び（「アクティブ・ラーニング」）の視点から学習過程の改善）」の3つの方向性をもって構成されている。そして、各学校段階およびすべての教科等について共通する育成をめざす資質・能力が明確化された。

　①　生きて働く「知識・技術」の習得
　②　未知の状況にも対応できる「思考力・判断力・表現力等」の育成
　③　学びを人生や社会に生かそうとする「学びに向かう力、人間性等」の涵養

　この前段階である「幼児教育」においては、環境を通して行う教育を基本として、幼児教育において「育みたい資質・能力」が示された。そして、幼児教育の特性を活かし、「遊びを通して総合的な指導」を行うなかで、これらを一体的に育むこととしている。

幼児教育において育みたい資質・能力

① 豊かな体験を通じて、感じたり、気付いたり、分かったり、できるようになったりする「知識及び技能の基礎」
② 気付いたことや、できるようになったことなどを使い、考えたり、試したり、工夫したり、表現したりする「思考力、判断力、表現力等の基礎」
③ 心情、意欲、態度が育つ中で、よりよい生活を営もうとする「学びに向かう力、人間性等」

「幼児期の終わりまでに育ってほしい姿」の明確化

　教育要領・保育指針等においては、「幼児期の終わりまでに育ってほしい姿」が新たに示されることとなった。これまでは幼児教育の目標やねらいは示されていたが、就学前のいわゆる出口の姿が明確になっていなかった。幼児期の終わりまでに育ってほしい姿を具体的に示したことにより、5歳児修了時の姿を明確化することとなった。幼児教育の修了の姿が示され、それを土台にして小学校からの教育が始まる。この姿を共有化することで、幼児教育と小学校教育の接続がより強化することが可能となる。

　また、教育要領、保育指針、教育・保育要領において、「育みたい資質・能力」と「幼児期の終わりまでに育ってほしい姿」が明記されたことは、これらがすべての幼児教育を行う施設がめざす方向性であり、すべての子どもを対象としたことであるといえる。幼児教育の質の担保という観点からみると画期的なものである。

「幼児期の終わりまでに育ってほしい姿」の意図するもの

　幼児期の終わりまでに育ってほしい姿は、「健康」「人間関係」「環境」「言葉」「表現」の5領域の「ねらい」「内容」に基づいた保育を実施することにより、小学校就学までに育ってほしい具体的な姿である（図表4-1）。それは自発的な活動として遊びのなかにみる子どもの姿である。これらの経験を通して、幼児教育において「育みたい資質・能力」が育まれていくのである。

図表4-1 幼児期の終わりまでに育ってほしい姿

ア	健康な心と体	保育所の生活の中で、充実感をもって自分のやりたいことに向かって心と体を十分に働かせ、見通しをもって行動し、自ら健康で安全な生活をつくり出すようになる。
イ	自立心	身近な環境に主体的に関わり様々な活動を楽しむ中で、しなければならないことを自覚し、自分の力で行うために考えたり、工夫したりしながら、諦めずにやり遂げることで達成感を味わい、自信をもって行動するようになる。
ウ	協同性	友達と関わる中で、互いの思いや考えなどを共有し、共通の目的の実現に向けて、考えたり、工夫したり、協力したりし、充実感をもってやり遂げるようになる。
エ	道徳性・規範意識の芽生え	友達と様々な体験を重ねる中で、してよいことや悪いことが分かり、自分の行動を振り返ったり、友達の気持ちに共感したりし、相手の立場に立って行動するようになる。また、きまりを守る必要性が分かり、自分の気持ちを調整し、友達と折り合いを付けながら、きまりをつくったり、守ったりするようになる。
オ	社会生活との関わり	家族を大切にしようとする気持ちをもつとともに、地域の身近な人と触れ合う中で、人との様々な関わり方に気付き、相手の気持ちを考えて関わり、自分が役に立つ喜びを感じ、地域に親しみをもつようになる。また、保育所内外の様々な環境に関わる中で、遊びや生活に必要な情報を取り入れ、情報に基づき判断したり、情報を伝え合ったり、活用したりするなど、情報を役立てながら活動するようになるとともに、公共の施設を大切に利用するなどして、社会とのつながりなどを意識するようになる。
カ	思考力の芽生え	身近な事象に積極的に関わる中で、物の性質や仕組みなどを感じ取ったり、気付いたりし、考えたり、予想したり、工夫したりするなど、多様な関わりを楽しむようになる。また、友達の様々な考えに触れる中で、自分と異なる考えがあることに気付き、自ら判断したり、考え直したりするなど、新しい考えを生み出す喜びを味わいながら、自分の考えをよりよいものにするようになる。
キ	自然との関わり・生命尊重	自然に触れて感動する体験を通して、自然の変化などを感じ取り、好奇心や探究心をもって考え言葉などで表現しながら、身近な事象への関心が高まるとともに、自然への愛情や畏敬の念をもつようになる。また、身近な動植物に心を動かされる中で、生命の不思議さや尊さに気付き、身近な動植物への接し方を考え、命あるものとしていたわり、大切にする気持ちをもって関わるようになる。
ク	数量や図形、標識や文字などへの関心・感覚	遊びや生活の中で、数量や図形、標識や文字などに親しむ体験を重ねたり、標識や文字の役割に気付いたりし、自らの必要感に基づきこれらを活用し、興味や関心、感覚をもつようになる。
ケ	言葉による伝え合い	保育士等や友達と心を通わせる中で、絵本や物語などに親しみながら、豊かな言葉や表現を身に付け、経験したことや考えたことなどを言葉で伝えたり、相手の話を注意して聞いたりし、言葉による伝え合いを楽しむようになる。
コ	豊かな感性と表現	心を動かす出来事などに触れ感性を働かせる中で、様々な素材の特徴や表現の仕方などに気付き、感じたことや考えたことを自分で表現したり、友達同士で表現する過程を楽しんだりし、表現する喜びを味わい、意欲をもつようになる。

資料：厚生労働省「保育所保育指針」2017.

Step2

幼稚園教育要領、保育所保育指針、幼保連携型認定こども園教育・保育要領の改定（訂）内容

　ここでは、今後の幼児教育の方向性を考える立場から、3歳以上児の「健康」「人間関係」「環境」「言葉」「表現」の5領域の改定（訂）内容について示す。

　図表4-2は、幼児教育において育みたい資質・能力と5領域の関係を示したものである。5領域に示された「ねらい」を遊びや環境を通して経験することにより、「幼児期の終わりまでに育ってほしい姿」が5歳児の後半までに育ち、そのことによって、幼児教育において育みたい資質・能力が育まれるのである。

図表4-2 「幼児期の終わりまでに育ってほしい姿」と5領域の関係

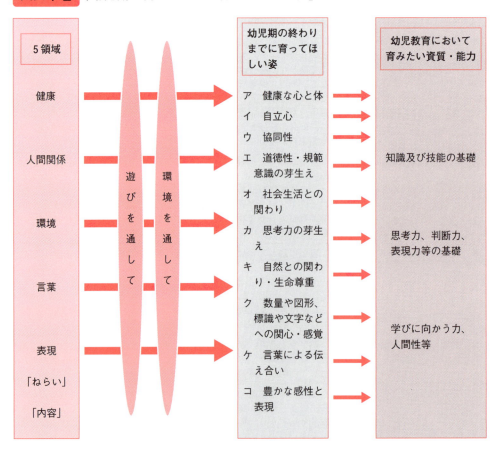

領域「健康」について

　領域「健康」においては、「健康な心と体を育て、自ら健康で安全な生活をつくり出す力を養う」ことをめざして構成されている。その内容は、①安定感をもって生活や活動を楽しむ、②進んで戸外や室内で十分にからだを動かそうとする、③生活リズム・生活習慣を身につける、④健康・安全に気をつける等である。

領域「健康」の変更箇所

　今次の改定（訂）では、「ねらい」の(3)「健康、安全な生活に必要な習慣や態度を身に付け、見通しをもって行動する」（下線は今回の変更箇所（以下同様））が、「内容の取扱い」の(2)「体を動かす楽しさを味わい、自分の体を大切にしようとする気持ちが育つようにすること。その際、多様な動きを経験する中で、体の動きを調整するようにすること」と示されている。

　食育については、「内容」の(5)「先生や友達と食べることを楽しみ、食べ物への興味や関心をもつ」、「内容の取扱い」の(4)「食の大切さに気付き」が加えられ、ここでの食育は、食べ物への興味・関心であり、食を大切にするという幼児教育における食育のあり方を示している。基本的な生活習慣の形成においては、「内容の取扱い」の(5)「基本的な生活習慣の形成（中略）、幼児の自立心を育て、幼児が他の幼児と関わりながら主体的な活動を展開する中で、生活に必要な習慣を身に付け、次第に見通しをもって行動できるようにすること」とあり、「見通しをもつ」ことの意義が強調されている。また、災害等、安全の観点から、「内容の取扱い」の(6)「安全についての構えを身に付け」が加えられている。

領域「人間関係」について

　領域「人間関係」においては、「他の人々と親しみ、支え合って生活するために、自立心を育て、人と関わる力を養う」ことをめざして構成されている。その内容は、①周囲の友だちや大人に親しみをもち、積極的にかかわる、②自分でできることは自分でし、主体的に行動する、③社会生活における望ましい習慣や態度と社会規範を獲得する、④自分の思ったことを相手に伝え、相手の思っていることに気づく、⑤さまざまな人に親しみをもつ等である。

領域「人間関係」の変更箇所

　今次の改定（訂）では、「ねらい」の(2)に「身近な人と親しみ、関わりを深め、工夫したり、協力したりして一緒に活動する楽しさを味わい、愛情や信頼感をもつ」が加わった。「内容の取扱い」の(1)「幼児が自ら周囲に働き掛けることにより多様

な感情を体験し、試行錯誤しながら諦めずにやり遂げることの達成感や、前向きな見通しをもって自分の力で行うことの充実感を味わうことができるよう、幼児の行動を見守りながら適切な援助を行うようにすること」、(2)「幼児が自己を発揮し、教師や他の幼児に認められる体験をし、自分のよさや特徴に気付き、自信をもって行動できるようにすること」が加わっている。

領域「環境」について

　領域「環境」においては、「周囲の様々な環境に好奇心や探究心をもって関わり、それらを生活に取り入れていこうとする力を養う」ことをめざして構成されている。その内容は、①安心できる人的な環境のなかで、諸感覚を豊かにする、②身近な物的環境に興味や関心をもってかかわり、考えたり、工夫したりする、③身近な自然の事象に触れ、遊びに取り入れたり、その大きさ、美しさに気づいたり、生命の尊さに気づいたりする、④身近な社会の事象に興味や関心をもつ、⑤日常生活のなかで物の数、量、形や簡単な標識や文字に興味をもつ等である。

領域「環境」の変更箇所

　今次の改定（訂）では、「内容」の(6)「日常生活の中で、我が国や地域社会における様々な文化や伝統に親しむ」、「内容」の(8)の「身近な物や遊具に興味をもって関わり、自分なりに比べたり、関連付けたりしながら考えたり、試したりして工夫して遊ぶ」が加わった。

領域「言葉」について

　領域「言葉」においては、「経験したことや考えたことなどを自分なりの言葉で表現し、相手の話す言葉を聞こうとする意欲や態度を育て、言葉に対する感覚や言葉で表現する力を養う」ことをめざして構成されている。その内容は、①発語の意欲をもつ、②自分なりに言葉で表現する、③注意深い意思伝達、④必要な言葉を使う、⑤言葉の楽しさ美しさ・豊かなイメージ、⑥文字への興味等である。

領域「言葉」の変更箇所

　今次の改定（訂）では、「ねらい」の(3)に「日常生活に必要な言葉が分かるようになるとともに、絵本や物語などに親しみ、言葉に対する感覚を豊かにし、先生や友達と心を通わせる」、「内容の取扱い」の(4)「幼児が生活の中で、言葉の響きやリズム、新しい言葉や表現などに触れ、これらを使う楽しさを味わえるようにすること。その際、絵本や物語に親しんだり、言葉遊びなどをしたりすることを通して、言葉が豊かになるようにすること」が加えられた。絵本や物語を通して言葉の理解

を育て言葉の感覚を育むことをめざしている。

領域「表現」について

　領域「表現」においては、「感じたことや考えたことを自分なりに表現することを通して、豊かな感性や表現する力を養い、創造性を豊かにする」ことをめざして構成されている。その内容は、①素材・用具に親しみ、つくったり飾ったりする、②歌・手遊び・リズム遊び等を楽しむ、③イメージを豊かにし自分なりに表現する、④感動したこと、考えたことを伝え合う等である。

領域「表現」の変更箇所

　今次の改定（訂）では、「内容の取扱い」の⑴「豊かな感性は、身近な環境と十分に関わる中で美しいもの、優れたもの、心を動かす出来事などに出会い、(中略)<u>風の音や雨の音、身近にある草や花の形や色など自然の中にある音、形、色などに気付くようにすること</u>」、さらに、⑶「表現する意欲を十分に発揮させることができるように、遊具や用具などを整えたり、<u>様々な素材や表現の仕方に親しんだり、他の幼児の表現に触れられるよう配慮したりし、表現する過程を大切にして自己表現を楽しめるように工夫すること</u>」が新たに加えられた。

指導計画作成のために

　具体的な保育の内容については、創意工夫（そういくふう）をうながす観点から、幼稚園教育要領や保育所保育指針等には明記されていない。それは保育者にゆだねられている。

　巻末の参考資料に、3歳児・4歳児・5歳児の指導計画を掲載（けいさい）している。これらは、石川県の保育士が話し合い作成したもので、保育の現場の経験をもとに具体的に示したものである。子どもの姿やねらい、保育者の援助など、指導計画を作成するうえでの参考にしてほしい（**参考資料2-4～参考資料2-6**（222～227ページ参照））。

Step 3

1. 保育内容をより深く理解するための演習

　Step 3 においては、保育内容をより深く理解するために3つの演習と自分の保育を振り返る方法について検討する。

○演習1
　保育所保育指針（以下、保育指針）の5領域の変更箇所について、Step 2 の幼稚園教育要領の5領域の変更箇所を参考に、線を引いてみましょう。気づいたこと、学んだことを書いてみましょう。

_____
_____
_____

○演習2
　保育指針、幼稚園教育要領の第1章など範囲を決めて、Step 1 を参考に、①遵守しなければならないもの、②努力義務が課されるもの、③基本原則・奨励の3つに区分してみましょう。気づいたこと、学んだことを書いてみましょう。

_____
_____
_____

○演習3
　巻末の参考資料1-6～参考資料1-10（210～214ページ参照）は、旧「保育所保育指針」の保育内容を示したものです。保育するうえで、子どもの発達を理解していることは、非常に重要なことです。各領域に示された内容が発達過程区分ごとにどのように変化しているのか比較してみましょう。気づいたこと、学んだことを書いてみましょう。

_____
_____
_____

2. 保育の質の向上のための取り組み

　「保育の質の向上」を図るために、保育指針では「自己評価に基づく課題等を踏まえ、保育所内外の研修等を通じて、（中略）それぞれの職務内容に応じた専門性を高めるため、必要な知識及び技術の修得、維持及び向上に努めなければならない」

と示され、「保育の質の向上」のためには、自己評価と研修が重要であることがわかる。さらに保育指針では、職員一人ひとりが課題をもって主体的に学ぶ姿勢と環境が重要であり、それらを醸成（じょうせい）することが求められているのである。

　保育者は、日々の保育や保護者への支援など、非常に忙しい毎日を過ごしている。外部における研修は、職場を離れて新鮮な気持ちで学び新たな知識を得る有益（ゆうえき）な機会ともなる。しかし、今自分の目の前にいる子どもや保護者の対応には適合していないものも多い。そういった点から考えると、職場内での研修が保育の質を左右するといっても過言ではない。職場内での研修としては、講師による講演、読書会、反省会、いくつかの研修グループに分けるブロック研修、先輩の指導等のメンタリング制度、自己評価、公開保育などがある。ここでは、一例として自己評価と公開保育について言及する。

　まず、自己評価についてであるが、日常的な課題を振り返るなどの自己評価は有意義なものであるが、何か基準のようなものがないと、単なる反省や自己満足になってしまうこともある。「自己評価のチェックリスト」を活用して点検し、その後、自らの評価と他者の評価を比較するなど工夫すると、さらに意義あるものとなるであろう。

　公開保育は、日々保育を運営している保育者同士が自らの保育を職場の同僚に見てもらい、その後研修へとつなげていくことを目的としている。指導計画に示された「ねらい」をめざして実施された保育について、実施した側の反省・評価と参観した保育士の評価とをあわせ振り返り評価するものである。保育は正解がない。その時その時によりよい方向を探り、改善点を見いだし修正していくものである。

　職場内における公開保育は、日ごろの保育と連動しているため、研修としての効果は非常に高い。その反面、自分の保育が他人に評価されることによって、自分と異なる考え方を指摘され、同じ職場内であるからこそその後の人間関係がうまくいかなくなってしまうこともある。日常的に公開保育を実施するためには職場内のよりよい人間関係が構築されていないと難しく、まさに学び合う環境を醸成（じょうせい）することが不可欠である。

　神戸市公立保育所保育士会では、平成25年度に「子どもの育ちを保障する〜保育士の資質向上を図る」のテーマのもと、すべての公立保育所が公開保育を実施した。公開保育実施後の調査では81％の保育士が公開保育に対して肯定的（こうていてき）な意見をもっていた。子どもの最善の利益を考慮した保育を実施し、保育の質の向上をめざすためには、職業人としての倫理観、人間性をもち、日々の保育を振り返り、常に自己研鑽（じこけんさん）する姿勢が求められるのである。

参考文献

- 民秋言編集代表,西村重稀・清水益治ほか編『幼稚園教育要領・保育所保育指針・幼保連携型認定こども園教育・保育要領の成立と変遷』萌文書林,2017.
- 神戸市公立保育所保育士会「平成25年度研究テーマ研究報告書 子どもの育ちを保障する～保育士の資質向上を図る」2015.

COLUMN　運動指導に関しての注意点

　近年、子どもの運動に対する注目が高まっており、体育レッスンといった形で運動指導を実施している園も増加している。子どものできることが目に見えて増えていくことから、一部の保護者から支持されている。

　しかし、保育という観点から考えると、果たして適切なのであろうか。運動指導は外部のスポーツ教室の講師などが担当している場合が多く、その内容はマットでの前転や跳び箱、鉄棒等さまざまな運動が行われている。運動指導をするにあたって、ある運動をできるようになるための方法論は数多く存在している。指導する側はさまざまな方法で指導に取り組むだろう。このとき気をつけなければならないのは、子どもの発育・発達の速度である。幼児期は、１年間の成長が非常に速い。つまり、４月生まれの子どもと早生まれになる３月生まれの子どもとの間では、体格や筋力、運動能力に大きな差が生じていることが多い。そのため、早生まれの子どもなどは体格や筋力の関係でできない運動が多い可能性があり、発育状況などを考慮して運動指導を行っていく必要がある。また、できる限りわかりやすい言葉で説明することに注意しなければならない。加えて、子どもはできないことが続くと興味を失うだけでなく、「やりたくない」「楽しくない」などのネガティブな感情をもってしまい活動自体に参加しなくなるおそれがある。

　このように、運動指導の場においても保育者は子どもの発育・発達を考慮して、子ども一人ひとりに合った指導を行うことや、一人ひとりに合った運動課題を設定できるように運動指導を計画していくことが大切である。

　幼稚園教育要領、保育所保育指針等でも、「幼児期の終わりまでに育ってほしい姿」の１つとして、「健康な心と体」が示されている。そこでは、幼児が生活のなかで、自分のやりたいことに向かって見通しをもって主体的に行動していくことが求められている。そのようなことからも運動指導は、発達過程に即したものであり、日ごろの保育内容と連動しながら、子どもが挑戦する意欲をもって主体的に活動することができるようなものでなければならない。そして、運動することにより気持ちよさを体験できるように保育者が導いていかなければならない。

（聖和短期大学専任講師　坂口将太）

第5講

幼稚園の教育課程の編成の基本原理と方法

　各幼稚園では、教育理念や方針をふまえ、在園期間を見通した子どもの育ちを計画する教育課程と、教育課程とその他の計画を含んだ全体的な計画を作成することとなっている。これらの編成や再編成では、全教職員が園としてのビジョンを共有しつつ、日々の実践に取り組むことができるカリキュラム・マネジメントが重要である。本講では、園全体の幼児教育の質の向上をめざした教育課程等の編成と、カリキュラム・マネジメントの構造と基本的考え方を学ぶ。

Step 1

1. 幼稚園における幼児教育

　幼稚園は、学校教育法第22条に「義務教育及びその後の教育の基礎を培うものとして、幼児を保育し、幼児の健やかな成長のために適当な環境を与えて、その心身の発達を助長することを目的とする」と規定される学校教育機関である。満3歳から小学校就学の始期に達するまでの幼児を対象とし、1日の教育課程にかかる教育時間は4時間を標準とする。また、毎学年の教育週数は自然災害など特別の事情の場合を除き、39週を下ってはならないとされている。幼稚園を卒園することは、この2年間ないし3年間の教育課程を修了することとなるのであり、この基本的な考え方が学校教育機関としての特徴である。

　しかしながら、学校教育機関ではあるが、他の学校教育とはカリキュラムの考え方に異なる点がある。小学校以上の学校教育においては、「教科」を中心とし、教育内容があらかじめ設定され、子どもたちはその教育内容を自覚的に学習し、身につける。対して幼稚園教育では、5領域として示されるねらいと内容を総合的に展開しながら、一人ひとりの「経験」を通して、人間として育つことをめざしており、それが小学校以降の学習の基礎を培うものであると位置づけられている。

　また、幼稚園教育では「自発的な活動としての遊び」を教育活動の中心とする。「遊び」とは、子どもにとってその活動そのものが目的となっている楽しい活動であり、遊びの世界に没頭し、遊びの世界のなかでは自己と周囲の区別もあいまいになってしまうような体験をいう。つまり、遊びのなかにいる幼児は必ずしも「育ち」を自覚しているわけではなく、小学校以上の教科学習で子どもが自分の学習に自覚的であるのと大きく異なる。

　そこで、遊びの保障と5領域に示されるような育ちの保障をともに成立させるために、保育者は直接「教える」というよりも、間接的に環境を通し、「仕掛けをする」「援助をする」という手段をとることとなる。したがって、いつも計画どおりに進められるわけではなく、子どもの予想外の行動などに臨機応変に修正されるが、まったくねらいや計画をもたない場当たり的なものではない。

　このねらいと方法を示し作成されるのが、指導計画（長期の指導計画・短期の指導計画）である。年間指導計画から1日の指導計画まで多様なこれらの指導計画の柱となるのが、各園で作成される「教育課程」である。各園の教育課程は、幼稚園教育要領に準拠しながら、園の設立理念、園や地域の実態、幼児の発達特性、社会や保護者の願い、保育者の願いなどをもとに編成し、実践や園の自己評価の柱となるとともに、次の実践に向け、見直しや改善の対象にもなってくるものである。

この教育課程編成、指導計画の作成、実践、評価、改善といった、幼稚園教育の質向上へ向けた取り組みは、管理職や保育者を中心とした園全体の組織としての取り組みであり、カリキュラム・マネジメントと呼ばれている。

2. 幼稚園教育要領における教育課程と全体的な計画

　幼稚園における教育内容と方法を定めた文部科学大臣告示の幼稚園教育要領では、教育課程編成のあり方についても述べられている。幼稚園教育要領解説では、第1章「総説」にて「組織的かつ計画的に教育課程を編成する」ことが規定され、教育課程の役割と編成等について具体的に記され、各幼稚園においては、園長のリーダーシップのもと、全教職員が協力し編成することとなっている。このような実践者の主体的なかかわり方を重視したガバナンスのあり方によって、保育者一人ひとりが園全体の方針や教育内容、教育方法のイメージを共有し、一貫性をもって実践することができる。また前向きに改善に取り組もうとするなど、主体的な態度や姿勢、意欲が強まると考えられる。

　加えて、教育課程を中心に「全体的な計画」を作成することも求められている。「全体的な計画」とは、例えば、教育課程に基づいて作成される指導計画、教育時間の終了後等に行う教育活動の計画、学校保健計画、学校安全計画など幼稚園運営に必要なさまざまな計画を構造化したものである。したがって、まずはこれらの計画をそれぞれの目的に即して作成し、全体的な計画のなかにおいてみて、教育課程との関連や他の計画との関連を考慮しながら相互調整していくことになるだろう。その全体的な計画をつくり上げるプロセスにおいても、園の全教職員が、各幼稚園の教育課程の基本的理念やめざす子ども像などを議論し、見直しも加えながら進めることで、各教職員が幼稚園教育の全体像を共有し、イメージしながら、目の前の実践に取り組むことができるようになる。

Step2

1. 教育課程編成の基本

　年間指導計画とは異なり、教育課程は毎年新しいものを作成するわけではない。園の教育理念、新設しようとする園以外はすでに作成されているため、その編成といっても最初から作成するのではなく、実際にはその見直しや再編成を意味する。各園の歴史のなかでは、社会の変化、子どもや保護者の価値観や行動様式の変化、制度の変化などの要因で、一度作成した教育課程を再編成する必要もでてくるだろう。また、実践での振り返りをしていくなかで、教育課程に立ち返り、その意味の再解釈や見直しをすることもあるだろう。

　このような生きた教育課程を編成するにあたっては、幼稚園教育要領第1章「総則」第1の「幼稚園教育の基本」に基づき、特に以下の3つの点に留意する。

① 幼児の心身の発達

　教育課程編成では、3年間（2年間）の在園中の発達の見通しをもつことが求められている。この見通しは、何も在園期間中の2、3年のことではなく、生まれてから大人になるまでの長期間にわたる成長をイメージすることが必要である。

　今回の教育要領改訂の基軸を議論した中央教育審議会の「幼稚園、小学校、中学校、高等学校及び特別支援学校の学習指導要領等の改善及び必要な方策等について（答申）」（平成28年12月21日）では、幼児期から高校以上まで一貫して「育成を目指す資質・能力の三つの柱」が提案された。三つの柱とは、①生きて働く「知識・技能」の習得、②未知の状況にも対応できる「思考力・判断力・表現力等」の育成、③学びを人生や社会に生かそうとする「学びに向かう力・人間性等」の涵養である。

　そして、幼児期の特性を鑑み、「幼児教育における三つの柱」は、「知識・技能の基礎」「思考力・判断力・表現力等の基礎」「学びに向かう力・人間性等」とされた。このような長いスパンの見通しのなかに位置づけた幼児期の発達というとらえ方が必要であろう。そのうえで、教育課程には在園期間中に予想される発達の道すじにそった計画が記される。

② 幼稚園の実態

　わが国の幼稚園は私立幼稚園が6割を超えており[*1]、園によって理念はもとよ

---

*1　文部科学省「平成30年度学校基本調査（速報値）」によると、幼稚園数は1万474園で、国立49園、公立3737園、私立6688園である。

り、地域の状況や規模など、幼稚園の実態は多様である。法令に準じるのはもちろんであるが、各幼稚園において、園のめざす幼児教育の理念に立ち返りつつ、一貫性を大切に、教職員の構成、遊具や用具の整備状況などを分析し、教育課程編成に活かすことが必要である。

③　地域の実態

　自然環境、産業、生活条件、文化など、地域社会の実態をふまえて教育課程を編成することで、子どもたちの園生活と地域での生活や家庭での生活に連続性が生まれ、安定した生活をつくっていくことが可能となる。また、地域の資源の実態を整理し、地域社会の協力を得ながら教育活動を進めることも重要である。その際、保護者を含めた地域住民に対して、幼稚園が何をめざし、何を意図しているのか、教育方針や教育方法についても積極的に情報提供し、相互理解のうえで協力できる関係をつくっていくと、より豊かな教育活動となるだろう。

2. 教育課程編成の手順

　園長のリーダーシップの下、教職員が協力して行う教育課程編成は、**図表5-1**のような手順で進められる。

　この手順にみられるように、教育課程の編成の手順は、まさにPDCAサイクル

図表5-1　教育課程編成の手順

①　学校教育法、幼稚園設置基準などの関係法令、幼稚園教育要領、幼稚園教育要領解説など、教育課程の編成に関係する法令等の基本的事項について確認する。また、乳児期から児童期・青年期と長い発達過程のなかに幼児期を位置づけ、その特性を理解する。さらに、幼稚園や地域の実態、社会や保護者の願いなどを把握することも重要である。このような基本的事項を教職員間で共有しておくことは、教育課程の編成・改善の土台となる。

②　教育目標について共通理解を図る。このことで、教育課程は幼稚園がどのような園でありたいかについての根本理念を共有することができ、①とともに園文化を構成することとなる。実践の振り返りの際には、再び教育目標に立ち返り、確かめることも重要である。

③　幼稚園生活の全体を見通して、2年間ないし3年間の在園期間の発達、経験、育ちを予測し、そのような育ちと教育目標の達成との関係を確認する。その際、「幼児期の終わりまでに育ってほしい姿」や小学校での学びを念頭におき、子どもたちの調和のとれた発達をめざすように留意する。

④　幼稚園生活の各段階（学年や時期）のねらいと内容を組織する。幼稚園教育要領第2章の5領域によって示された事項が総合的に経験できているのかを確認し、幼児期の発達の特性（自我が芽生え、他者の存在を意識し、自己を抑制しようとする気持ちが生まれる時期であること）をふまえ、幼児にふさわしい充実した生活となるように留意する。

⑤　教育課程を実施した結果を評価し、教育課程の改善を行ったり、指導計画や実践を調整・変更する。全教職員が園長の方針の下で連携し、組織的に改善を進める。

の過程でもある。PDCAサイクルとは、Plan（計画）したことを、Do（実践）し、それをCheck（評価）することで、Action（改善）を行い、同時にその内容が次の計画作成に活かされていくという仕事の質を向上させる循環（じゅんかん）をいう。このような循環的な編成過程において、各園の教育理念をあらためて再解釈し、保育者一人ひとりが自らの教育観・保育観を見直し、再認識するきっかけとなるべく、園長を中心としながら保育者全員で組織的にかかわる取り組みが求められるだろう。

　日常的に行っている実践の振り返り（総括など）のなかでも、具体的な実践内容と園の教育理念やモットーを表した言葉を関連づけ、考え直してみる取り組みを通して、園の教育理念、各自の教育観がより自覚的になるだろう。

　例えば、園の教育理念やモットーにある言葉、「のびのび」「思いやり」「いきいきとした」は、具体的にはどのようなことを意味しているのか、このような言葉を実現するためにどのような実践をしているのかといった問いについて議論すると、それぞれの言葉の意味内容がより明確になる。また、「のびのび」といいつつ、カリキュラムが過密になりすぎているなど、教育理念の実現に向かっていないような計画や環境構成、かかわりが見つかるかもしれない。このような取り組みのなかで、教育課程の改善につながる視点が見いだされるのである。

3. 全体的な計画の作成

　教育課程編成は「教育課程」、つまり「教育課程にかかる教育時間」についてだけを扱うのでは不十分である。子どもの生活の連続性を考えても、教育課程は、教育時間の終了後等に行う教育活動の計画や、子育て支援としての預かり保育との連続性をもったものにしなければならない。また、教育課程に基づいて作成される指導計画、学校保健計画、学校安全計画などと一貫性をもつことも必要である。

　学校教育法では、幼稚園は「満3歳から、小学校の就学の始期に達するまでの幼児」が入園できるとあり、園や自治体によっては、満3歳の誕生日やその後の区切りのよい時期（次の月からなど）の入園を認めている。実際には、満3歳前後の子どもたちが多様な形で存在し、この「満3歳児」への指導についても計画的に行っていく必要がある。満3歳児を受け入れている園の全体的な計画には、2歳児から満3歳児への移行にも留意（りゅうい）した計画を含むこととなるだろう。

　全体的な計画は多様な計画を含んでいるのであり、どの活動が園の教育活動や運営にどのように位置づいているのか、教育課程を中心に、計画間の連続性や一貫性を確認しながら作成していくが、この作業のなかで、各計画間に矛盾やずれが見い

だされることもあるだろう。実は、この矛盾やずれの発見こそが、教育課程の改善に大いに重要なのである。

　通常、指導計画であれば、保育者の予想を超えた子どもたちの反応や姿に時に臨機応変に対応することもあり、そこを振り返り、計画の改善がなされるであろう。つまり、矛盾やずれというのは、日常的に実践場面で直面することになる。しかしながら、園全体の長期的な計画である教育課程においては、日々の実践の振り返りの一つひとつが直接、教育課程そのものの課題としてとらえられることは多くない。全体的な計画において連続性や一貫性を確認する作業は、とらえにくい教育課程の課題を発見する好機会であるともいえる。

Step 3

1. カリキュラム・マネジメントの必要性

　学校や幼稚園等の教育機関におけるカリキュラム・マネジメントは、教育・保育の質向上をめざしたシステムのことである。これまでも、教育・保育の質向上の過程は、PDCA サイクル（P（計画）-D（実践）-C（評価）-A（改善）の循環）として説明されてきたし、PDCA サイクルを保育者個人と園組織の両面で多層的に行っていくことが求められてきた。しかしカリキュラム・マネジメントという概念では、より組織的、また教育活動のみならず、経営活動にまで視野を広げ、カリキュラムをどう質の向上に向けて動かしていくのかに重点化している。

　では、このカリキュラム・マネジメントは、幼稚園における幼児教育にとって、どのようなものなのか。

　カリキュラム・マネジメントの必要性が学習指導要領や幼稚園教育要領改訂に向けた中央教育審議会でも議論され、「幼児教育部会における審議の取りまとめ（報告）」においては、以下のように述べられている。

　「幼稚園等では、教科書のような主たる教材を用いず環境を通して行う教育を基本としていること、家庭との関係において緊密度が他校種と比べて高いこと、預かり保育や子育ての支援などの教育課程以外の活動が、多くの幼稚園等で実施されていることなどから、カリキュラム・マネジメントは極めて重要である。」

　つまり、小学校や中学校等と異なり、幼児教育では、教育課程にかかる教育時間内の教育実践は、環境を通して行う教育を基本としており、子どもの生活や遊びを丸ごと、総合的に扱う「領域」によって教育内容が示されている。したがって、領域間のつながりは、子どもの経験内容や育ちの側面としてとらえられるものであり、保育者の観察や解釈、読み取りの力量に大きくゆだねられることとなる。その意味で、カリキュラム・マネジメントは、保育者自身の専門性を向上させるために有効な手立てとなるべきであろう。また目の前の実践を担任一人で負うのではなく、組織的にとらえることで質の保障も担保する。

　次に、幼児教育においては、家庭や地域との連携が強いという特徴があげられる。幼児期においては、家庭や地域での生活と園での生活の連続性が必要な時期であるが、価値の多様化によって家庭生活も多様化している。家庭の価値観を把握し、どのような生活が幼児にふさわしい生活であるのか、家庭ともよく話し合うことが重要となる。その際、幼稚園全体としての教育理念、教育目標、教育方法を核としつつ、またそれを再解釈したり、見直していくような過程も必要であろう。子育て支援としての預かり保育や、いわゆる「教育課程にかかる教育時間外の教育活動」

を含めた、「教育課程」には含まれない部分についても、子どもとしては一連のものであるので、「全体的な計画」の下で、その意味や方法などについても検討する必要があろう。

このように、幼稚園等の運営および教育実践においてカリキュラム・マネジメントは必要不可欠な営みである。

2.「課題」のとらえ方とカリキュラム・マネジメント

カリキュラム・マネジメントとは、「カリキュラムを主たる手段として、学校の課題を解決し、教育目標を達成していく営み」である。何かめざすものがある時、それは、現状では到達していないものである。めざしているものと現状のギャップ、そこには課題が生まれる。つまり、何かをめざす場合には、必ず課題が見いだされるはずであり、この課題意識こそが、カリキュラム・マネジメントの起点となる。

各園の教育理念やめざす子ども像は、「理想」であり、方向性を示してくれるものである。つまり、完璧（かんぺき）に実現できるものではない。同時に、まったく現状とかけ離れているわけでもなく、現状はめざす方向を向いており、そのめざすものにそって実践が行われているはずである。したがって、抽象的レベルでとらえる限りは、めざすものと現状の間にはギャップは見えてこず、「めざす教育ができている」という認識になるかもしれない。

しかし、具体的な一つひとつの実践のなかでとらえてみると、現状とめざすものとの間にギャップやずれが見えてくるのであり、それが「課題」である。カリキュラム・マネジメントが意図する教育の質向上は、「課題」が起点となるため、この「課題」発見が重要である。そのためには、現場で日々実践に取り組んでいる保育者が加わり、実践の体験に基づいた具体的な議論が必要となるのである。

カリキュラム・マネジメントにおける「課題」のとらえ方は、決してネガティブなものではなく、「課題」はどの現場にでもあるはずであり、逆に「課題」が見えていない現場ほど、問題であるととらえられる。このように成長し続ける園のあり方があるべき姿であり、その成長は課題への取り組みとともにある、という考え方に基づいている。

3. カリキュラム・マネジメントを行う組織のあり方

　これまでも、PDCAサイクルなどの教育や保育の質向上の循環について説明する言葉はあったが、今回なぜ「カリキュラム・マネジメント」というのか。特に「マネジメント」に込められた意味はどこにあるのであろうか。

　「マネジメント」は、＜経営すること＞＜管理すること＞＜対処すること＞＜うまく取り扱うこと＞などを意味する言葉である。「管理職」といった言葉があるように、管理するという語感からは、上司や上からのというニュアンスが感じられるかもしれないが、元となっている英語のmanageは、難しい状況や事案をなんとかうまく解決すること、つまり、コントロール不能に陥（おちい）りそうな難しい状況であっても、その状況をなんとか制御可能な状態へもっていくこと、もしくは、よくわからない問題的状況をなんとか可視（かしか）化し解決にもっていくことを意味する。このmanageの意味内容から、カリキュラム・マネジメントも、日常の生きた教育実践の現場の状況を把握し、課題を見いだし、それに組織的に（つまり連携や関係性のなかで）取り組む営みをいう。

　そして、カリキュラム・マネジメントで扱おうとする事案は「カリキュラム」であり、教育課程、指導計画、実践、評価等の園での教育の営みの全体であり、中心的なステイクホルダーは、子どもと保育者であろう。この意味で、カリキュラム・マネジメントは、管理職だけの仕事ととらえるよりも、カリキュラムにかかわるすべての教職員・保育者が主体的にかかわることが重要である。そして、カリキュラム・マネジメントにおいて、中留は同僚性をベースとした「ウチとソトに開かれた協働性」を重視している[*2]。ウチとは、学校内の教科間、教員間、学年間などの関係であり、ソトとは、地域、保護者、連携機関などを指す。つまり、ステイクホルダー間の関係性が重要な要素となってくる。

　良好な関係性や協働性のなかでは、「情報共有の風通しがよい」「助け合いの雰囲気（ふんいき）がある」「互いの実践から学び合う姿勢がある」「子どもの素敵な姿や保育者がうれしかったことを話し合っている」「だれかの提案に対して、やってみようかと前向きに検討する雰囲気がある」「意見を出し合いやすい雰囲気がある」といったポジティブな空気が存在するだろうし、それを可能にするために影響力をもちやすいのは、園長、主任等の管理職だろう。情報共有を密にし、保育者の実践へポジティ

[*2] 中留武昭「学校経営における協働文化の形成と専門職性の再吟味」中留武昭・論文編集委員会編『21世紀の学校改善――ストラテジーの再構築』第一法規, 2003.

ブなフィードバックをすることや、困っている保育者にはアドバイスをしたり、共に解決へ向け取り組む、といった管理職の姿勢は大きな影響を与えるはずである。

　また、「多忙の事実」から生まれる「多忙感の組織文化」と呼ばれるものが広まってしまうと、新しいことにチャレンジする余裕がなくなったり、多くの対話が「不要」と考えられ、人間関係をつなぐようなコミュニケーションが減ってしまうこととなる。物理的な仕事量などの調整も必要であろう。

　このような人間関係に支えられ、教職員全員が、課題解決の営みを通して、個人的にも園全体としても成長するのだということを確信する成長観を共有し、日々の実践の評価や改善のPDCAサイクルから、園全体の教育課程や全体的な計画の編成・再編成までに取り組んでいくことが、カリキュラム・マネジメントの求めていることである。

参考文献
- 内閣府「幼稚園教育要領」2017.
- 内閣府「幼稚園教育要領解説」2018.
- 厚生労働省「保育所保育指針」2017.
- 厚生労働省「保育所保育指針解説」2018.
- 内閣府・文部科学省・厚生労働省「幼保連携型認定こども園教育・保育要領」2017.
- 内閣府・文部科学省・厚生労働省「幼保連携型認定こども園教育・保育要領解説」2018.
- 田村知子『日本標準ブックレット No.13 カリキュラムマネジメント——学力向上へのアクションプラン』日本標準, 2014.
- 田村知子ほか編著『カリキュラムマネジメント・ハンドブック』ぎょうせい, 2016.

COLUMN　ある職員室の光景

　自由保育を実践しているA幼稚園。子どもたちは登園から降園まで、自分の興味関心にそって、好きな遊びに取り組んでいる。ある若手保育者が、子どもたちと新聞遊びを楽しみたいと考え、保育室内にびっくりするくらいの新聞を積んでみた。「なんだ、あれ」と気になった子どもたちが短時間そばにいたが、すぐに別の遊びに向かって行った。次に、保育者自身が遊んでみた。すると、「先生、何してるの」と数名の女児が寄って来て、一緒に遊び始めた。しかし、またすぐに別の遊びに移って行ってしまった。

　降園後、職員室で先輩保育者にこの実践について話していると、一人、また一人と会話に参加し、主任、園長も交えて、「自由」「育ち」「興味」「経験」といったキーワードについて、ああでもない、こうでもないの大議論になったという。

　一人の若手保育者の「今日」の実践から、園がこれまで大切にしてきた教育理念についての話し合いに展開し、若手は若手なりに、ベテランはベテランなりに、主任も園長も、これらの理念についてのとらえ方を深めることになったという。このような議論が可能な職員室そのものが「自由」であり、それぞれの「育ち」にもつながっている。まさに、この職員室の光景そのものが、A幼稚園の理念を体現しているといえるだろう。

（西村美紀）

第6講

保育所・認定こども園等の全体的な計画の作成の基本原理と方法

保育所および認定こども園では、教育および保育を実施するうえで、その根幹（こんかん）となる「全体的な計画」を立てている。本講ではまず、保育所および認定こども園における「全体的な計画」とは何か、その考え方について確認し、次に「全体的な計画」の作成にかかる基本原理とその方法を学ぶ。最後に、児童福祉施設の全体的な計画について具体的に学ぶ。

Step 1

1. 全体的な計画とは

　保育所や認定こども園では、子どもたちの確かな育ちを保障するため、子どもの発達特性と一人ひとりの子どもの実態をふまえ、見通しをもった保育が行われている。こうした「計画性ある保育」の実践を前提に、保育所および認定こども園では、保育の計画の柱となる全体的な計画を作成している。ここでは、保育所および認定こども園、それぞれの全体的な計画について確認していく。

保育所における全体的な計画

　保育所保育指針（以下、保育指針）には、全体的な計画について下記のように記載されている。保育所における全体的な計画とは、子どもの入所から就学に至る在籍期間の全体にわたって、子どもの発達過程をふまえ、保育の目標に向かって養護と教育が一体となって進められる保育のなかで子どもが育っていく道すじを示したものである。

認定こども園における全体的な計画

　幼保連携型認定こども園教育・保育要領には、全体的な計画について、下記のように記載されている。

　認定こども園における全体的な計画とは、保育所における全体的な計画と同様、子どもの在園期間の全体にわたって、認定こども園の目標に向かって教育と保育を一体的に進めるなかで子どもが育っていく道すじを示したものである。

保育所保育指針
第1章 総則　3 保育の計画及び評価　(1) 全体的な計画の作成
ア　保育所は、1の(2)に示した保育の目標を達成するために、各保育所の保育の方針や目標に基づき、子どもの発達過程を踏まえて、保育の内容が組織的・計画的に構成され、保育所の生活の全体を通して、総合的に展開されるよう、全体的な計画を作成しなければならない。

幼保連携型認定こども園教育・保育要領
第1章 総則　第2　教育及び保育の内容並びに子育ての支援等に関する全体的な計画等　1 教育及び保育の内容並びに子育ての支援等に関する全体的な計画の作成等
　教育及び保育の内容並びに子育ての支援等に関する全体的な計画とは、教育と保育を一体的に捉え、園児の入園から修了までの在園期間の全体にわたり、幼保連携型認定こども園の目標に向かってどのような過程をたどって教育及び保育を進めていくかを明らかにするものであり、子育ての支援と有機的に連携し、園児の園生活全体を捉え、作成する計画である。

加えて、認定こども園では、その機能の1つに子育て支援を謳（うた）っているため、全体的な計画は子育て支援と連携して作成するものであることが記載されている。

2. 全体的な計画とその他の計画との関係性

保育所および認定こども園では、さまざまな計画を作成している。次に、全体的な計画がその他の計画とどのような関係性をもっているのか、その位置づけをみていく。

保育所における全体的な計画の位置づけ

保育指針には、全体的な計画について以下のような記載もある。

> 第1章　総則　3　保育の計画及び評価　(1)　全体的な計画の作成　ウ
> 　全体的な計画は、保育所保育の全体像を包括的に示すものとし、これに基づく指導計画、保健計画、食育計画等を通じて、各保育所が創意工夫して保育できるよう、作成されなければならない。

保育所における全体的な計画は、「保育所保育の全体像を包括的に示すもの」であり、この下に指導計画や保健計画、食育計画等が立てられる（図表6-1）。

認定こども園における全体的な計画の位置づけ

幼保連携型認定こども園は、満3歳以上の園児に対する学校教育法に基づく学校教育としての教育と、保育を必要とする子どもに対して0歳から小学校就学前まで

図表6-1　保育所における全体的な計画とその他の計画のイメージ

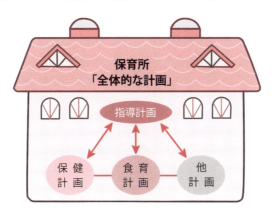

の児童福祉法に基づく保育が一体的に提供される。そのため、満3歳以上の子どもの教育時間の計画（教育課程）と保育を必要とする子どもの保育時間の計画、満3歳未満の保育を必要とする子どもの保育時間の計画、一時預かり事業などさまざまな子育て支援として行う活動のための計画、教育時間後の預かり保育時間等のための計画など、教育・保育および子育て支援のニーズに合わせてさまざまな計画が必要になる。この他にも、安全計画や保健活動の計画等、多くの計画がある。

こうしたさまざまな計画を別々に分けて作成したり、子どもを分断して考えたりすることは適切ではない。子ども一人ひとり異なる園生活の流れをふまえ、また園で行う子育て支援との連携も考慮し、園全体として総合的に計画を作成することが求められるのである。

このように、認定こども園の特性として、教育と保育とが一体的に行われるために生活時間が異なる子どもたちがいること、子育て支援の機能も果たしていくことから、全体的な計画が重要になってくる。認定こども園における全体的な計画とは、教育および保育と子育て支援を実施する認定こども園の全体像を包括的に示すものである。

図表6-3は、A保育園の全体的な計画である。全体的な計画は、各園の実態に応じて創意工夫によって作成されるものであり、その書式や内容は各園によってさまざまである。A保育園の全体的な計画はその1つの例であることをふまえて確認しよう。

図表6-2 認定こども園の生活と全体的な計画の関係

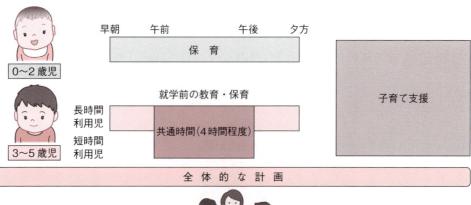

第6講 保育所・認定こども園等の全体的な計画の作成の基本原理と方法

図表6-3 A保育園の全体的な計画

保育理念：子ども一人ひとりを大切にし、保護者・地域から信頼される保育所をめざす

保育方針：
- 一人ひとりのかかわりの中で個性を尊重し、自主性を育む
- 自分を大切にする気持ちと人への信頼感、自己肯定感を養う
- さまざまな環境とのかかわりの中で豊かな感性・意欲・態度を育む
- 子どもの健康と安全を基本として、保護者と協働で保育する

保育目標：心身ともに健やかな子ども／友だちと一緒に生活を楽しむ子ども／よく考えて行動する子ども／認め合える子ども

年齢	0歳児	1歳児	2歳児	3歳児	4歳児	5歳児
年齢別保育目標	生理的欲求を十分に満たし、生活リズムを整えて基本的な生活習慣を養う。特定の保育者との応答的なかかわりや触れ合いを通して、情緒的な絆を深め、人への信頼感が芽生えるようにする。子どもの発達に応じた環境のもとで、さまざまな遊びを通して自己表現が豊かになるようにする	安心できる保育者との関係の下で、生活に必要な基本的生活習慣を身につけようとする。十分に身体を動かし、歩行や探索を楽しむ。自我の芽生えを自分なりの言葉や身振りで表し、自己主張する	基本的生活習慣を保育者の援助のもと自分でしようとする。友だちとの関係の中で思いきり遊びながらイメージを共有し、言葉のやりとりを楽しむ	生活に見通しをもち、身の回りのことについてしようとする。保育者や友だちとのかかわりを通して、人との関係を深め、友だちと一緒に遊ぶ中で、気持ちや態度を表現し、自然に親しむ	生活に必要な習慣や態度を身につける。友だちとのつながりを通して、思いやりや、受け入れる力を育て、自然とかかわる中で、命の大切さを知る	基本的生活習慣を身につけ、健康・安全な生活に必要な習慣・態度を養う。仲間の中で自分の力を発揮しながら、共通の目的をもって活動し、やり遂げる喜びを味わう。自然にかかわる中で、豊かな感情や知的好奇心を育む
養護 生命の保持						
情緒の安定						
教育 健康	伸び伸びと身体を動かし、特定の保育者とのかかわりの中で、身近な人との関係を深める	身の回りの簡単なことを自分でしようとし、身体を動かして遊ぶことを楽しむ	一人ひとりの子どもの欲求を十分に満たし、生活のリズムをつくっていく	一人ひとりの子どもが生活に必要な習慣を身につけ、健康に過ごす	自ら健康で安全な生活に必要な習慣を身につけ、進んで運動しようとする	健康・安全な生活に必要な習慣や態度を身につけ、見通しをもって行動する
人間関係	特定の保育者との愛着関係の中で、周囲の人への関心をもつ	保育者や身近な人への愛着や信頼感を深め、安心して過ごす	保育者の仲立ちにより、友だちとの関わりを楽しむ	友だちと関わる中で、自分の気持ちを伝えようとする	友だちとのかかわりを深め、思いやりをもつ	友だちと協力して一つのことをやり遂げ、集団の中で自分の力を発揮する
言葉	喃語などで気持ちを表し、保育者とのやりとりを楽しむ	簡単な言葉のやりとりを楽しみ、言葉を使うことを喜ぶ	生活や遊びの中で簡単な言葉のやりとりを楽しむ	自分の思ったことを保育者や友だちに話す	経験したことや考えたことを言葉で表現し、話し合いを楽しむ	話したり聞いたり、相手の話を理解し、自分の経験したことを言葉で表現する
表現	保育者の歌や音楽、動きなどに親しむ	歌やリズムに合わせて身体を動かすことを楽しむ	歌やリズム、描いたり作ったりして楽しむ	歌ったり、描いたり、つくったり、身体で表現することを楽しむ	感じたこと考えたことを自分なりに表現する	経験したことや想像したことを、さまざまな方法で表現し、友だちと表現することを楽しむ
環境	安心できる環境の中で、身近なものに興味・関心をもつ	好きな遊びや玩具を見つけ、身近なものに興味をもつ	身近な環境に興味をもち、さまざまに関わって遊ぶ	身近な自然や事象に興味をもち、好奇心や探究心をもつ	身近な動植物や季節の変化に気づき、自然に親しむ	身近な事象や自然にかかわり、興味・関心をもって関わる
食育	いろいろな食べ物を見て、触れて、味わうことを楽しむ	いろいろな食べ物に慣れ、自分で食べようとする	さまざまな食品に慣れ、食べることを楽しむ	身近な食材に興味をもち、食べることを楽しむ	さまざまな食べ物に親しみ、身体の成長と食べ物の関係に興味をもつ	食習慣や身につけ、食べる楽しさを知り、食への関心を広げる

健康支援	○身体測定（毎月）○健康診断（年2回）○日々の健康観察
安全対策・事故防止	○避難訓練（毎月）○歯科検診（年2回）○保育室・設備安全点検（毎月）○連絡帳
地域の子育て支援	○保育体験○育児相談○園庭開放（週2回）○出前保育（随時）
特色ある保育	○里山登り○親子山登り○食育保育○自然環境観察○自然体験の講師による指導

家庭との連携	○保護者会（年2回）○保育参加○育児講座○保育参観○連絡帳（毎日）○個人面談（年2回）○バザー・クラス便り・園便り
地域との連携	○農業との交流○ボランティアの受け入れ○消防署見学等交流（年6回）○夏まつり・自治会行事への参加（夏期、正月等行事）
小学校との連携	○保育所児童保育要録の送付（週1回）○日常保育の交流○小学校行事への参加（5歳児）○小学校見学
職員の質向上	○園内研修○園外研修（初任・中堅・リーダー）○小学校との交流（年3回）○幼児教育研修会（5歳児）○人権研修
	○保育計画（園内研修）○第三者評価○保育士等の評価○保育の評価（事例研修会）○苦情解決の公表○法人研修
	○利用者評価（自己評価表チェックシートによる自己評価）○第三者評価調査の回答の公表・園長面接

Step2

1. 全体的な計画の作成の基本

　保育所および認定こども園における全体的な計画を作成するにあたって大切となる基本的な事項について確認しておく。

園および地域の実態に即して創意工夫して作成する

　園の規模や設備、職員構成等、人的・物的環境や地域環境等、園のおかれている状況はそれぞれ異なる。そのため、それぞれの園の実態に即して、その資源を十分に活用し創意工夫して計画を作成することが大切である。特に認定こども園においては、教育および保育、子育て支援のさまざまな計画が相互に関連し、調和のとれた統一した計画となるよう、園の実態をふまえ、これらを十分に活かして、生活時間の異なる子どもたちがそれぞれよりよい園生活を送ることができるように考慮する。

子どもの発達の過程を理解し、長期的な見通しをもつ

　子どもが保育所および認定こども園において、卒園するまでにどのような道すじをたどって発達していくのか、その過程をきめ細かくとらえ、長期的な見通しをもつことが大切である。その際、保育所および認定こども園では、入所（入園）時期が子どもによって異なるので、一人ひとりの生活経験にも配慮しながら子どもの育ちをとらえていくことが求められる。

家庭の状況を把握し、家庭との連携を図る

　子どもにとって、園と家庭は切り離された場所ではなく、連続性をもって生活することができるよう、家庭の状況を把握して計画を作成することが大切である。また、保護者の意向についても把握するよう努め、家庭と連携した保育が可能となるようにする。特に認定こども園においては、保護者の就労状況等の生活実態が大きく異なることから、園への教育および保育、子育て支援への期待や意向も多様であることをふまえ、実態を把握しておくことが求められる。

さまざまな保育時間を考慮し、子どもの生活全体をとらえる

　保育所や認定こども園では、地域における保護者の労働時間や家庭の状況によって、延長保育、夜間保育、休日保育等を実施している。また、認定こども園では、教育時間のみの短時間利用児と、保育の時間も含めた長時間利用児がともに生活し

ている。こうしたさまざまな保育時間も含め、子どもの生活の全体をとらえるようにする。

教育および保育と子育て支援の連携を図る

　未就園の子どもやその保護者にとって、園の子どもたちを目にしたりかかわったりする経験は、子どもの育ちや子育ての学びを豊かにするものである。園の子どもたちにとっても、多様な人とかかわることはとても重要な経験となる。これらのことをふまえ、教育および保育と子育て支援が連携した計画となるようにする。

家庭や地域と全体的な計画を共有する

　全体的な計画は、だれにとってもわかりやすいものとなるよう作成し、家庭や地域と共有できるようにする。家庭および地域との協働において豊かな教育および保育が可能となることをふまえ、全体的な計画を家庭や地域に発信し、園の教育および保育の理解を深められるようにする。

2. 全体的な計画の評価と改善

　全体的な計画は、一度作成したら終わりとなるものではない。全体的な計画で示された理念に基づく子どもの姿に近づける教育および保育ができたか、計画に示されたねらいや内容は達成されたか等、その実施状況を評価する。こうした評価をふまえて、全体的な計画は絶えず見直しをして、改善を図ることが重要である。

　全体的な計画をより適切なものにするために、評価・改善を行うことは、教育および保育の充実、質を高めることにつながるものである。全体的な計画に基づき、全職員の協力体制のもと、組織的かつ計画的に教育および保育活動の質の向上を図る「カリキュラム・マネジメント」（第3講参照）を実施することが求められているのである。

3. 全体的な計画の作成手順

　全体的な計画は、園長のリーダーシップのもと全職員で協力して作成することとなっているが、具体的にはどのように作成されるのであろうか。保育所保育指針解説に示された全体的な計画の作成の手順の参考例についてみていこう。

> 全体的な計画作成の手順について（参考例）
> 1）保育所保育の基本について、職員間の共通理解を図る。
> 　・児童福祉法や児童の権利に関する条約等、関係法令を理解する。
> 　・保育所保育指針、保育所保育指針解説の内容を理解する。
> 2）乳幼児期の発達及び子ども、家庭、地域の実態、保育所に対する社会の要請、保護者の意向などを把握する。
> 3）各保育所の保育の理念、目標、方針等について職員間の共通理解を図る。
> 4）子どもの発達過程を長期的に見通し、保育所の生活全体を通して、第2章に示す事項を踏まえ、それぞれの時期にふさわしい具体的なねらいと内容を、一貫性をもって構成する。
> 5）保育時間の長短、在籍期間の長短、その他子どもの発達や心身の状態及び家庭の状況に配慮して、それぞれにふさわしい生活の中で保育目標が達成されるようにする。
> 6）全体的な計画に基づく保育の経過や結果について省察、評価し、課題を明確化する。その上で、改善に向けた取組の方向性を職員間で共有し、次の作成に生かす。
>
> 資料：厚生労働省「保育所保育指針解説」2018.

○演習　全体的な計画に必要な要素についてデザインしてみよう

ここまでの学びをふまえ、全体的な計画にはどのような内容を記載するとよいか、全体的な計画に必要な要素について、以下の手順で仲間と共に考えてみよう。

用意するもの
ラベル（付箋）、模造紙、マジック

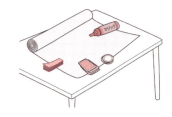

ワークの手順
① 　5、6名のグループをつくる。
② 　保育所および認定こども園の全体的な計画とは何か、再度確認する。
③ 　「全体的な計画に必要な要素」について、各自考える。考えたことをラベル（付箋）1枚に1つずつ書き出す。できるだけたくさん考えてみる。
　　例：0歳〜就学前までの発達の姿、子どもたちに育てたいこと、地域と一緒に取り組みたいこと。

④　ラベルを模造紙に貼りながら、書き出したことをグループで発表する。
⑤　ラベル1枚1枚、その意味を確認しながら、仲間と分類・整理してみる。
⑥　分類・整理したものを吟味し、さらに検討を重ねてみる。
⑦　十分に分類・整理したら、それぞれの関係性を考え、構造化してみる。
⑧　構造化をしたものに、タイトルや簡単な説明の言葉、矢印や線などを書き加えて図解する。
⑨　各グループで作成した「全体的な計画に必要な要素」の図解を共有する。
　　各グループに説明役として1名が残る。
　　他メンバーは他グループに出かけ、図解を見たり、説明を聞く。
　　説明役は途中で交代する。

Step3

1. 児童福祉施設における計画と意義

自立支援計画が導入された理由

　社会的養護系の児童福祉施設は「児童の権利に関する条約」を批准、発効後(1989年国連採択、1994年日本国批准)、入所・利用している子どもを権利の主体者としてとらえるようになった。そして、1997(平成9)年の児童福祉法改正のときに児童養護施設などに「自立支援」という新たな概念が加わった。その定義を、「児童自立支援ハンドブック」(厚生省児童家庭局家庭福祉課監修、1998(平成10)年発行)で、「児童の自立を支援していくとは、一人ひとりの児童が個性豊かでたくましく、思いやりのある人間として成長し、健全な社会人として自立した社会生活を営んでいけるよう、自主性や自発性、自ら判断し決定する力を育て、児童の特性と能力に応じて基本的生活習慣や社会生活技術(ソーシャルスキル)、就労習慣と社会規範を身につけ、総合的な生活力が習得できるように支援していくことである」と述べている。また、「このような自立支援を行うためには、一人ひとりの児童の心身の発達と健康の状態及びその置かれた環境を的確に実態把握・評価し、これに基づいた自立支援計画を立てる必要がある」とされ、1997(平成9)年の児童福祉法改正後に、厚生省(現・厚生労働省)は児童養護施設等の児童福祉施設に自立支援計画を策定し、入所している子どもの自立支援の向上を図るよう通知した。

自立支援計画の目的と意義

　自立支援計画の目的は、子どもの状況に応じた支援を行うために目標を設定し、ニーズに則した援助を行いながら健全な成長発達を保障することである。自立支援計画が策定されると、施設に入所してから退所に至るまでの個別の養護プロセス(援助過程)を一連のものとして支援内容・方法、支援の優先順位が明確になり、適切な援助実践が保障される。そして、自立支援計画を定期的に見直すことによって、目標達成に向けて支援の質の向上につながり、子どもの健全育成につながる。また、自立支援計画の作成により子どもに対する援助の責任が明確になった。

　自立支援計画の意義は、子どもに対する援助計画、親子関係の維持や再構築等の家庭支援計画、学校生活等への支援計画等、総合的な援助計画が策定されることである。自立支援計画の策定時にはケース検討会議等で関係者が集まり、援助計画が検討される。具体的な内容は、児童相談所が策定した援助指針と施設入所後に子どもの行動を観察してまとめた行動診断等を総合的に診断して、子どもの心身の発達

や学力面等での課題、親子関係を維持するための面会や帰省等、親子関係の再構築に関する課題の解決方針を設定する家族支援計画、学校生活の安定や地域生活での目標等、子どもや家族の問題や課題を明確にして自立支援計画が策定される。

2. 自立支援計画の策定過程とその展開

児童相談所における援助

児童相談所の援助は、保護者等から相談を受けることからはじまる。児童相談所が社会調査等（保護者等、児童、関係機関（学校、幼稚園、保育所、保健所、民生・児童委員等）からの聴取）を行い、児童や保護者の状況を把握し、社会診断（保護者、児童の問題や課題の原因を明らかにする）、医療診断、心理診断、行動診断を総合的に判定して援助内容の決定が行われる。そして、援助指針が策定され、援助内容の決定で児童福祉施設入所措置が適正であると判断されると、児童相談所の児童福祉司は保護者と児童から同意を得て、児童養護施設等に入所依頼を行い入所となる。児童相談所の援助過程は図表6-4のとおりである。

図表6-4 子どもの健全な発達のためのアセスメントおよび自立支援計画システムについて

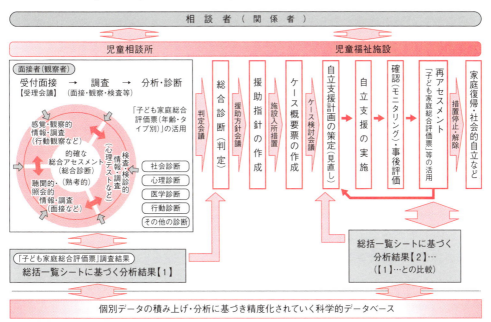

出典：児童自立支援計画研究会編『子ども・家族への支援計画を立てるために——子ども自立支援計画ガイドライン』日本児童福祉協会, p.24, 2005.

児童相談所における援助指針の作成

児童相談所は援助指針会議を開催して、総合指針に基づき、その子どもや家族等に対して最も効果が期待できる援助指針を作成する。策定上の留意点(りゅういてん)として、「子ども自立支援計画ガイドライン」(以下、ガイドライン)では以下の点が示されている。

> 子ども自立支援計画ガイドライン　第3部　子どもの自立支援のための自立支援計画
> 2　自立支援計画の策定過程とその展開(初期アセスメントから事後評価まで)
> 　(2)　児童相談所における援助指針の作成
> 　　ア　援助指針の構成
> 　　〈援助指針の内容〉
> ・個々の子ども、保護者等に対する援助の選択及びその理由
> ・選択した援助に対する子ども・保護者の意向及び関係者の意見を明記すること。
> ・都道府県児童福祉審議会の意見を聴取した場合はその意見を明記すること。
> ・その子どもの援助ニーズに基づき到達したいと考えている具体的な内容や方向性など、取り組むべき援助の方針を示すこと。
> ・方針を基にして取り組むべき長期目標、それを実現するための短期目標について明記すること。

児童福祉施設に入所してからの対応

自立支援計画を作成するうえでの流れについて示す。巻末に自立支援計画票の記入例も載せているので参考にしてほしい(**参考資料2-1（218ページ参照）**)。

(1) ケース概要票の作成とケース検討会議による協議

入所後すぐに児童相談所からの情報や子どもから得た情報をもとにケース概要票を作成する。そして、ケース概要票の作成後、援助指針について再確認する意味から担当者等でケース検討会議を開催して、援助指針の妥当性等について検討し、援助を開始する。

(2) 自立支援計画の策定（プランニング）

子どもの入所後、数か月間（3か月以内）は援助指針に基づいて援助する。そして、入所してから数か月支援（行動観察）をした後にアセスメントを行い、ケース検討会議等での検討を経て自立支援計画を策定する。策定時には、児童の担当保育士のみならずすべての関係者が参加することが望ましい。また、子どもや保護者の意向を聴取して、できる限り意向を尊重(そんちょう)しながら策定するようにしなければなら

ない。策定上の留意点として、ガイドラインでは以下の点を示している。

子ども自立支援計画ガイドライン　第3部　子どもの自立支援のための自立支援計画
2　自立支援計画の策定過程とその展開（初期アセスメントから事後評価まで）
　（4）児童福祉施設における自立支援計画の策定及びその手続き
　　ク　策定上の留意点
　　〈計画策定上の留意点〉
・機関・施設、個々の支援者、子どもとその家族が取り組むべき優先課題が明らかになるような計画になっているか。
・子どもの最善の利益という視点に立った計画となっているか。
・計画に基づいて取り組む者が、その考え方を理解できるわかりやすい計画になっているか。
・子どもやその家族に対して、計画内容の十分なインフォームドコンセントが行われているか。
・取り組むべき目標・課題は実行可能な内容であり、意欲を喚起するようなものになっているか。
・計画は、子どもや保護者の力量や状態に応じた課題が段階的に設定されているか。
・計画を遂行する上で、促進要因と阻害要因とを勘案しているか。
・支援によって得られる成果やその時期を推察し、評価・見直しの時期を設定しているか。
・限定された条件のもとで生活が展開されるという施設のもつ構造と機能を勘案して計画を策定しているか。

---

(3) 支援の実施（インターベンション）

　支援の実施にあたっては、児童担当の保育士はもちろんのこと、施設職員全員が、その子どもの支援目標・課題およびその方法について十分理解し共有したうえで、子ども一人ひとりに応じて、組織として一貫性のある継続的な支援を行うことが重要である。すべての職員は一人ひとりの支援計画や取り組んでいる課題などについて理解したうえで援助を実施する。

(4) 援助実施状況の確認（モニタリング）

　支援計画にそった援助が適切に実施されているのか、組織として定期的かつ必要に応じて情報を収集して確認していくことが重要となる。

(5) 事後評価（エバリュエーション）

　事後評価は目標達成状況などから児童や家族などに対する支援効果を客観的に把握し、それに基づき新たな可能性やニーズを探求するとともに、アセスメント、支援計画、支援方法の妥当性などを検証する。評価結果に基づいて総合的な検討を行い、支援計画の見直しを行うか支援を終結するかを判断することになる。

参考文献
- 厚生労働省編『保育所保育指針解説』フレーベル館,2018.
- 内閣府・文部科学省・厚生労働省『幼保連携型認定こども園教育・保育要領解説』フレーベル館,2018.
- 安家周一『0～5歳児 子どもの姿からつむぐ指導計画』ひかりのくに,2017.
- 汐見稔幸・無藤隆監『〈平成30年施行〉保育所保育指針 幼稚園教育要領 幼保連携型認定こども園教育・保育要領 解説とポイント』ミネルヴァ書房,2018.

COLUMN　保育を計画する楽しみ

　保育園に就職して3年目が終わろうとしている卒業生が「保育を計画することが楽しくなった」と報告にやってきた。大学生の頃、実習で立案する指導案が苦しくて仕方なかった。保育園に就職して1年目、やはり指導計画を書くことがつらかったという。そんな卒業生も、今では「明日は子どもたちと何をして過ごそうか」「○○を保育室に用意してみたら、子どもたちはどんな遊びをするだろう」と、子どもたちの顔を思い浮かべ、同僚とともに話をするのが楽しい時間になっている。

　卒業生の計画に対する気持ちの変化は、保育者としての成長もあるだろう。しかし、きっかけは同僚である先輩保育者の姿だったと教えてくれた。計画を書くことが苦しいと感じていたとき、先輩保育者が楽しそうに「今日、○○ごっこ楽しかったね」「○○用意したらもっと楽しくなるかな！　ワクワクするね」と話しかけてきてくれた。先輩保育者の楽しそうな姿に卒業生はハッとしたという。保育を計画することは、子どもたちの楽しい充実した園生活に思いをめぐらすこと、子どもたちの成長の姿を願って必要な環境やかかわりを考える楽しい作業であると気づいたのである。

　保育を計画することの楽しさがわかってきて、卒業生は教材研究にも励んでいる。先輩保育者とは子どものことを互いによく語るようになり、それが計画を立てるうえでとても大切な時間になったといい、計画用紙の前で一人頭を抱える時間も減ったと話してくれた。

（小櫃智子）

第7講

幼稚園の指導計画の作成

　幼稚園は、子どもが自ら環境に主体的にかかわり、遊びを通して、生涯にわたる人格形成の基礎を培う重要な場所である。保育者は子どもたちと信頼関係を築くとともに、子どもたちの発達を見通したり、子どもたちが今何を求めているのか、何に興味関心を抱いているのかとらえながら、計画的に保育を展開しなければならない。
　本講ではまず、指導計画の必要性と留意事項について学び、次に長期と短期の指導計画を、事例をもとにその特徴とつながりをみていく。

Step 1

1. 指導計画の必要性

　幼稚園は地域性や教育方針によって、それぞれ異なる特色を有している。各園においては、園の実態に即した教育課程が編成されている。教育課程は、幼稚園に入園する時から修了までの教育期間全体を見通し、計画したものである。

　保育者の役割は、幼児期の教育が生涯にわたる人格形成の基礎を培う重要なものであることを認識し、幼児の心身の成長・発達を援助していくことである。

　幼児の心身の成長・発達に必要な活動は、自然発生的に生まれるとは限らない。そこで保育者は幼児の主体的な活動が確保されるよう、幼児一人ひとりの行動の理解と予測に基づき、意図的、計画的に環境を構成する必要がある。そのため、指導の実施にあたっては教育課程をより具体化した指導計画が必要である。

2. 指導計画の関係性

　指導計画は、幼稚園での教育期間全体を見通した教育課程をより具体化したものである。具体化する際には、幼稚園での教育期間を分けていく必要がある。指導計画は大きく2つに分類される。長期の指導計画と、短期の指導計画である。長期の指導計画とは、年間指導計画、期ごとの指導計画（期間指導計画・期案などと呼ばれている）、月ごとの指導計画（月の指導計画、月案などと呼ばれている）を指す。これらは教育課程を各年齢別に年（期）、月に分けてねらいや内容をより具体化したものである。それをさらに具体化していくのが短期の指導計画である。短期の指導計画には週ごとの指導計画（週の指導計画、週案などと呼ばれている）、日ごとの指導計画（日案と呼ばれている）がある（**図表7−1**）。

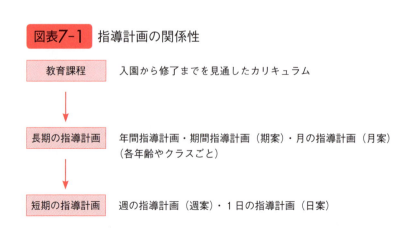

図表7−1 指導計画の関係性

| 教育課程 | 入園から修了までを見通したカリキュラム |

| 長期の指導計画 | 年間指導計画・期間指導計画（期案）・月の指導計画（月案）
（各年齢やクラスごと） |

| 短期の指導計画 | 週の指導計画（週案）・1日の指導計画（日案） |

3. 指導計画作成上の留意事項

　次に、指導計画を作成するにあたって、保育者が学んでおかねばならないことや留意する事項について、幼稚園教育要領解説をもとに説明する。

（1）教育課程を理解する

　前文において「よりよい学校教育を通じてよりよい社会を創る」という理念を学校と社会が共有し、連携・協働しながら子どもたちを育むということが述べられている。保育者は、幼稚園教育は幼稚園のみで行うものでなく、地域社会と連携・協働しながら行うものであるという認識をもたなくてはならない。地域社会と連携・協働するためには、教育課程が社会と幼稚園をつなぐツールになること、つまり、園内の人間だけでなく、保護者や地域の方々にもわかりやすく伝わるものであること、教育や子育てについて共通認識をもてるものとなるようにすることを意識し理解しなければならない。

（2）幼稚園教育要領をふまえ、創意工夫し、教育活動を行う

　幼稚園教育要領は、教育水準を全国的に確保することを目的に教育課程の基準を大綱的に定めたものである。各園ではこれまで、幼稚園教育要領に基づき、園の特色を活かし創意工夫を凝らした教育を積み重ねてきている。目の前にいる幼児の様子、地域の現状や課題をとらえ、家庭や地域社会と協力して園の特色や地域の資源を十分に活かしながら教育活動の充実を図っていくことが重要であり、このことは小学校以上の教育と異なる点である。

（3）幼稚園教育の基本を常に念頭におく

　幼稚園教育は環境を通して行うことが基本である。幼稚園が幼児の生活の場として適しているか、幼稚園の生活の形態が幼児に適しているかは幼稚園教育の大切な要件である。倉橋惣三は「生活を生活で生活へ」と述べ、幼児が生活しているそのなかに幼稚園を順応させていくことをめざすことが幼稚園の真諦だといっている。つまり、幼稚園は幼児の生活そのもので、そのなかで教育が行われている場である。

　また、幼児の興味や関心、対象へのかかわりは遊びを通して総合的に育んでいく、ということが幼稚園教育の特徴である。

（4）「幼稚園教育において育みたい資質・能力」と「幼児期の終わりまでに育ってほしい姿」を理解する

　1998（平成10）年の学習指導要領の改訂で、生きる力を育むという理念が打ち出され、幼稚園教育要領では、生きる力の基礎を育成するという言葉が使われている。2018（平成30）年の改訂では、「幼稚園教育において育みたい資質・能力」として、

3つの柱に整理された。

> ① 豊かな体験を通じて、感じたり、気付いたり、分かったり、できるようになったりする「知識及び技能の基礎」
> ② 気付いたことや、できるようになったことなどを使い、考えたり、試したり、工夫したり、表現したりする「思考力、判断力、表現力等の基礎」
> ③ 心情、意欲、態度が育つ中で、よりよい生活を営もうとする「学びに向かう力、人間性等」

　これらは小学校以降のような教科指導で育むのではなく、幼児自らの生活や遊びのなかでよいものに触れたり、美しいものを感じたり、不思議なことに出会い気づいたり、試行錯誤しながらできないことができるようになったり、工夫したりすることを通して育むことが重要であり、一体的に育んでいくものだとされている。この3つは幼児自らが興味、関心や好奇心をもって周囲の環境に働きかけること、つまり遊びを通して育まれる資質、能力である。

　次に、「幼児期の終わりまでに育ってほしい姿」を理解する必要がある。これらは5領域のねらいおよび内容に基づく幼稚園での活動全体を通して「幼稚園教育において育みたい資質・能力」が育まれている幼児の具体的な姿である。保育者はこの姿を念頭におきながら、一人ひとりの発達に必要な体験が得られるような状況をつくったり、必要な援助を行ったりするなど、指導を行う際に考慮することが求められている。

> ① 健康な心と体
> ② 自立心
> ③ 協同性
> ④ 道徳性・規範意識の芽生え
> ⑤ 社会生活との関わり
> ⑥ 思考力の芽生え
> ⑦ 自然との関わり・生命尊重
> ⑧ 数量や図形、標識や文字などへの関心・感覚
> ⑨ 言葉による伝え合い
> ⑩ 豊かな感性と表現

(5) 幼児の特性や発達について学ぶ

　人間は生まれた直後は、愛着のある大人との関係のなかで成長していく。笑ったり泣いたり喃語を発したりすることを身近な大人に受け止めてもらいながら、快－不快を表し、その感情や感覚を知っていく。自分で自分のからだを動かせるように

なると、愛着関係のある大人との信頼関係を軸に、少しずつ外の世界へ働きかけるようになる。おもちゃに手を伸ばしたり、舐めたり、欲しいものがあるところまではって行くようになる。その距離がだんだん長くなるのである。しかし、必ず大人を振り返り、安心を得ることがないとその距離は長くはならない。

　このようにして赤ちゃんは、愛着のある大人との信頼関係を土台として自分の世界を広げていくのである。こうした赤ちゃんの時期を経て、幼児になった子どもが幼稚園に登園する。親しい関係を軸に生活していた幼児が、初めて外の世界に出て、広い世界に目を向けるのである。生活の場や、興味・関心が広がる瞬間に私たち保育者は立ち会うこととなる。

　幼児期は自分でやりたいという気持ちと、大人に依存したい気持ちの両方がある時期である。幼児は、赤ちゃんの時代と同じようにいつでも適切な援助を受けられるということと、周囲から自分の存在を認められ受け入れられているという安心感という基盤があって、初めて活動に取り組むことができる。

　保育者は日々、幼児の姿をとらえながら、幼児の生活や遊びの展開、発達を見通し保育する。幼児の発達の重要な時期を逃さないようにするためにも、幼児の発達を学ぶことが必要なのである。

（6）幼稚園の役割について考える

　幼稚園に通う幼児の幼児期の教育は主に、家庭と幼稚園で行われる。家庭では保護者の愛情に触れ、こころの基礎を形成する。幼稚園で幼児は、家庭では体験できない社会、文化、自然などに触れ、幼児期なりの世界の豊かさに出会う。同年代の幼児との集団生活の場であるという点も幼稚園の特徴である。家庭と園の両者は連携し合って幼児の育ちを支える必要がある。また、ここに地域の社会資源や人々も加わり、豊かな体験を得るのである。

　家庭や地域は、幼児へ愛情を注いだり、幼児の生理的欲求を満たすためにお世話をしたりするという点で大人から幼児への働きかけやかかわりが多い。しかし、幼稚園は、幼児の主体的な活動としての遊びを十分に確保する場であるという点で大人のかかわり方が家庭や地域のそれとは異なる。幼稚園は保育者が計画したとおりに幼児が活動を行う場所ではない。

　保育者は、物的環境、人的環境に加え、社会の事象や自然にも目を向け、幼児を取り巻くものすべてが環境であることを意識し、目の前にいる幼児の願いを受け止め、必要な経験を考慮しながら指導計画を作成し、幼児にかかわっていくという大きな役割を担っている。

（7）幼稚園の生活について考える

これまで家庭で育ってきた幼児は、幼稚園で初めて家庭ではない生活を経験する。幼児の生活について考えてみると、生活習慣にかかわる部分と、遊びを中心とする部分とがある。幼稚園の生活ではこれらの活動が、幼児の意識・必要感、興味・関心と関連して、連続性をもちながら、生活のリズムにそって展開されることが望まれる。

　幼稚園が幼児の生活の流れのなかで不自然でなく、ふさわしい生活の場となるとともに、以下の点にも留意したい。

・幼稚園の1日の生活の流れが、幼児の生活リズムにそっているか。無理はないか。
・幼児が自分の興味や関心に基づいて、遊びに没頭できる時間や環境があるか。
・幼児が自分のことを表現したり、自分のもつ力を十分に発揮したりできるか。
・家庭とは違い、同年代の幼児と過ごす集団の場であることを意識できているか。幼児が集団のよさを感じたり、集団ならではの育ちが保障されたりする指導計画となっているか。

4. 指導計画作成のポイント

　指導計画には大きく分けて長期の指導計画と短期の指導計画の2つがあるということは先に述べたが、ここでは、どちらにも共通する指導計画作成のポイントについて説明する。

① 幼児の姿をとらえる

　（前月、前週、前日までの）幼児のありのままの姿、発達の様相、幼児の興味・関心をとらえる。

　　例えば、

　　・「腕をしっかり前後に振りながら走ることができるようになってきている」（身体に関すること）
　　・「友だちと一緒に会話をしながら、おなじ"つもり"の世界で遊べるようになってきている」（ことばや他者とのかかわりに関すること）
　　・「暑くなってきたので水を使って遊ぶことを楽しみにしており、少量の水を使って泥だんごをつくることを楽しんでいる」（遊びや遊び方、興味・関心に関すること）
　　・「身の回りのことを自分でしようとする姿がみられるようになってきた」（生活に関すること）

　　など、多角的に幼児の姿をとらえ、具体的に記入する。

② 「ねらい」を設定する

　とらえた幼児の姿をもとに、「どのように育っていきたいか、どのような力をつけたいか」など幼児の発達の願いを保育者が受け止め、また、幼児の発達を見通しながら「育ってほしい姿」としての具体的なねらいを設定する。

③ 「内容」の設定と環境の構成を考える

　②で立てた「ねらい」を達成するために、幼児がどのような経験をし、何を身につけることが必要かを考え、具体的な「内容」を設定する。そのために必要な環境の構成について、具体的に考える。

Step 2

1. 長期の指導計画

　Step 2 では、幼稚園における長期の指導計画の作成について説明する。
　Step 1 で触れたように、長期の指導計画には、年間指導計画、期ごとの指導計画、月ごとの指導計画がある。それぞれ、期間指導計画（期案）、月の指導計画（月案）と呼ばれている。これらは、各年齢別に作成する。
　年間指導計画は、1年を期に分けて計画する。4～5月をⅠ期、6～8月をⅡ期、9～12月をⅢ期、1～3月をⅣ期としている園が多いようであるが、幼稚園によっては、1学期、2学期、3学期のⅢ期でとらえる場合や、年齢ごとに子どもの姿が大きく変わる時期を節目にとらえる場合もあるようである。園の教育課程にそって、1年間を見通しながら季節や行事も考慮して計画を立てる。月案は、年間指導計画をもとに立てる各月の計画である。これらは必ずつながりをもって計画が立てられている。

2. 年間指導計画

　年間指導計画をどのように考え、立案していくのか、**図表7-2**をみながら解説する。
　「年間目標」は、園の方針や育てたい子どもの姿、「幼児期の終わりまでに育ってほしい姿」を念頭におきながら、教育課程をもとに立てる。各領域（健康・人間関係・環境・言葉・表現）を含みながら立てると、おのずと具体的になっていく。例えば、「自分の思いや感じたことを言葉で伝えたり、さまざまな方法で表現したりする」については、自分の思いや感じたことを言葉で伝えたり（言葉）、さまざまな方法で表現したりする（表現）である。
　「期間目標」は、その期間での目標であるが、自然・季節や園の行事をふまえ、そこでの子どもの発達の様相を予測し立てる。例えば、Ⅲ期「友だちと一緒なら少し難しいと思った課題にも挑戦できるようになり、できたことで自信をつけていく」については、この時期の運動会や発表会をふまえて考えられたものである。子どもたちが、「ちょっと難しいな」「できないかもしれないな」と感じる運動遊びに出会ったとき、「友だちと一緒ならやってみよう」と思ったり、「友だちが応援してくれるから挑戦してみよう」と考えたりすることを予測し、できたときの喜びや達成感が自信につながってほしい、という願いが込められている。
　「保育の内容」は、年間目標と同じように各領域を含みつつ、幼児の経験する内

容を具体的に書く。このとき、この時期の幼児の姿を思い浮かべながら、幼児の発達の様相と内容が合致するように考えていくことが重要である。具体的に立案することで、幼児の発達の見通しが読み取れる年間指導計画になっていく。

期ごとの各項目を横に見ていくと、期ごとに少しずつ発展したり、高度になっている。教育課程と年間指導計画がつながりをもつように、年間指導計画のなかでも期ごとにつながりをもち、連続性をもって子どもの成長を支える計画となっていることが大切である。例えば、「保育の内容」のⅠ期「保育者に援助してもらいながら、食事や排泄、手洗い、うがいなど基本的な生活の仕方を知り、これらを自分でしよ

図表7-2 年間指導計画の例

年間指導計画 ③ 4・5歳児（　○○　組）　　　　　△△年度

		Ⅰ期（4月～5月）	Ⅲ期（9月～12月）
【年間目標】教育課程をもとに、年間目標を立てる。	年間目標	・保育者との信頼関係の中で、安心して快適に園生活を送るようになる。 ・食事・排泄・衣服の着脱など、自分でできることに喜びをもち、基本的な生活習慣を身につけていく。 ・身体を動かす楽しさを味わいながら、身体の動きを調節できるようになる。 ・生活や遊びでいろいろなことを経験する中で、友だちとのかかわりを深める。 ・自分の思いや感じたことを言葉で伝えたり、さまざまな方法で表現したりする。 ・身近な自然と触れ合い、さまざまな事柄に興味や関心をもつ。	〈評価・反省〉入園当初は初めての園生活に戸惑う姿もみられたが、今では園での生活の流れや身の回りのことを自分で行うことができるようになった。生活や遊びの中で友だちとのかかわりを深め、言葉を交わしたり、同じイメージをもって遊ぶこともできるようになってきている。1年を通して草花や虫などの自然に興味をもち、接する姿がみられた。今後も子どもたちの自然に対する興味が深まり広がっていくように援助していきたい。
【期間目標】年間目標にそって、期ごとの目標（ねらい）を立てる。この時期に育ってほしい姿をねらいにする。	期間目標	・保育者に欲求を受け止めてもらいながら、安心して園生活が送れるようになる。 ・園生活の流れを知り、見通しをもって生活する。 ・春の自然に触れ、全身を使ってのびのびと遊ぶ。 ・どんなことにも自分でやりたい、という気持ちを膨らませる。	・いろいろな運動に興味をもち、挑戦しようとする。 ・友だちと一緒に遊ぶ楽しさがわかり、ごっこ遊びや見立て遊びを楽しむ。 ・友だちと一緒なら少し難しいと思った課題にも挑戦できるようになり、できたことで自信をつけていく。 ・絵本や素話を聞いてイメージを膨らませる。
	期間	Ⅰ期（4月～5月）	Ⅲ期（9月～12月）
【幼児の姿】期ごとの幼児の姿を園生活の様子と発達の状況から予測する。	幼児の姿	・初めての集団生活に期待と不安を抱いている。 ・園生活の流れを知ろうとする。 ・保育室の玩具や園庭の遊具で遊んでみようとする。 ・虫や草花と触れ合って遊ぶ。 ・食事や排泄、衣服の着脱など、できないながらも自分でしようとする。	・全身を使ってしっかり遊び、体力がついてくる。 ・さまざまな動きができるようになり、鉄棒やマット、跳び箱などの運動遊びにも興味をもつ。 ・友だちと一緒に少し苦手なことや難しいと思っていることにも挑戦しようとする。 ・絵本を読んでもらうことを楽しみにし、絵本の世界のイメージをふくらませたり、イメージをもとに遊んだりする。
	保育の内容（健康・人間関係・環境・言葉・表現）	・保育者に援助してもらいながら、食事や排泄、手洗い、うがいなどの基本的な生活の仕方を知り、これらを自分でしようとする。 ・遊具の安全な使い方を知り、戸外で身体を十分に動かして遊ぶ。 ・リズムに合わせて身体を動かすことを楽しむ。 ・保育者に親しみをもち、安心感をもって園生活を送る。 ・保育者や友だちと一緒に食べる楽しさを味わう。 ・遊んだり、話したりしながら友だち関係を広げていく。 ・園庭で遊んだり散歩に行くことなどを通して、異年齢の友だちとかかわりをもつ。 ・地域の人と触れ合う。 ・自分の持ち物や持ち物を整理する場所がわかり、身の回りのことを自分でしようとする。 ・身近な草花や虫を見たり触れたりして、親しみをもつ。 ・土や砂、泥の感触を楽しむ。 ・保育者や友だちにあいさつをしたり返事をしたりするなど、生活や遊びに必要な言葉がわかり、使う。 ・自分のしたいことやしてほしいことを保育者に動作や言葉で伝えようとする。 ・友だちとの会話を意欲的にし、言葉を交わす喜びを味わう。 ・絵本や紙芝居などを楽しんで聞く。 ・歌を歌ったり手遊びやわらべ歌遊びをしたりして楽しむ。 ・身近な素材に親しみ、描いたり、つくったりすることを楽しむ。	・身の回りを清潔にし、食事や衣服の着脱、排泄など順序よく自分でしようとする。 ・さまざまな運動用具や器具を使い、全身を動かして遊ぶことを楽しむ。 ・苦手な食べ物や慣れない食べ物にも挑戦してみようとする。 ・楽しく食事をするためのルールやマナーを知ろうとする。 ・簡単な役割やルールがわかり、友だちと一緒にルールのある遊びを楽しむ。 ・同じグループの友だちと遊びや生活の中でかかわりを深める。 ・友だちと楽しく生活する中で決まりがあることに気づいたり、守ろうとしたりする。 ・園や地域の行事を通して、異年齢の友だちや地域の人とのふれあいを楽しむ。 ・散歩や戸外遊びを通して秋の自然に触れ、親しむ。 ・草花の種や木の実などを収穫したり、落ち葉を拾ったりして自然の実りや変化に気づく。 ・日常生活で使用する言葉を、ごっこ遊びの中で楽しんで使う。 ・絵本や素話を聞いてイメージを膨らませ、ごっこ遊びを楽しむ。 ・音楽や楽器に親しみをもち、歌を聴いたり友だちと一緒に歌ったり、楽器を演奏したりする楽しさを味わう。 ・身近な素材や自然物を使って、好きなように描いたりつくったりすることを楽しむ。 ・わらべ歌遊びやふれあい遊びを通して、友だちと手をつないで遊ぶことの楽しさを味わう。
【環境構成】ねらいを達成するための保育の内容に必要な環境を考える。場所や空間、遊具などの物的環境のみならず、保育者や友だちも環境であることを考慮する。	環境構成	・ゆったりした雰囲気のもとで、一人ひとりの気持ちを受容し、信頼関係を築きながら、情緒が安定し快適に生活できるようにする。 ・自分の場所、物がわかるように靴箱やロッカー、持ち物などに一人ひとりのマークを付ける。 ・遊んでみたいと思えるような玩具や絵本を準備し、片づけやすいような置き場所をつくり、写真や絵を見て片づけられるようにする。	・運動用具や器具の安全点検を行い、危険やけがのないようにする。 ・粘り強く取り組もうとする姿に寄り添い、できたことを喜びあえる雰囲気をつくる。 ・戸外の自然に興味や関心がわく散歩コースを選び、目的をもって散歩に出かけるようにする。 ・子どもたち自身が自分で工夫したり試行錯誤したりできるような素材や物を十分準備しておく。

【評価・反省】1年間を振り返り、年度末に記入する。年間目標にそって評価・反省を行い、次年度の計画に活かす。

【保育の内容】「幼稚園教育要領」第2章と教育課程をもとに、保育の内容を詳しく考える。ねらいを達成するために、子どもたちがどのような活動や経験をしたらよいのかを具体的にし、季節や行事にもふれる。

第7講 幼稚園の指導計画の作成

うとする」は、Ⅲ期では「身の回りを清潔にし、食事や衣服の着脱、排泄など順序よく自分でしようとする」と幼児の経験する内容が発展している。

3. 月の指導計画（月案）

　月案をどのように考え、立案していくのか、図表7-3をみながら解説する。

　月案は、年間指導計画を幼児の実態に応じて、より具体化したものである。保育はいつでも幼児の理解から始まり、幼児の理解で終わる。月案における「幼児の姿」は、前月までの幼児のありのままの姿や発達の様相、現在の興味・関心について記入する。このことが、月案のねらいを立てていくことにおいてとても重要になってくる。

　例えば、「幼児の姿」の「室内では歌うことや踊ることを楽しんでいる。外では友だちと一緒に走ったり、砂遊び、色水遊びをしたりしている。また、鉄棒やフープを使って身体を動かすことにも興味をもち、自ら取り組んでいる」をみてみると、室内での遊びの様子、戸外での遊びの様子は幼児のありのままの姿であり、「鉄棒やフープを使って…」という部分は、幼児の現在の興味をとらえている。

　その幼児の姿と、期間目標から今月の「ねらい」を立てる。先に例であげた「幼児の姿」とⅢ期の「期間目標」の「いろいろな運動に興味をもち、挑戦しようとする」から、「保育者や友だちと一緒にいろいろな運動遊びに取り組む。少し難しそうだと感じることにも挑戦しようとする」というねらいが生まれているのである。

　このねらいを受けて、保育の内容が具体的に示されるのが「内容」の部分である。年間指導計画内で示された「身体を動かす楽しさを味わいながら、身体の動きを調整できるようになる」が、「運動用具、器具の安全な使い方を知る」「走る、跳ぶ、くぐる、よじ登る、回るなど、全身を使って遊ぶ」と具体化され、ねらいを達成するために幼児が経験する内容としてあげられている。図表7-3には示していないが、具体化するにあたり、どのような道具や器具、素材を使うのかという点について考え、記載しておくこともある（はさみ、クレヨン、跳び箱、など）。

　幼児の経験する内容に必要な環境をどのように構成するか（「環境の構成」）、幼児はその時、どのような姿を見せるのか（「予想される幼児の活動」）、その時に必要な保育者の援助や配慮すべき点は何か（「保育者の援助と配慮」）について、内容にそってていねいに考える。

　「クラス運営」や「個別対応」については、保育者それぞれの子ども観や保育観が表れる。クラス運営のなかには、どのようなクラス集団にしていきたいのか、子

どもたちの育ちや子どもの育ちへの願いが込められている。

「家庭との連携」では、子どもの発達は幼稚園だけで支えるものではなく、家庭と一緒に連携して行うものであることから、子どもの発達や活動の様子を伝える取り組みや、行事その他のお知らせについて記載する。

月案を立案する際には、年間指導計画とのつながり、前月とのつながりや連続性も大切にしながら、子どもの姿をふまえ、かつ1か月という期間で子どもの発達を見通しながら具体的に考える計画である。より具体的に、ていねいに立案し記載された指導計画は、同僚と子どもの姿や保育の内容、方法等について共有できるツールとなる。指導計画をもとに対話が生まれることにより、よりよい保育を追求することができる。

図表7-3 月案の例

9月 指導計画 ③・4・5歳児（　○○　組　）

	園長	主任	担任

【幼児の姿】
前月までの幼児の姿を生活する姿や遊びの様子、集団の姿、個人の姿等からとらえる。

【内容】
年間目標の内容と月のねらいをもとに内容を考える。前月からのつながりをもたせ、子どもたちに連続性があり無理のない内容になるようにする。

【環境の構成】
ねらいと内容に基づき、必要な環境を考える。子どもたちの主体性が尊重されるよう十分配慮し、構成できるようにする。

幼児の姿	・室内では歌うことや踊ることを楽しんでいる。外では友だちと一緒に走ったり、砂遊びや色水遊びをしたりしている。また、鉄棒やフープを使って身体を動かすことにも興味をもち、自ら取り組んでいる。 ・好き嫌いはあるが、保育者や友だちの励ましで苦手なものも食べてみようとする姿がみられる。	ねらい	○保育者や友だちと一緒にいろいろな運動遊びに取り組む。少し難しそうだと感じることにも挑戦しようとする。 ○しっかり遊び、よく食べ、休息を十分に取って健康に過ごす。 ○できたこと、頑張ったことを保育者や友だちと共有し、一緒に喜ぶ。	行事	△日（　）誕生会 □日（×）避難訓練 ▽日（　）身体計測 ◎日（×）運動会

【ねらい】
年間指導計画の期の目標（ねらい）をもとに、月のねらいを立てる。前月の幼児の姿をふまえ、季節や行事も考慮しながら具体的に設定する。

	内容	環境の構成	予想される幼児の活動	保育者の援助と配慮
健康・人間関係・環境・言葉・表現	○手洗い、うがいをていねいにしようとする。 ○苦手な食べ物も少しは自分で食べようとする。 ○汗をかいたことに気づき、自ら着替えたり水分補給をしたりしようとする。 ○運動用具、器具の安全な使い方を知る。 ○走る、跳ぶ、くぐる、よじ登る、回るなど、全身を使って遊ぶ。 ○順番を待つ、交代するなどのルールを守りながら友だちと遊ぶ。 ○秋の草花や虫に触れ、夏から秋への季節の移り変わりを感じる。 ○草花を使って色水遊びを楽しむ。 ○自分の思いやしたいことを言葉で表現する。 ○保育者や友だちと一緒に音楽に合わせて歌ったり踊ったりすることを楽しむ。 ○自分の顔や身体の名称、位置を理解して製作する（体操服を着た自分）。	・手洗い場を清潔に保ち、石鹸の補充を行う。 ・切って小さくしたり、量を減らしたりする。 ・着替えたり水分補給したい時に自分でできるような場所をつくっておく。 ・運動用具、器具は使用するたびに安全性を確認しておく。 ・ルールがわかりやすいように写真や図を準備する。 ・秋の草花を知ることができるような絵本や図鑑を準備する。秋の自然が感じられる場所に行けるようにする。 ・色水遊びができるような容器をたくさん準備しておく。 ・自分の思いやしたいことが言えるような雰囲気をつくる。 ・安全に動ける広い場所をつくったり、子どもたちの要求に応じて曲がかけられるようにしておく。 ・顔や身体の名称や位置に関心を寄せられるような写真や絵本を準備する。	○保育者にうながされたり、友だちの様子を見たりしてていねいに手洗い、うがいをする。 ○いろいろな食べ物を食べる。 ○身の回りのことを自分でする（手洗い、うがい、歯磨き、着替え、排泄、帰りの準備など）。 ○友だちと競い合って走ったり、鉄棒にぶら下がったり足抜き回りをしたり、巧技台をよじ登って跳び下りたりして遊ぶ。 ○使いたい玩具や読みたい絵本の順番を待ったり、友だちと交代したりしながら遊ぶ。 ○木の実や落ち葉を集めたり、虫取りをしたりする。 ○色水づくりを楽しむ。 ○自分の思いやしたいことを言葉で表現し、保育者や友だちに伝えようとする。 ○運動会の親子ダンスや表現（ダンス）を保育者の真似をしながら覚えて動く。 ○自分の顔や身体の名称や位置がわかり、目や鼻、口をクレヨンで描いたり、好きな色の体操服を選んでのりで貼ったり、人の形にする。	・自分でしようとする姿を認めながら、時にはていねいな手の洗い方や、うがいの仕方を伝える。 ・苦手なものが食べられた時には十分ほめ、食べられたという自信につながるようにする。 ・身の回りのことを自分でしようとする姿を認め、しっかりとほめる。できない部分はさりげなく援助したり、仕方をていねいに知らせたりする。 ・安全な遊び方ができるよう見守り、必要に応じて補助をしたり、声をかけたりする。 ・一人ひとりの興味や体力に応じて、巧技台の高さを変えたり、フープの数を増やしたりして、全員が運動遊びを楽しめるようにしていく。 ・順番やルールを守ることを言葉で伝える。待ったり交代したりすることができるように声をかけていく。 ・保育者自身が楽しく踊ってみせ、子どもたちが楽しく参加できるような雰囲気をつくる。 ・絵本が好きな子どもが多いので、繰り返し読み絵本の世界を楽しめるようにする。 ・子どもたちの様子を見ながらピアノを演奏し、一緒に楽しく歌うようにする。
クラス運営	○一人ひとりのやってみたい気持ちを大事にしながら、運動遊びに取り組む。運動用具は一人ひとりに合わせた高さや数にして、自信をもって取り組めることができるようにする。	(A)…友だちや保育者に言葉で自分の思いを伝えられるようなかかわりをしていく。 (B)…帰りの準備や玩具の片づけなど見守りながら、落ち着いて取り組めるようにていねいに援助する。	・健康診断の結果を伝え、異常がある場合には早めに受診してもらう。 ・運動会の参加を呼びかけ、親子や地域の人とのふれあいを楽しめるようにする。	保育者や友だちと一緒に、巧技台によじ登ったり、跳び下りたり、鉄棒にぶら下がったりして、いろいろな運動遊びを楽しむことができた。初めてのことにドキドキする姿もみられたが、友だちがしている姿を見たり、友だちに励まされたりして挑戦する姿があった。できたことや頑張ったことを見逃さないようにし、うれしい気持ちや頑張った姿に共感してきた。一人ひとりの段階に応じた援助を引き続き行っていく。
		個別対応	家庭との連携	評価・反省	

【保育者の援助と配慮】
ねらいと内容、予想される幼児の活動をもとに、幼児がねらいを達成するために必要な保育者の援助や留意点、配慮を考える。目の前にいるクラスの子ども一人ひとりの姿を思い描きながら考える。

【予想される幼児の活動】
保育の内容ごとに、幼児の活動を予測する。

Step 3

短期の指導計画

　Step 3 では、幼稚園における短期の指導計画の作成について説明する。

　短期の指導計画には、週ごとの指導計画と日ごとの指導計画があり、それぞれ、週の指導計画（週案）、日案などと呼ばれている。週案は月の指導計画（月案）に基づき作成され、日案は週案に基づき作成される。教育課程から日案はつながり合っており、教育課程→年間指導計画→月案→週案→日案の順に具体性が増していく。週案は、月案よりもさらに、目の前にいる子どもの実態、子どもの興味関心をとらえて作成することが重要である。

　図表7-4は、図表7-3の9月の月案をもとに作成した9月第2週の週案である。「幼児の姿」は、月案に基づいた保育のなかでみられた子どもの前週の姿をとらえたものである。月案よりも、より幼児の姿が詳細に記載されることが理解できるであろうか。例えば、「10センチ～60センチの高さの巧技台からの跳び下りの高さを自分で選び、楽しんでいる姿がみられる」というように、保育中に子どもたちが実際に跳び下りた巧技台の高さが示されたり、子どもたちが高さを選んでいる様子が示されたりしている。これは、週案が月案よりも、より子どもや保育の今に近づいているからである。

　「週のねらいと配慮」では、ねらいを「○」、配慮を「・」で示している。月案のねらい、前週のねらいとのつながりや、幼児の実態をふまえてねらいを立てる。前週に巧技台のいろいろな高さを楽しんでいた様子から、「しっかりと身体を動かして遊ぶ」というねらいが立てられ、「いろいろな動きを楽しめるよう、運動用具や器具を出すようにする」という保育者の配慮が示されている。

　月案で考えられた内容や、週案のねらいをふまえた具体的な活動が「活動の予定」に示される。その活動の予定のなかから子どもの体調や実態に応じて保育を行い、「活動」「評価及び反省」「個人記録」の記載を保育後に行う。日々、保育を振り返りながら、幼児の経験する活動を保障していくのである。また、「個人記録」が積み重なったものが次の月の月案の「個別対応」につながる。

　日案は前日までの子どもの姿をとらえ、その日の主な活動のねらいと内容を明確にし、登園から降園までを詳細に計画立てるものである。漫然と1日を計画立てるのではなく、特に、主な活動については子どもたちの主体的な遊びが生み出され展開していくための環境構成や配慮等を詳細に練る必要があるだろう。そして、必ず振り返り、明日の保育へつながるようにすることが重要である。

　指導計画作成の際には、必ず子ども理解を一番に行うこと、子ども主体の保育と

はどのような保育であるかを考えることが大切である。子ども主体であることをふまえると、自ずと指導計画内の文言の主語は「子ども」になり、「〜してもらう」「〜させる」「〜してあげる」という表現はなくなっていくはずである。

図表7-4 週案の例

3歳児（　　組）週案　□□年度　9月第2週

	園長	主任	担任

	幼児の姿	週のねらいと配慮	行事・家庭連絡
	・咳や鼻水の出ている子もいるが、欠席することなく元気に登園してきている。 ・10センチ〜60センチの高さの巧技台からの跳び下りの高さを自分で選び、楽しんでいる姿がみられる。 ・友だちとけんかをすることもあるが、ずいぶん言葉でのやりとりが増え、自分の思いを友だちに伝えることができるようになってきている。	○しっかりと身体を動かして遊ぶ。 ・いろいろな動きを楽しめるよう、運動用具や器具を出すようにする。 ・友だちと手をつないだり、触れ合って遊ぶ楽しさを味わう。 ・保育者も一緒に遊び、友だちと一緒が楽しいという思いが共有できるようにする。	・▽日（火） 避難訓練 ・たくさん身体を動かして遊ぶので、家でしっかり休息できるように（睡眠がとれるように）してもらう。

【幼児の姿】前週までの幼児の姿を生活する姿や遊んでいる姿からとらえ、記入する。集団としての姿や個人の姿にも目を向ける。また、健康状態や出席状況によっても保育の状況は変化するため、記載しておくとよい。

【家庭連絡・行事】園生活は家庭との連続性のなかでなされるものであることを考慮し、家庭との連携を密にとれるよう、家庭連絡事項を記入しておく。子どもの生活や体調、園の行事など、子どもの育ちを家庭と一緒に支えていくためには、家庭と連携をとることが重要である。

	活動の予定		活動	評価及び反省	個人記録
	・戸外遊び ・砂遊び ・泥遊び ・色水遊び ・虫探し ・ボール遊び ・三輪車 ・運動遊び ・巧技台（10〜60センチ、よじ登る、跳び下り） ・フープ跳び ・鉄棒（豚の丸焼き、足抜きまわり） ・マット（転がる） ・室内遊び ・積み木 ・ブロック ・折り紙 ・描画 ・製作（のり、クレヨン） ○わらべ歌遊び ♪まあるくなあれ〜	○日（月）天候晴れ	絵本「三びきのやぎのがらがらどん」 ○戸外遊び ・砂遊び、ボール遊び、フープ跳び	週の始めで、登園時泣いている子が多かったため、好きな遊びにじっくり取り組めるようにした。子どもたちの要求に応じてフープを出し、手をつないで援助したり応援したりしながら片足や両足で跳んで前に進むことを楽しめるようにした。	A子：フープを跳ぶ様子を遠くから見ている。
		▽日（火）天候曇り	絵本「からすのぱんやさん」 ○避難訓練（火災） ○運動遊び ・鉄棒のぶら下がり、フープ跳び	火災の場合の避難訓練だった。放送を落ち着いて聞き、「おはしも」を守って園庭へ避難することができた。「おはしも」が子どもたちに随分定着してきたことが伺えた。避難訓練があるたびに伝え、いざという時に備えていきたい。	A子：フープに人が少ないときにやってきて、保育者と手をつないで跳ぶ。
		○日（水）天候雨	絵本「おおきなかぶ」 ○室内遊び ・マット ・わらべうた遊び	雨だったため、室内で遊ぶ。マットを部屋に敷き、転がって遊んだ。転がる動きを嫌がる子はおらず、全員が繰り返し転がって遊んだ。順番も随分守れるようになり、友だちがマットを転がり終えるまで待つ姿もみられた。できるようになったことを認め、ほめながら伸ばしていきたいと思う。	B太：横入りをしようとするが友だちに並ぶようにうながされ、並びなおす。
		○日（木）天候晴れ	絵本「しょうぼうじどうしゃじぷた」 ○戸外遊び ○運動遊び ・巧技台、鉄棒	巧技台を出すと、それぞれ高さを自分で選んで跳んで遊ぶ。子どもの安全を確保しながら、子どもたちが挑戦したい高さに調整するようにした。しりもちをつかずに着地できるようになってきている。	C美：仲のよいD子に誘われて巧技台のところに来た。初めて30センチを跳び、とてもうれしそうだった。
		○日（金）天候晴れ	絵本「100かいだてのいえ」 ○製作（自分の顔をクレヨンで描き、身体をのりで貼ってつなげる）	自分の顔の部位の名称や、身体の部位の名称に興味がわいてきたので、自分をつくる製作をした。人型に切った画用紙に、目や鼻の位置を確認しながら描き、好きな色の洋服を選んでのりで貼った。のりは適量を使えるようになってきている。部屋の壁に掲示し、みんなで見て楽しめるようにした。	E助：顔を描くのに戸惑いがみられた。先に洋服を着せて、友だちにのりの使い方が上手だったとほめられてほっとしたのかにっこりし、顔を描き始めた。
週の評価及び反省	天候や子どもたちの様子、要求に応じて運動遊びを展開できるようにした。跳ぶ、ぶら下がる、転がるといった動きを全員が経験し、楽しんで取り組めたのではないかと思う。なかなか挑戦しようとしない子どもたちも、必ず遠くから「してみようかな」という視線で見ているので、それを逃さないように声をかけたり見守ったりしていきたい。また、挑戦したことやできたことを言葉にしてほめたり共感したりして「またやってみよう」という気持ちがもてるようにかかわっていこうと思う。手つなぎ遊びを取り入れて、「友だちと一緒で楽しい」が経験できるようにしたいと思っていたが、今週はあまり時間をもてなかった。来週引き続き取り組みたいと考える。				

【活動の予定】月の指導計画の保育の内容、週のねらいに基づいて1週間の活動予定を設定する。天候や子どもたちの体調によって保育の内容は左右されることも多い。したがって、柔軟性をもった活動の予定を立てることが重要である。ただし、前週からのつながりや、前月までのつながりなど、これまでの活動とのつながりを考えたうえで設定する。

【活動】実際にその日に行った活動（主活動）について記載する。

【評価及び反省】ねらいに基づき評価・反省を行う。その日の活動を通して子どもたちがどのような経験をしたのか、その際の保育者の援助は適切だったか等、子どもの姿を通して分析する。

【週のねらいと配慮】月の指導計画のねらい、また、前週までのねらいと内容、子どもの姿をふまえてねらいを設定する。子どもの「こんなふうに成長したい」と願うことや気持ちをとらえ、保育者の「こうなってほしい」と願う気持ちを合わせてねらいを考える。また、そのねらいを達成するための保育者の援助、配慮について考える。

【個人記録】1日の活動のなかでみられた、子どもの姿について記載する。今後援助していきたい姿がみられた子どもの姿や、これまでの変化がみられた子どもの姿について具体的に記載し、明日以降の保育につなげられるようにする。

【週の評価及び反省】週のねらいにそって、評価・反省を行う。その週で子どもの経験したことは子どもにとってどのような意味があったのか、自身の子どもへのかかわり、援助は適切だったのかなど、子どもの姿を通して振り返り、次週の活動に活かす。

参考文献

- 文部科学省『幼稚園教育要領解説』フレーベル館，2018.
- 無藤隆ら『ここがポイント！ 3法令ガイドブック』フレーベル館，2017.
- 津金美智子編著『平成29年版 新幼稚園教育要領解説ポイント総整理』東洋館出版社，2017.
- 文部科学省『幼稚園教育指導資料第1集 指導計画の作成と保育の展開（平成25年7月改訂）』フレーベル館，2013.
- 倉橋惣三『倉橋惣三選集第一巻』フレーベル館，1965.
- 保育総合研究会監『平成30年度施行 新要領・指針サポートブック』世界文化社，2018.

COLUMN 「書く」ことを楽しもう

　保育は「発達の理解」→「指導計画の作成」→「実践と評価」→「改善」→「発達の理解」…の繰り返しである。これらの営みを支えるには「書く」という行為がとても重要であると考える。人間はすぐに忘れてしまう生き物である。しかし、書いてしまえばそれはずっと残り、思い出す手立てとなる。「書く」ということは、自分の保育を振り返ることでもある。

　幼児を理解し、保育の計画を立てる…①思い描く
　実践する…②子どもたちと一緒に保育を営む
　自分の保育を振り返り、反省・評価する…③振り返って書く
　反省・評価をもとに次の保育の改善につなげる…④その日の保育の気づきや課題をこれからの保育に活かす

　同じことは二度とないのが保育である。①から④をその時々に繰り返していくことが、自身の保育者としての成長を支える。

　初めは、「振り返る余裕なんてない」「書く時間なんてない」と思うかもしれない。しかし、「今日、時計を見ながらAさんが『幼稚園の時計は遅いね、おうちの時計は早いのに』と呟いた」や、「いつもなかなか言葉で友だちとかかわることのないBさんが『今日のお弁当のお肉、おいしいね』と友だちに向けて言った」など、幼児の感性や成長に触れ、書きたい、と思えるような出来事がたくさんあるのが保育の現場である。

　最初は自分の印象に残ったことをメモ程度に残すことから始めてもよいと思う。毎日1つメモを残すと、1年でどれだけ集まるだろう。集まったメモから、私は何を見いだすだろう。そして、どのような保育をしたい、子どもたちと成長したい、と考えるだろう。そう思い描くだけで、わくわくしてこないだろうか。「書く」ことを楽しみながら、幼児の実態をとらえ、計画し、実践する保育者になってほしい。

（寺地亜衣子）

第8講

保育所・認定こども園の指導計画の作成

　指導計画は、子どもの状況や発達過程、生活の様子等をていねいにとらえながら、具体的な保育の方法を示していく必要がある。本講では、まず保育所・認定こども園の園生活をふまえて、指導計画の必要性と留意事項(りゅういじこう)を理解した後、長期の指導計画（年間指導計画・月の指導計画）、短期の指導計画（週の指導計画、1日の指導計画）について、事例をもとに学ぶ。

Step 1

1. 指導計画の必要性

　指導計画について、保育所保育指針（以下、保育指針）では、「全体的な計画に基づき、具体的な保育が適切に展開される」ためのものとし、幼保連携型認定こども園教育保育・要領（以下、教育保育・要領）では、「園児が自ら意欲をもって環境と関わることによりつくり出される具体的な活動を通して、その目標の達成を図るもの」としている。

　では、保育所と認定こども園の実際の子どもの生活を考えてみよう。保育所は、保育を必要とする子どもを預かり保育する施設であり、1日の子どもの生活の様子は**図表8-1**のようになる。近年さらに長時間保育の傾向にあり、より細やかな配慮が求められている。認定こども園は、幼稚園と保育所の機能の双方を持ち合わせる施設で、1日の子どもの生活の様子は**図表8-2**のようになる。よって、保護者の就労の有無等にかかわらず、子どもがさまざまな形で一緒に過ごす場といえる。

　保育所や認定こども園においては、子ども一人ひとりがさまざまに生活しているため、指導計画は、目の前の子どもがおかれている状況や発達過程、生活の様子等をよりていねいにとらえていきながら、保育者の「こう育ってほしい」という願い

図表8-1　ある保育所の1日

時間	2号認定（3歳以上児）		3号認定（1・2歳児）		3号認定（0歳児）	
	短時間	標準時間	短時間	標準時間	短時間	標準時間
7:00	延長保育	早朝保育 順次登園	延長保育	早朝保育 順次登園	延長保育	早朝保育 順次登園
8:00	順次登園		順次登園		順次登園	
8:30						
9:30	保育活動	保育活動	遊び	遊び	睡眠 授乳・離乳食	睡眠 授乳・離乳食
11:00			昼食	昼食	遊び	遊び
12:00	昼食	昼食	午睡	午睡		
13:00	午睡	午睡				
14:00						
15:00	おやつ	おやつ	おやつ	おやつ		
16:00	順次降園	順次降園	順次降園	順次降園		
	延長保育	夕方保育 順次降園	延長保育	夕方保育 順次降園	延長保育	夕方保育 順次降園
18:00						
19:00		延長保育		延長保育		延長保育

図表8-2　ある幼保連携型認定こども園の1日

時間	1号認定	2号認定		3号認定	
		短時間	標準時間	短時間	標準時間
7:00	延長保育	延長保育	早朝保育 順次登園	延長保育	早朝保育 順次登園
8:00		順次登園		順次登園	
8:30	順次登園				
9:30	保育活動	保育活動	保育活動	遊び	遊び
11:00				授乳・離乳食および昼食	授乳・離乳食および昼食
12:00	昼食	昼食	昼食	午睡	午睡
13:00		午睡	午睡		
14:00	順次降園				
	延長保育				
15:00		おやつ	おやつ	授乳・おやつ	授乳・おやつ
16:00		順次降園	順次降園	順次降園	順次降園
		延長保育	夕方保育	延長保育	夕方保育
18:00			順次降園		順次降園
19:00			延長保育		延長保育

※保育所と幼保連携型認定こども園は、保護者の就労状況により「保育標準時間」と「保育短時間」という2種類の保育の必要量の区分のいずれかの設定を受ける。

をこめ、具体的な保育の方法を示していく大切な計画といえる。

2. 指導計画作成上の留意事項

養護の視点を大切にする

　2017（平成29）年告示の保育指針および教育・保育要領では、養護が第1章「総則」におかれ、重要視すべき事項として位置づけられた。特に保育指針においては、養護と教育の一体性を原則としており、養護とは、生命の保持と情緒の安定を図るために保育士等が行う援助やかかわりであり、保育の根幹として位置づけている。

　このように、0歳から就学前の子どもを預かり、長時間の教育・保育を行っている施設においては、指導計画を立てていくうえで、養護をどのように考えて保育に組み込んでいくかがとても大切となる。特に0・1・2歳児の指導計画では、よりていねいかつ具体的に示していくことが求められている。

柔軟な対応で見通しをもつ

　3歳未満児は、発達が未熟な状態であったり、個人差や月齢差等が著しいことからも、指導計画は一人ひとりに合わせたものを意識して作成することが重要である。また、その指導計画をふまえて保育を行う際にも、子どもの様子に柔軟に対応することが大前提であることもふまえることが求められる。

　3歳以上児は、集団で活動や生活をすることが基本となるため、指導計画は一人ひとりの子どもの成長とともに、子ども相互の関係や協同的な活動がうながされるよう作成することが大切である。そのためにも、子どもの活動や生活について、より見通しをもてるよう意識していくことが求められる。

子ども一人ひとりの実態を把握して作成する

　指導計画は、実際に保育をする保育者が、目の前の子どもによりよい成長を保障することを実現するために作成するものである。そのためには、今の目の前の子どもの発達過程や状況などの実態をていねいに把握していくことが大切であり、日々の保育における一人ひとりの子どもの記録をすることがその出発点となる。そして、その積み重ねが子どもを理解することになり、よりよい指導計画の作成につながっていく。また、一人ひとりの子どもの実態をとらえていくことによって、クラス集団の子どもの実態把握にもつながる。

Step 2

> 長期の指導計画

　保育所や認定こども園における長期の指導計画は、子どもの生活や発達を見通した長期間にわたる計画をいう。長期の指導計画には、園の実情に合わせて、年間指導計画、学期（期間）指導計画（期案）、月の指導計画（月案）があげられる。ここでは主となる年間指導計画、月の指導計画をとりあげて解説する。

年間指導計画

　年間指導計画は、担任保育者として作成するなかで、1年間という一番長い期間を見通した指導計画である。保育所や認定こども園は、0歳から就学前の幅広い子どもの保育を行うため、各年齢の子どもの発達過程や状況を十分にふまえて作成することや、年度末までに目の前の子どもがどのような経験を重ね、どのように成長していってほしいのか、といった保育者の願いをより具体的にしていくことが望まれる。基本的に押さえたい点は、以下のとおりである。

- 乳児（0歳児）：養護を主軸としながらも、保育所保育指針（以下、保育指針）および幼保連携型認定こども園教育・保育要領（以下、教育・保育要領）において教育的側面として新たに示された乳児期の3つの視点を持ち合わせ、柔軟に組み込んでいくことが重要となる。
- 1歳以上3歳未満児：子どもの発達過程等の個人差や月齢差が著しいため、養護を基盤としながら、新たに示された5領域を無理のない形で整理していくことが求められる。
- 3歳以上児：保育所の特性である養護と教育の一体性を原則として作成することが大切である。5歳児については、幼児期の終わりまでに育ってほしい姿（10の姿）や、小学校教育との接続についても意識して記載していく。
- 認定こども園：2歳児以上は、教育時間と、教育時間を除いた時間をどのように考えて整理していくかが求められる。各園の実情に合わせてそれぞれ活用しやすい工夫が必要である。また、学期という考え方もしっかり押さえていく。

　図表8-3に、一例として2歳児の年間指導計画を示した。3歳未満児においては、基本的生活習慣を身につけることが、よりよい3歳児の生活につながっていく。だからこそ2歳児においては、生活（5領域では「健康」）である食事・排泄・睡眠・着脱・清潔の項目を示し、保育のなかでていねいにかかわっていくことの共通理解を図ろうとしたものである。

　このように指導計画は、保育において何を大切にしたいか、保育者同士が何につ

いて共通理解を図っていくのかという、園ごとの考え方で形式が異なってくる。

月の指導計画

　月の指導計画は、保育現場においては月案と呼ばれていることも多い。年間指導計画や学期（期間）指導計画に基づくと同時に、現在の月末の子どもの姿をふまえて次月にどのような教育・保育をしていくかという指導計画を作成する。ひと月ごとに作成するため、長期の指導計画のなかでも子どもの実態に最も密着した指導計画といえる。配慮事項は年間指導計画と同様であるが、形式は各施設によってさまざまであり、園の実情に合わせた保育者が活用しやすい形式であることが大切である。

　図表8-4は、**図表8-3**の年間指導計画を月（5月）の指導計画に反映したものである。1か月の長期の指導計画であるが、見てわかるとおり、かなり具体的であることが理解できる。例えば、「保育者とかかわりながら好きな遊びを楽しむ」という表現では、実際にどのような遊びを指しているのかがわからないため、赤字のように具体的な遊びを記載している。これによって、保育者同士が保育の共通理解を得られ、週の指導計画（週案）に反映しやすくなる。

　なお、月案の1つとして、3歳未満児については、一人ひとりの子どもの成育歴、心身の発達、活動の実態等に即して個別的な指導計画を作成することを必要とし、これを「個人別月間指導計画」と呼んでいる。一人ひとりの子どもに密着した計画であるため、より具体的な内容を記して実践しやすいようにすることが重要となる。

　本来は、クラスの子ども全員の個人別指導計画を作成するが、ここでは**図表8-5**のように、Tくんをあげて説明する。「現在の子どもの姿」に、気の合う友だちとブロック遊びを楽しんでいること、しかも複雑な構成ができるようになっていると記している（**図表8-5中の①**）。それをふまえて「環境構成」では、ブロック遊びをさらに充実していくために、種類や数の充実と遊び込めるスペースの確保について記している（**図表8-5中②**）。遊びを充実させてさらに楽しむことができることによって、気の合う友だちとのかかわりも深める機会となることを見通した計画といえる。

　また、3歳未満児の保育は、複数の担任保育者によって保育することが前提である。担任となる保育者同士が同じ方向性をもって保育をしていくことが大切であるからこそ、より具体的に記すことによって、保育者が共通理解していくことが可能となる。

図表8-3　○○年度　2歳児（うさぎ組）　年間指導計画

年間目標	・身体を十分に動かして、伸び伸びと遊ぶことを楽しむ。 ・保育者が仲立ちするなかで、友だちとかかわりながら遊ぶ楽しさを味わう。 ・保育者との安定したかかわりのなかで簡単な身の回りのことを自分でしようとする。 ・いろいろな経験を通して、言葉が豊かになり、自分の思いや要求を言葉で表現する。	
期	Ⅰ期（4・5月）	Ⅱ期（6・7・8月）
ねらい	・新しい環境に慣れて、安心して園生活を過ごす ・保育者と一緒に好きな遊びや遊具を見つけて遊ぶ ・保育者と一緒に身の回りのことを自分でしようとする	・保育者や友だちとかかわりながら、夏の遊びを十分に楽しむ ・保育者に手伝ってもらいながら、簡単な身の回りのことを自分でしようとする

教育

			Ⅰ期（4・5月）	Ⅱ期（6・7・8月）
	生命の保持		・一人ひとりの健康状態を把握し、それぞれの子どもに合わせて対応していく	・一人ひとりの健康状態を把握する ・水分補給や活動・休息のバランスに十分に配慮する
	情緒の安定		・新しい担任保育者に慣れ、安心して過ごせるようにする	・自分でしようとする時は見守り、必要な時にはさり気なく援助するなど、自分でしようとする気持ちを大切にする
健康	食事		・和やかな雰囲気のなかで食事を楽しむ ・自分でスプーン・フォークを使って食べようとする ・食前・食後のあいさつをしようとする	・和やかな雰囲気のなかで食べられるものが増える ・保育者に言葉かけをされるなかで、スプーン・フォークを正しく持とうとする
	排泄		・おむつがぬれた時は、自分から、または保育者から知らせてもらい、おむつを換えてもらう ・保育者と一緒にトイレに行き、排尿しようとする	・保育者と一緒にトイレで排泄しようとする ・一人ひとりのペースに合わせて日中パンツで過ごしてみる
	睡眠		・落ち着いた雰囲気のなかで安心して眠ろうとしたり、保育者がそばにつくなかで静かに休息する	・落ち着いた雰囲気のなかで十分に眠ったり、静かに休息する
	着脱		・保育者と一緒に着替えたり手伝ってもらいながら、簡単な着脱を自分でしようとする	・保育者に手伝ってもらいながら、簡単な着脱を自分でする
	清潔		・保育者と一緒に手を洗って拭く ・鼻水が出たら保育者に拭いてもらったり、自分で拭こうとする	・手洗いや手拭きを自分でしようとする ・保育者に言葉をかけてもらいながら、鼻をかもうとする
	遊び		・身体を十分に動かして遊ぶことを楽しむ ・指先を使った遊びを楽しむ	・水や砂・泥を使った遊びを楽しむ ・指先を使った遊びを楽しむ
人間関係			・保育者や友だちと安心して過ごす ・保育者と一緒に玩具や遊具を使って遊ぶ	・見立て遊びやつもり遊びを楽しみながら、友だちとかかわる ・保育者に仲立ちしてもらいながら友だちとのかかわりが増える
環境			・身近な生き物、植物などを見たり触れたりして興味・関心をもつ	・保育者や友だちと一緒に土や水、砂の感触を楽しみながら遊ぶ
言葉			・自分の要求や気持ちを簡単な言葉や仕草で伝えようとする	・語彙が増え、簡単な日常のあいさつや自分の要求や気持ちを言葉で伝える
表現			・簡単な手遊びや歌を楽しむなかで、リズムに合わせて身体を動かすことを楽しむ ・クレヨンや絵の具、画用紙などを使って描いたりつくることを楽しむ ・絵本や紙芝居などを通して簡単なお話を楽しむ	・保育者や友だちとリズム遊びを楽しむ ・水や泥、砂などを使った感触遊びやのりづけ、スタンプ遊びを楽しむ ・繰り返しのある簡単なお話を、興味をもって楽しむ
食育			・和やかな雰囲気のなかで、適量を無理せず食べる	・いろいろな食べ物を自分から進んで食べようとする ・夏野菜に関心をもって育てたり食べたりする
保護者支援 （地域・子育て支援）			・新しい環境に対する不安や期待に共感し、連絡帳や登降園時に子どもの様子を伝え合い、信頼関係を築いていく ・2歳児の発達についてお便りや掲示板で伝えていきながら、子育てに見通しをもてるようにする	・子どもの健康状態を十分に観察し、適切に対応するとともに保護者と連携を図っていく ・自己主張やかんしゃくは成長の過程であり、自我の育ちとしてとらえてかかわっていけるように援助する
環境構成及び配慮			・室温・換気に配慮し、心地よい環境を保つ ・自分の物や場所がわかるように、一人ひとりのマークで知らせる ・子どもたちが心地よく遊べるように遊びのコーナーを設定したり、静と動のスペースを確保できるように配慮する ・新しい環境に無理なく慣れていくためにも、一人ひとりの思いをていねいに受け止めながらかかわっていく	・室温・換気に配慮し、心地よい環境を保つ ・体調を崩しやすい時期なので、一人ひとりの健康状態には十分に気をつけ、水分補給や活動と休息のバランスに配慮する ・水遊びや運動あそびが楽しめるような環境設定を工夫していくとともに、事故のないよう安全確保に配慮していく ・日よけやプライバシー保護に配慮する

※通常、保育所では保育士、認定こども園では保育教諭という呼称が使われるが、本講では便宜上、「保育者」と統一して表記する。

担任保育者：〇〇、△△、□□　【保育所】

健康 安全 災害	・避難訓練を行うなかで、地震や火事などの対応の方法を知る。 ・健康に過ごすための手洗いやうがいなどの生活習慣を自分でしようとする。 ・園内外の安全点検を定期的に行う。

Ⅲ期（9・10・11・12月）	Ⅳ期（1・2・3月）
・保育者や友だちと一緒に全身を使う遊びを十分に楽しむ ・保育者や友だちとのかかわりのなかで、自分の思いや要求を伝えようとする ・保育者に見守られ、簡単な身の回りのことを自分でしようとする	・保育者や友だちと一緒に、ごっこ遊びや簡単な表現遊びを楽しむ ・言葉でのやりとりをしながら、保育者や友だちと一緒に遊ぶ楽しさを味わう ・自分で簡単な身の回りのことをしようとする
・運動発達をするなかでの子どもの行動範囲を十分に把握し、安全に留意する	・運動発達をするなかで、簡単な基本的生活習慣が身につくように援助する
・一人ひとりの気持ちを受け止めることを通して、友だちと一緒に遊ぶ楽しさを味わえるようにしていく	・一人ひとりの気持ちを受け止めていくことを通して、安心感をもち、自分の思いを言葉や行動で表すことができるようにしていく
・和やかな雰囲気のなかで、楽しく食事をする ・食器に手を添えたり、持ったりしながら、正しいスプーン・フォークの持ち方で食べようとする	・一人で最後まで食べられるようになる ・食事のマナーを身につけ、スプーン・フォークを使って食べる
・一人ひとりの様子に合わせてズボン・パンツを下げて排泄しようとする ・男児は一人ひとりに応じて立ち便器で排尿しようとする ・排泄後に保育者と一緒に手を洗う	・一人ひとりの様子に合わせてズボン・パンツを下げて排泄しようとする ・自分から知らせてトイレに行き排泄する ・排泄後に保育者に見守られて手を洗う
・落ち着いた雰囲気のなかで十分に眠ったり、静かに休息をする	・落ち着いた雰囲気のなかで保育者に見守られながら、一人で眠ったり、静かに休息する
・保育者と一緒に脱いだ衣服をたたんだり片づけたりしようとする	・簡単な衣服は自分で着脱しようとしたり、たたんだりして片づける
・手洗いや手拭きを自分でしようとする ・保育者に手伝ってもらいながら自分で鼻をかむ ・食後にぶくぶくうがいをする	・手洗いや手拭きを自分でしようとする ・保育者に見守られながら自分で鼻をかむ ・食後にぶくぶくうがい、戸外から帰った時にガラガラうがいをする
・身体を十分に動かし、遊具・用具を使うことを楽しむ ・指先を使った遊びを楽しむ	・身体を十分に動かし、遊具・用具を使うことを楽しむ ・指先を使った遊びを楽しむ
・簡単なごっこ遊び等を楽しみながら、友だちとかかわる ・友だちとのぶつかり合いを経験することで、相手にも気持ちがあることに気づく	・簡単なルールある遊びやごっこ遊びを保育者や友だちと一緒に楽しむ ・友だちとのぶつかり合う経験を通して、相手の思いを知り、友だちとのかかわりを広げていく
・戸外遊びや散歩を通して、秋の自然物とかかわって遊ぶことを楽しむ ・見たり感じたりしたことを、自分なりに言葉を使って伝えようとする	・冬の自然の変化に気づき、見たり触れたりしてかかわる ・保育者や友だちと言葉を通してかかわっていくことが増える
・曲やリズムに合わせて身体で表現することを楽しむ ・秋の自然物を使った製作や遊びを楽しむ ・絵本や紙芝居で見たり聞いたりしたお話のなかで繰り返しのある言葉や模倣を楽しむ	・曲やリズムに合わせて身体で表現することを友だちと一緒に楽しむ ・興味のあるものをクレヨンや絵の具、身近な素材を使って描いたり製作することを楽しむ ・気に入ったお話をイメージしながら保育者や友だちとごっこあそびを楽しむ
・芋汁パーティなどのクッキング行事を通して、食材に触れて関心をもったり名前に興味をもつ	・友だちと一緒に食べる楽しさを味わう ・食育指導やクッキング保育を通して、食事や食材への関心を高める
・行事の取り組みを通して子どもの成長を発信し、ともに喜び合えるようにする ・自己主張やかんしゃくは成長の過程であり、自我の育ちとしてとらえてかかわっていけるように援助する	・1年間の成長を保護者とともに喜び合う ・進級に対する保護者の不安にていねいに対応し、期待をもって進級を迎えられるようにする
・室温・換気に配慮し、心地よい環境を保つ ・安全点検、安全確認を行った環境のなかで、全身を使った遊びを楽しく経験できるようにしていく ・自分でしたいという気持ちを認め、さり気なく手伝うなどして満足感や達成感を大切にしていく ・保育者や友だちと、ごっこあそびが展開できるような環境を整えていく	・室温・換気に配慮し、心地よい環境を保つ ・進級に向けて、3歳児保育室に遊びに行ったり、上のクラスの子どもとかかわる機会をもつなどしていく ・一人ひとりの子どもがしたいこと、伝えたいことの意欲を受け止め、表現しようとする気持ちを満たしていく ・身の回りのことを自分でできる充実感がもてるように配慮していく

第8講　保育所・認定こども園の指導計画の作成

図表8-4　○○年度　2歳児（あひるぐみ）　5月指導計画

担任保育者：○○、△△、□□　　【保育所】

ねらい	・保育者に思いを受け止めてもらいながら好きな玩具や遊びを見つけて楽しむ ・保育者に手伝ってもらいながら、自分の身の回りのことを自分でやろうとする	行事予定	10日（水）　身体測定 26日（金）　クラス懇談会 未定　　　　避難訓練	家庭との連携	・連休前後は疲れが出たり、生活リズムが崩れたりするため、健康状態や様子を把握し、園での生活リズムを整えていく ・気候に応じて衣服の調節ができるように、衣服の補充をしてもらう

			今月の子どもの姿	保育者の援助や配慮・遊びの環境構成
養護			・新しい環境に少しずつ慣れるものの、不安を感じるときもある	・子どもの表情をていねいに受け止めて、そばについたり、言葉をかけて安心して過ごせるようにする
教育	生活	健康	【食事】 ・和やかな雰囲気のなかで楽しく食べる ・よく噛んで食べる ・食前・食後のあいさつを一緒にしようとする 【排泄】 ・おむつがぬれていない時は保育者と一緒にトイレに行って便座に座り排尿しようとする 【睡眠】 ・保育者にそばについてもらい、安心して眠る 【着脱】 ・保育者と一緒に着替えたり、手伝ってもらいながら簡単な衣服の着脱をしようとする ・自分で靴を履こうとしたり、帽子をかぶろうとする 【清潔】 ・戸外から戻った時や食事前に保育者と一緒に手洗いをする ・鼻汁が出たら自分で拭こうとしたり、保育者に拭いてもらったりする	・少人数で落ち着いて食事ができるように、時間差をつけて生活をする ・「カミカミしようね」などと言葉をかけて、噛むことに意識をもてるようにする ・自分でスプーンを使って食べようとする意欲を大切にして、必要な時にさり気なく援助をする ・気持ちよくあいさつができるように言葉をかけていく ・一人ひとりの排尿間隔を把握し、子どものタイミングに合わせてトイレやおむつ交換に誘っていく ・一人ひとりの子どもが安心して眠れるように、同じ位置に布団を敷き、保育者がそばにつくようにする ・自分でしようとしているときには見守り、できたときには満足感や達成感を共有し、次の意欲につなげていく ・自分の持ち物がわかるようにマークや場所を知らせ、保育者が一緒に支度や片づけをしていく ・一緒に手を洗い、きれいになった心地よさを知らせていく ・ティッシュを取りやすい場所において、自分で拭こうとする姿を認めていき、仕上げをしていく ・「鼻をきれいにしようね」と言葉をかけて、きれいになった心地よさを知らせていく
	遊び	健康 人間関係 環境 言葉 表現	・保育者とかかわりながら好きな遊びを楽しむ （パズル、ブロック、ままごと、汽車など） ・身体を十分に動かして遊ぶことを楽しむ ［園庭］砂場、追いかけっこ、三輪車、ボール、ぽっくりなど ［ホール］巧技台、一本橋、はしご、マット、大型積み木など ・少人数で散歩に出かけ、園外の自然や景色を楽しむ ・春の草花や自然に触れて楽しむ ・保育者と一緒に手先・指先を使った遊びを楽しむ （なぐり描き、ビーズ通し、粘土遊び、シールなど） ・好きな手遊びや季節の歌を保育者と一緒に楽しむ （グーチョキパーで、山小屋一軒、こいのぼり、さんぽなど） ・音楽やリズムに合わせて身体を動かして楽しむ（体操、リトミックなど）	・子どもと一緒に遊んだり、遊びに誘っていくなどするなかで、一人ひとりの子どもが好きな遊びを見つけて楽しめるようにする ・身体を十分に動かして遊べるように安全に留意しながら、保育者がモデルとなって一緒に遊んでいく ・子どもの体調や好みに応じて、活動の場所や時間を工夫していく （低月齢児は早めに着替えや食事にしたり、高月齢児はゆっくりと遊ぶ時間を確保するなど） ・少人数で手をつないで出かけていき、散歩のときの楽しい発見などにゆったりと応じていけるようにしていく ・春の草花や虫を見たり触れたりしながら、探索活動を十分に楽しめるようにしていく ・手先・指先を使った遊びは、コーナー設定するなどして少人数で行い、じっくりと遊び込めるようにする ・季節や子どもの好みや興味・関心に合わせて、手遊びや歌を選んでいき、保育者も一緒に楽しんでいく ・保育者も身体を一緒に動かし、楽しさを共有しながらリトミックや体操を行っていく

図表8-5　Tくんの個人別指導計画

	現在の子どもの姿	保育者のかかわりと配慮
Tくん・2歳6か月	・室内遊びでは気の合う友だちと複雑な構成のブロック遊びを楽しんでいる① ・自分の思いどおりにならないと大声で泣いて、友だちに手が出ることもある ・排尿間隔が長く、トイレで排尿することができ、おむつを濡らすことが少なくなった	・気の合う友だちと心地よく遊んでいるときには見守り、ぶつかり合いなどが起きた際には、仲立ちしていくとともに、自分の気持ちを言葉で伝えていくことの大切さを知らせていく ・日中パンツで過ごしてみて、本児の排尿間隔に合わせてトイレに誘っていく
	環境構成	家庭との連携
	・ブロックで複雑な構成も楽しめるように数や種類を増やしたり、遊び込めるスペースの確保をしていく② ・パンツなどの置き場所について一緒に確認をしていく	・気の合う友だちと好きな遊びを通してかかわって遊ぶようになった成長を、連絡帳や送迎時などを活用して伝えていく ・自己主張やかんしゃくは発達の過程で自我の育ちであることを伝え、家庭でも見通しをもって対応できるように様子を伝え合っていく ・パンツやお漏らしセットを多めに用意してもらい、家庭と一緒にトイレトレーニングを行っていく
	評　　　価	
	・日中パンツに移行して、はじめはお漏らしをすることもあったが、月末には自分からトイレで排尿し、お漏らしもなくなっている。引き続き、家庭と連携をとって様子を見ていく ・戸外での遊びでも、気の合う友だちと一緒に誘い合って遊ぶ姿が多くなってきた。気の合う友だちを通して、保育者が一緒にかかわりながら他の友だちともかかわれる環境をつくっていきたい	

Step3

短期の指導計画

　保育所や認定こども園の短期の指導計画は、前述した長期の指導計画に関連しながら、より具体的な子どもの日々の生活に即した計画である。短期の指導計画には、以下のように、週の指導計画と1日の指導計画などがあげられる。

週の指導計画

　週の指導計画は週案とも呼ばれ、1週間の保育内容を年間指導計画、学期（期間）指導計画（期案）、月の指導計画（月案）をふまえて、より具体的に作成される。事前に明らかに計画されている行事はもちろん、今週末の子どもの体調や活動の様子、進み方なども考慮しながら、次週の保育を計画していくことが大切であるため、現在の子どもの姿に即した計画となる。保育者が見通しをもって活用しやすくするためにも、押さえていきたいポイントを明確に理解できる形式であることが望ましい。

　図表8-6は、認定こども園の4歳児クラスの週の指導計画（週案）である。先週末に運動会が実施されたうえでの計画として参照すると、保育内容としてイメージしやすくなるだろう。子どもたちが運動会を十分に楽しめた経験をふまえて、今週はその経験を充実した活動につなげていきたいと保育者は考え、ねらいの1つとして「友だちや異年齢児と一緒に運動会ごっこを楽しむ」と記している。

　また、10月という季節は秋の自然物と触れ合うよい季節であるため、秋の自然物を使った製作を経験して、創意工夫を楽しめるよう「秋の自然物に触れながら製作を楽しむ」というねらいを立てている。

　運動会ごっこは、主活動だけではなく、自由遊びのなかでも持続的に楽しめるように、予想される子どもの姿に「運動会ごっこ」を記し、環境構成にも「運動会で使用した道具やCDデッキなどの音響設備をいつでも出せるように園庭に置いておく」と1週間記している。また、新たな経験として、秋の自然物を使った製作を主活動として1日計画している。

　このように、月曜日から金曜日の5日間にどのような活動を継続し、どのタイミングで新たな経験を行っていくか、そしてどのようにそれらの活動を日々重ね合わせていくのかを意識することで、子どもが無理なく興味や関心をもって意欲的に取り組める計画を作成できるようになる。

図表8-6　○○年度　4歳児（すみれぐみ）　週案　　【認定こども園】

○○年10月第2週　　担任保育者：○○、△△　　園長印

先週の子どもの姿	・運動会に向けて期待をもって取り組み、当日もがんばることができ、達成感を味わうことができた ・他クラスの競技にも興味をもって自分の席でダンスをしたり、歌うなどの姿がみられた ・散歩に出かけることを喜び、落ち葉などを拾って遊びに取り入れていく姿がみられた	ねらい	・友だちや異年齢児と一緒に運動会ごっこを楽しむ ・秋の自然物に触れながら製作を楽しむ

	ねらい	予想される子どもの姿	環境構成と保育者の配慮
13日（月）	・運動会を思い出し、楽しかった思い出を描く	・運動会ごっこをする ・運動会の絵を描く	・運動会で使用した道具やCDデッキなどの音響設備をいつでも出せるように園庭に置いておく ・思い思いの教材を使って描けるように、画用紙・クレヨン・絵具セットを用意する
14日（火）	・楽しかった運動会を思い出し、異年齢児と一緒にさまざまな競技を楽しむ	・異年齢児と交流しながら運動会ごっこをする	・運動会で使用した道具やCDデッキなどの音響設備をいつでも出せるように園庭に置いておく ・いつでも異年齢児が参加できる雰囲気づくりをしていく
15日（水）	・山の上公園に行って秋の自然物に触れて楽しむ	・身体測定をする ・山の上公園に散歩に行く ・運動会ごっこをする	・気に入ったどんぐりや葉っぱを持ち帰るため、それぞれ散歩バッグを持って行く ・園外に出るため、安全には十分に配慮する ・運動会で使用した道具やCDデッキなどの音響設備をいつでも出せるように園庭に置いておく
16日（木）	・秋の自然物を使って、思い思いにイメージをもって製作を楽しむ	・秋の自然物を使った製作をする ・運動会ごっこをする	・秋の自然物の他にもさまざまな教材や素材、道具などを用意して、イメージを膨らませながら製作できるようにしておく ・運動会で使用した道具やCDデッキなどの音響設備をいつでも出せるように園庭に置いておく
17日（金）	・クッキングを通して、友だちと一緒につくって食べる楽しさを味わう	・お楽しみクッキングに参加する （焼きおにぎりづくり） ・運動会ごっこをする	・衛生面に留意して、保育室の準備を整える ・トースターを使用するため、やけどなどのケガのないように対策をする ・運動会で使用した道具やCDデッキなどの音響設備をいつでも出せるように園庭に置いておく
評価・反省			

1日の指導計画

　1日の指導計画は日案と呼ばれており、週案をふまえた1日の保育内容の計画である。日案は、指導計画のなかで一番短かく、1日の子どもの生活時間を見通していねいに作成されることが大切となる。環境構成などは、子どもの実態や保育が展開される具体的な場所をふまえて、準備物をどのように配置するかなど、細やかな部分についても明確な計画を示すことができる。

　また、公開保育や園内外の研究や研修、園外行事などの際に作成される場合もある。時系列で示した日案は、学生が実習等で「実習指導案」として書く形式であり、日々の保育の時間を軸にして、保育の内容を示し、保育者がどのように配慮や援助をしていくかが明確になる。そのほかにも、主活動を軸にしてポイントを明確にしたもの、環境構成を中心に示したものなど、形式はさまざまである。

　日案は毎日書くことが望ましいが、1日のどの場面や時間帯などを重要視して書くべきかを意識して考えていかないと、毎日の負担が大きくなってしまう。日案を書くことに長い時間をかけすぎると、本来一番大切にすべき日々の保育の実践に影響を及ぼしかねない。

　図表8-7は、図表8-6の認定こども園の4歳児の週案から反映された日案である。これは、認定こども園の教育時間を主軸にして作成されているため、教育時間を除いた時間の部分については必ず押さえておきたい事項についてのみまとめている。こうすることで、ポイントが明確に示された日案となっているといえる。

　また、日案では環境構成を具体的に書くことが重要である。**図表8-7**では「保育者が配慮すべき点及び環境構成」という欄のなかが文章で書かれているが、場合によっては別紙で環境図として書いていくことも必要である。それによって、誰が見ても理解できる環境構成となり、より細やかな共通理解を図ることができる。

図表8-7　〇〇年度　4歳児（すみれ組）　日案　　【認定こども園】

〇〇年10月14日（水）　　担任保育者：〇〇、△△　　　　園長印

ねらい	運動会で行った他クラスの興味のある種目を友だちと協力しながら一緒に楽しむ
内容	リレーやなわとび、ダンスなどの運動会での遊びを楽しむ
活動	園庭で運動会ごっこを友だちと一緒に楽しむ

時間	子どもの姿	保育者の援助	保育者が配慮すべき点及び環境構成
7:00～8:30	・順次登園 ・朝の支度 ・自由遊び	・子どもの受け入れ ・健康観察 ・早朝保育 ・各担任との引き継ぎ	・ゆったりと朝が始まるように気持ちよくあいさつをする ・それぞれが好きな遊びを楽しめるように場所を確保する ・保護者と子どもの体調について確認し合う
8:30～10:00	・順次登園 ・自由遊び ・朝の会をする	・子どもの受け入れ ・健康観察 ・子どもと一緒に遊ぶ ・朝の会をする	・子どもの好きな遊びを一緒に楽しむ ・保護者と子どもの体調について確認し合う ・気持ちよい雰囲気で朝の会を行う
10:00～11:30	・運動会で使用した道具を一緒に準備したり設定する ・運動会競技をそれぞれに楽しむ ・他のクラスの子どもも興味をもって一緒に参加して楽しむ ・片づけ競争などで楽しみながら片づけをする	・子どもがやりたい競技を取り上げて子どもと一緒に準備をしたり、一緒に楽しむ ・他のクラスの子どもを誘って一緒に楽しみ、自然な形で異年齢交流をしていく ・子どもと一緒に片づけ競争を楽しむ	・事前に運動会で使用した道具を園庭に置いておき、子どもたちからやりたい思いを伝えられる環境を整える ・子どものやりたい思いを受け止めて、安全に楽しめるようにスペースの確保をしていく ・音楽なども用意して、運動会の雰囲気づくりをして活動を盛り上げていく ・行う順番などを友だち同士で相談できる機会をつくっていく ・異年齢児も参加しやすい雰囲気づくりをしていく ・運動会の雰囲気を最後まで楽しめるように、子どもができる範囲で一緒に楽しく片づけられるように片づけ競争などをしていく
11:30～14:00	・着替え ・排泄、手洗い ・食事 ・自由遊び ・帰りの会・降園（1号認定） ・排泄・午睡（2号認定）	・配膳をする ・楽しい雰囲気のなかで一緒に食事をする ・片づけをする ・帰りの会、保護者への連絡事項の伝達 ・排泄・午睡の援助	・着替えの始末がきちんとできているか確認していく ・排泄・手洗いをきちんと行えているか、見守りながら確認をしていく ・楽しい雰囲気で食事ができるようにかかわる ・1号認定の子どもの支度を見守りながら確認していく ・落ち着いた雰囲気のなかで午睡に入れるように配慮する
14:00～19:00	・午睡、布団の片付け ・排泄・手洗い ・おやつ ・帰りの支度をする ・自由遊び（園庭・ホール） ・順次降園 ・夕方・延長保育	・子どもを起こして布団を片づける ・配膳をする ・楽しい雰囲気を大切にしておやつを食べる ・片づけをする ・帰りの支度を確認する ・子どもと一緒に遊ぶ ・保護者への連絡事項の伝達 ・引き継ぎをする	・子どもに布団の片づけを任せながら必要な時に援助していく ・楽しい雰囲気でおやつを食べられるようにかかわる ・帰りの支度を見守りながら確認していく ・子どもの好きな遊びを一緒に楽しむ ・明日も期待をもって登園できるようにあいさつをする ・保護者や当番保育者へていねいに連絡事項を伝える

第8講　保育所・認定こども園の指導計画の作成

参考文献

- 厚生労働省「保育所保育指針」2017.
- 内閣府・文部科学省・厚生労働省「幼保連携型認定こども園教育・保育要領」2017.
- 保育総合研究会監『平成30年度施行新要領・指針サポートブック』世界文化社，2018.
- 宮川萬寿美編著『保育の計画と評価――豊富な事例で1からわかる』萌文書林，2018.
- 阿部和子編『演習 乳児保育の基本 第3版』萌文書林，2016.
- 汐見稔幸・無藤隆監『平成30年施行 保育所保育指針 幼稚園教育要領 幼保連携型認定こども園教育・保育要領 解説とポイント』ミネルヴァ書房，2018.

COLUMN　食物アレルギーのある子どもへの対応

　現在、教育・保育施設において、さまざまな食物アレルギーをもつ子どもが生活している。保育者は、子どもの健康と安全を守るために、給食のメニュー変更や除去等を保護者とていねいに確認することやアレルギー会議を重ねている。給食配膳の際には、栄養士・調理師・担任保育者同士で、その都度個別にチェックを行うなど、誤食がないように細やかな配慮を行っている。

　では、食物アレルギーをもつ子どもや周りの子どもにはどのように伝えていくことがよいのだろうか。実際、実習生が来ると"みんなと異なっていることを伝えてよいのか""本当のことを伝えるとかわいそうでいえない"と反省会で話題になる。

　食物アレルギーをもつ子どもは、自分が不快な症状にならないため、あるいは生命を守るためにも、自覚をもって除去していくことを身につけていく必要がある。また、周りの子どもには、それらを理解して一緒に生活する意識を育てていく必要がある。そのため保育者は、アレルギーをもつ子どもには「○○を食べるとかゆくなるからやめようね」、周りの子どもには「××ちゃんは、○○を食べるとかゆくなるから食べられないのよ」などと、常に双方の子どもたちにわかるように伝えているのが実際である。その積み重ねによって、食物アレルギーへの理解や互いの存在を認め合うことにもつながっていくのである。

（小山朝子）

第9講

保育の評価

　本講では、保育の質向上に資する評価の考え方と実際の方法について学ぶ。また、その評価を支える「記録」や、その活用による「保育実践の可視化(かしか)」の意義について解説する。評価については現在、さまざまな面から検討がなされているが、子どもの育ちを評価するとはどういうことなのか、その意義と保育者の責務について学んでいく。

Step 1

1. 保育における評価とは

　保育における評価の意義については、**第1講のStep 3**で示している。

　さて、「評価」という語は、一般的には優劣を決めたり点数をつけたりする成績表やランクづけのようなイメージで受け止められがちである。そのため、子どもの発達をゆがめるおそれがあるとして、保育に評価は不必要とする意見も一部にはある。

　しかし、適切な保育は、実は適切な評価によって、はじめて実現できるものなのである。したがって、乳幼児期にふさわしい保育を進めるためには、保育における評価とはなにかについて明確に認識することが必要である。

　「幼稚園教育要領解説」では、保育における評価は「他の幼児との比較や一定の基準に対する達成度についての評定によって捉えるものではない」とされ、保育における評価とは「幼児理解に基づき、遊びや生活の中で幼児の姿がどのように変容しているかを捉えながら、そのような姿が生み出されてきた様々な状況について適切かどうかを検討して、指導をよりよいものに改善するための手掛かりを求めること」と定義されている。また、「評価は幼児の発達の理解と教師の指導の改善という両面から行うことが大切である」とも記されている。

2. 保育者による評価と方向づけ

　保育では、その園やクラスの保育者の日常的な方向づける働き、すなわち、評価によって子どもの価値観や行動が方向づけられていく。いわば、評価が人をつくる（育てる）ともいえよう。

　日常の保育場面における保育者による評価と方向づけについて大別すると、2つの相反するアプローチが考えられる。

　1つは〈プラスの評価〉である。これにより、保育者が適切であると判断した子どもの行動に対しては、保育者はそれを認め、支持し、激励するなどの対応をし、子どものそうした行動がより行われやすいように方向づけることとなる。

　もう1つは〈マイナスの評価〉である。これにより、保育者が適切でないと判断をした行動に対しては、保育者は無視する、否定する、違った考え方を提示するなどの対応をし、子どものそうした行動を変える方向づけをすることとなる。

　つまり、日々の保育のなかで、子どもは、どういう行動の仕方、ものの言い方や考え方をすれば保育者に受け入れられ、どういうやり方をすれば受け入れられない

かを考え、行動するようになっていく。しかもそれは、子どもが所属する園やクラスの集団的な価値判断のよりどころとなり、集団のなかで肯定的に評価されるような行動を知らず知らずのうちに身につけていくことになる。

なお、評価には、保育者が意図しないでやっている〈無意図的評価〉と、保育者が意識してやっている〈意図的評価〉がある。そして、その両方の積み重ねによって子どもの行動は方向づけられていくのである。

3. 子どもの育ちを肯定的にみる

日常の生活場面において、子どもの育ちつつある面やよさに保育者の目が向けられていると、自然に子どもへのかかわり方が温かいものになり、その子どもの行動を信頼して見守ることができるようにもなる。また、自分に好意をもって温かいまなざしで見守ってくれる保育者との生活では、子どもは安心して自分らしい行動ができるようになるし、さまざまなことへの興味や関心が広がり、自分から何かをやろうとする意欲や活力も高まってくる。

このように、保育者が一人ひとりの子どもと触れ合いながら、子どもの言動や表情から、思いや考えなどを理解し受け止め（肯定的にとらえ）、そのよさや可能性を理解しようとすること、すなわち〈プラスの評価〉を日々の保育で心がけることが、子どもの望ましい発達をうながす保育をつくり出す基礎となるのである。

子どもの育ちを肯定的にみるためには、まずはさまざまな子どもの姿を発達していく姿としてとらえ、その子どもの持ち味を見つけて大切にし、その子どもの視点に立つことが必要である。そして、こうしたことは、保育者自身が一人ひとりの子どもに対する見方を変えようとする日常の小さな積み重ねのなかで可能になっていく。

ところで、保育の評価には、日々の保育実践をエピソードや写真、ビデオ映像として記録したりする「保育実践の可視化」が欠かせない。評価の妥当性や信頼性を高められるよう、それらの記録を基に対話や省察を重ねるような評価に関する園内研修に組織的かつ計画的に取り組み、その成果を保護者や社会に対しても発信し続け、継続的に保育の質を向上させていく取り組みが求められている。

よって以降は、記録について考えてみたい。

Step 2

1. 記録の意義

　保育という営みは、不確定要素が多く、あいまいであり、そして個別性のとても高い、「一回性」という再現不可能な現実世界である。保育者は瞬間瞬間の出来事に向き合いながら、振り返り、そしてそれを丹念に積み重ねていくことで専門的力量が形成されていく。このように、保育においては実践しながら反省する学びの継続が重要であり、その方法・材料としての記録は不可欠である。

　また、保育者は、経験を重ねるだけでは、真の意味での成長は難しい。保育者が保育の実践をしているときには、身体的行為として直観的に子どもに対応していることがほとんどであるため、保育の実践が終わった時点で自分の保育を振り返って、頭の中で保育をし直してみることなどが求められる。そうした振り返りを通して、自分の理解の仕方の不十分な点や、実践中にはほとんど気づかなかった小さな行為の意味に気がつき、それが今までの理解を変えたりすることがある。津守真はこれを「省察」と呼び、保育者が成長するためには欠かせないものであるとしている（**第1講 Step 3 参照**）。

　日々の保育を振り返るうえで、記録すること自体が、子どもを理解すること、保育を読み解くことになる。記録は、実践そのものを客観化・相対化する第一歩となり、記録することを通して、保育者は保育中には気づかなかったこと、無意識でやっていたことにあらためて気づく。記録を通した保育の省察により、1日、1週間、1か月などある期間の子どもの生活や遊びの実態をとらえ直し、子どもの言動の背後にある思いや成長の姿を読み取っていく。

　子どもとの1日を真摯に受け止め、子どもと一緒に明日の保育を創造していく姿勢を具現化していくために、一人ひとりの子どもの1日を把握すると同時に、1日を振り返り、今日のことを明日に活かそうとする循環のなかで記録は行われる。

2. 記録の目的

　記録は、煩雑な保育業務に追われるなかでは負担感を伴うものかもしれないが、それでも、保育を振り返り、見つめ直し続け、よりよい保育を子どもに提供しようとするがために行う、保育専門職として必須のものであり、子どもの育ちを支えていく根拠ともなるものである。具体的には次のような目的がある。

① 子どもによりよい保育を提供する

　記録には、子どもの「成長の過程」「生活や遊びの状況」などが書かれているが、

これらの基礎資料を検証することにより、よりよい保育を提供することができる。

② 保育者の意識と技術を高める

　保育者が行った保育の実践を記録に残すことは、その保育の内容が最もよくわかる手段となる。これを検証することにより、保育者の意識や技術を高めることができる。

③ 子どもや家族と保育者間のコミュニケーションを深める

　記録は、子どもや家族との信頼関係を築くための大切な絆（きずな）である。家族からの要望や意見などを記録に残すことは、子どもや家族とのコミュニケーションを深めることにつながる。

④ 保育者間の情報伝達を確かなものとする

　記録として文字に残すことにより、保育者間の情報伝達をより確かなものにする。これにより、子どもへの保育を組織的・継続的に提供することが可能になる。

⑤ 保育者の研修に役立てる

　記録は、保育者同士の研修資料となる。よい情報やよい対応は組織の模範（もはん）となり、保育者個々の保育の質と保育組織全体が提供する保育の質の向上につながる。

⑥ 内容を正確に残し、いざというときのあかしとする

　記録は、事故が起こったときなどに保育者の行為が適切であったかどうかの証明の基礎資料となる。また、その検証を通じて、事後の事故発生予防にもつながる。

3. 記録の原則

　記録がなくては保育実践の証拠はなく、実践の冷静かつ正しい評価ができない。また、記録は、ルーティン業務として行われるのではなく、優れた保育実践を希求（きゅう）し続けるために行われるものである。

　そして、記録は、保育者個々の内にとどめるものではなく、組織でも共有されるものである（場合によっては公開もされる）ため、次のような一定の原則がある。

① 「事実の記録」（会話・行動など）と、「解釈の記録」（保育者の印象・主観）を分けて書く。

② 計画における評価の観点（子ども評価、保育者評価）と照らし合わせてみる。

③ 結果のみでなく、連続性や文脈（意欲、期待・見通しなど）を考える。

④ 省察し、保育の連続性を図るため、自己改善点を明確にする。

4. 記録を書くときの留意点

　例えば、子どもの様子を記録する際は、通常はなんらかの様式に即して書くことになるが、限られた枠の中に何を書くか、取捨選択をして視点をしぼることが重要である。その際、ポイントは何かを考え、こころの中で情景が浮かぶほど具体的に、時系列を守って書くようにする。そして、その場にいなかった人にも、まるでVTRをみるような臨場感があり、具体的に保育の様子や子どもの姿が伝わるように書いていく。

　保育の記録では、保育の様子や子どもの姿がみえてくるかどうかが問われるが、そうした記録にならない理由として、情報が不足していることがあげられる。情報が不足するのは、観察時に抽象的または概括的な見方をしているためである。たとえ直に子どもとかかわっているときでも、常に課題意識や関心をもってみようとすることで、具体的に記述する力が養われていく。

　実際に記録を整理するのは、子どもとかかわっているときではなく、子どもから離れているときである。つまり、さまざまな出来事や自分のとらえた事象などを、どうやって覚えておくか、どのようにメモを取るかなどが重要になってくる。そのため、ある場面や活動において、例えば子どもの会話や、自分が子どもにかけた言葉、その瞬間に考えたことや思ったことなどを、あとで思い出しやすいように、その場でメモしておくのである。その際、何をみようとしているのか、何を理解しようとしているのかというように、保育者自身の視点を明確にしながらメモしておく必要がある。また、子どもに共感的な態度で接し、子どもの内面をとらえようとすることで、それまでみえなかったことがみえてくることもある。

　なお、共有する保育記録は、公的な文書にもなる。そのため、配慮すべき事項を以下にあげる。

① 記録を書き換えるなどの行為は原則禁止（改ざんが疑われる場合がある）である。
② 内容を書き換える必要がある場合は、追記として別途記載する。
③ 原則的には、ボールペンなどの消すことができない筆記用具で記載する。
④ 修正が必要になった場合は訂正印を押し、どのように修正されたのかが明確になるようにする（修正液・修正テープなどは使わない）。

5. 記録の心得

　記録でよくみられる問題として、他者がみて事実や経過が理解できるように書かれていなかったり、子どもに対する対応や処置が正確性を欠いていたりすることがあげられる。また、内容に継続性がなく、断片的に記載されていたり、単なるメモ書き程度に終わっている場合もある。記録は、だれが読んでもわかるように、具体的かつ簡潔に、まとまりよく書くことが求められる。そこで、記録に際しては、次のような事柄に気をつけたい。

① 6W3H（when、where、who、why、what、whom、how、how long、how much）に留意し、主語と述語との関係を明らかにして述語の省略は避ける（要約体による記述が必要な場合を除く）こと。

② 子どもの様子の変化を記録したときは、その後の対応も忘れずに記録すること。

③ いつの出来事かはっきりとわかるように、そのつど、日付と時刻を忘れずに書き、時間の経過がわかるようにする（現状は、それまでの経過によって左右されることがあるので、時制を考慮する）こと。

④ かかわりや対応などの根拠を明確にするため、だれが言ったのかが明らかになる（情報の発生源がわかる）ような書き方をすること。

⑤ 自己流の言葉や、具体性を欠いた抽象的な言葉は使わないこと。

⑥ 難解な語句やわかりにくい専門用語はなるべく用いないようにするとともに、俗語や流行語、省略語等を使わない（ただし、逐語録として記録する場合は、発言者の言葉をそのまま使用する）こと。

⑦ だれが書いた記録なのかを明らかにするため、記録者は記録ごとに署名または押印すること。

⑧ 記録が書き終わったら必ず読み返し、内容を再度確認（チェック）すること。

　記録とは別に、評価のなかには小学校への送付が義務づけられている「要録」という個別記録が存在する。幼稚園においては「幼稚園幼児指導要録」、保育所においては「保育所児童保育要録」、幼保連携型認定こども園においては「幼保連携型認定こども園園児指導要録」と呼ばれており、子どもの在園期間中の育ちや学びの過程を記録し、小学校における指導に資する記録として活用されることを目的に作成されるものである（**第15講参照**）。

6. 記録の記入例

「事実の記録」の書き方について

　これまで記録の意味や重要性等を述べてきた。先述したように、例えば「事実の記録」と「解釈の記録」などは分けて書くことが求められるが、実際は混同しているケースをみかける。「事実の記録」で発生しがちな例として次のようなものがある。
・他者がみて、事実や経過について理解できるように書かれていない
・子どもに対する対応や処置が正確性を欠く
・内容に継続性がなく、断片的に記載されている
・記録ではなく、メモ書きになっている

　保育では、いろいろな場面や子どもの状態の変化など、実際の諸事象について冷静かつ客観的な視点で事実を正確に書くことが求められる。特に、事故やトラブル、急変時の対応・処置の記録については、推測や主観的な表現は用いないことが鉄則である。

　ただし、「事実の記録」をもとに保育者が推察を加えることで、より状況がわかりやすくなる場合には、「解釈の記録」としての推測や主観的な表現についても併せて用いてもよいが、その場合であっても「事実の記録」と「解釈の記録」はだれがみてもわかるように分けて書くようにする。

　ここでは、「事実の記録」の書き方について、注意すべき点をあげて説明する。

（1）主観的に書かれていないか？

> 例1　「子どもが待てなくて<u>イライラしていた</u>」
> 例2　「しばらく待って、<u>あきらめたようだった</u>」

　例1、例2ともに下線部分が主観的に判断している部分となるが、これらの記録に"主観的判断の根拠になる理由"が示されているだろうか。修正するとすれば、以下のような記入例が考えられる。

> （例1の記入例）
> 「その子は、いすに座ったまま足をバタバタさせながら、『早くしてよ！』と大きな声で言っていた」

> (例2 の記入例)
> 「しばらくその場で、じっと友だちが自分のほうを振り向くのを待っていたが、一言『あとでね』と友だちに声をかけて、絵本のほうに移動した」

（２）だれにでもわかる表現が使われているか？

> 例3 「子どもがロッカーの前から動かず、ほかの子どもが困っていた」
> ↓
> (記入例)
> 「先に荷物をロッカーにしまっていた子が、荷物の整理をはじめた。その子の下のロッカーを使っていた子がうしろで待っていたが、ロッカーを整理する様子と、うしろで一緒に遊ぼうとして自分を待っている子どもを見比べ、『これをしまうまでちょっと待っててね』と、持ち物を示しながら自分を待っている子に声をかけていた」

（３）ひとくくりで形容する言葉を多用していないか？

> 例4　いろいろ、多様、さまざま
> 　今日は、<u>さまざま</u>な遊びがみられた。
> 　　　　↓
> (記入例)
> 　今日は、「A」や「B」で遊ぶ姿や、「C」や「D」などの遊びがみられた。
>
> 例5　大変
> 　3歳児が<u>大変</u>そうにおもちゃを運んでいたので、私は「お手伝いしましょうか？」と声をかけた。
> 　　　　↓
> (記入例)
> 　3歳児がクマ・イヌ・ネコのぬいぐるみを抱え、手にはままごと道具のお皿3枚と赤いブロック3つをもち、カゴを腕にかけて、運んでいる物をあごで押さえながらフラフラと歩いていた。そこで、私は「お手伝いしましょうか？」と声をかけた。

「さまざま」や「大変」などの形容詞は、個人の感じ方であり、主観そのものなので、議論の余地がなかったり、立証できないものであったりする。それでも漠然とした記述は回避するなど、工夫はできるであろう。

Step3

1. 子どもの内面理解

　保育は、一人ひとりの子どもの外面（身体の動きや表出される言語など）のみならず、内面（こころの動きや情緒、気づきや思いなど）にも目を向けて、それぞれに応じた援助を通して発達を支えていく営みである。そのため、プロの保育者には、表面的には見えづらい子どもの内面を感知し理解する力量が求められる。子どもの内面を感知し理解する力量は、実際の子どもとのかかわりのなかで子どもの発達をとらえることで養われていくものであり、保育実践の絶えざる省察（振り返り）と同僚との対話などを通して、時間をかけて醸成されていく。

　ただし、そうした力量は、保育を構成する細部への視座と、日々の記録の蓄積と継続により形成されていくのである。

　さて、保育における保育者と子どもとの関与過程においては、まずは子どもの気持ちや思いを保育者が受け止め、それから保育者の願いを伝えていこうとすることが原則である。乳幼児期の子どもを育てるという営みは、大人の思うことを一方的に「与える」ことや、何かを「させる」ことではなく、何よりも子どもの気持ちや思いを受け止めることを出発点にしなくてはならない。その際、子ども自身がそうしてみよう、そうしてみたいと思えるようにすることが育てる営みの最も大切なポイントであり、「自らしようと思ってする」のと、もっぱら「させられてする」のとでは、子どものこころの育ちが違ってくるであろう。

　子どもの思いを受け止めているところは目には見えづらい。かかわっている保育者自身が自分の身体を通して感じるしかないものであり、気づくしかないものである。しかし、そのように感じ取り、気づくことができるからこそ、子どもの思いに寄り添った対応が可能になる。このようなことを日常的に繰り返し行うことは、結局は子どもと保育者の信頼関係につながり、ひいては子どもの自己肯定感や自己効力感につながっていく。そして、そのようなことを可能にするためにも、子どもの内面に迫った記録を取り続けることが求められるのである。

　子どもの思いを受け止めて、保育者の思いを返す保育の営みを具現化して、〈やらせ保育〉や〈見守るだけの保育〉を変え、〈子どもの思いに寄り添う保育〉の流れをつくり出すことが、今、まさに求められている。

2. 子どもと保育者への視点

　保育という営みの中核は、子どもの表出された姿（行為や表情・言葉など）から

内面をどう理解するかにある。それゆえ、保育者に必要とされる専門性は、目に見えづらい子どものこころの動きに目を向けて、一人ひとりの子どもの内面を感知し理解することである。それにより、それぞれの子どもへの援助やかかわりが大きく変わってくるのである。つまり、保育をどのように行うか、どのような育ちを願って援助していくかの前に、目の前の子どもの姿をどのようにとらえ、その姿や行為にどのような意味を見いだすかが大切なのである。

　保育を省察する際には、子どもと保育者の二者への視点で保育をとらえることが求められる。まず、1日の保育やある期間の保育が終わったときに、その間の子ども一人ひとりの様子を振り返り、幼稚園や保育所での生活と遊びの様子を思い返して、子どもに視点をあてる。続いて、1日の保育やある期間の保育について、自分の保育実践が適切に行えたかどうか（例えば、設定したねらいや内容が適切であったか、さらには環境構成の見通しや援助が適切であったかなど）、保育者に視点をあてて振り返ってみる。

3. 計画・実践・反省（評価）・改善と記録

　保育の営みは、まずは保育者が日々の活動からしっかりと子どもの姿をとらえることがなによりの基礎となる（**第1講 Step 1・2参照**）。その際、子どもの発達の過程や興味・関心などをふまえた日常の記録が要となる。

　続いて、発達の見通しをもちながらねらいを焦点化し、育みたい力として保育者の願いを込めつつ、子どもの行動などを予測しながら計画案を作成するが、この段階においても日々の記録が素地となる。

　そのうえで、計画案を実践するが、実践のあとには子どもの姿や保育者のかかわりなどについて記録を整理する。その際、例えば子どもが何に興味をもちかかわっていたか、何を経験し積み重ねていたか、保育者のかかわりはどうであったかなどについて実践を振り返り、記録しながら反省（評価）を行っていく。

　そして、その反省（評価）をもとに、改善を思考し、あらためて明日の（次の）活動の計画案を構想する。

　このように記録は、保育における計画・実践・反省（評価）・改善の段階のすべての基礎になる必要不可欠なものであり、こうした連鎖的取り組みを継続していくことで、保育者の力量は蓄積的に醸成されていくのである。

4. 記録の教育的機能

　記録を通しての反省（評価）においては、子どもの感覚や思考、保育を支える文脈・状況などを見えるようにする（隠れた学びを可視化する）ことにその本来的意義がある。また、目に見える子どもの外面だけでなく、内面の動きや、その行動が子どもにとってどういう意味や価値があるのかをとらえるのが、必要性のある記録である。

　また、記録は、過去の場面再現であると同時に縮約的整理であり、過去の場面の想起により、そのときに気がつかなかったこと、見えていなかったことなどに新たな気づきや発見をもたらすことがある。

　その日にあったことを振り返り、子どもの様子や保育の諸事象について整理してまとめる。反省（評価）を行い、改善点を見いだし、次の日からの保育につなげていく。記録は「明日はこうしよう」ということを書いて終わりではなく、"あの場面""あの活動"についてもう一度、子どものこころの動きを読み取り直し、保育者としてどのように対応すれば子どもにとってよりよい保育であったのかを考えるものである。

　子どもの行動や自分の指導のあり方等を振り返り、記録を残す作業を重ねることで、保育者の子どもを見る目、こころの動きをとらえる目が育ってくる。つまり、記録を蓄積化することが保育者の専門的力量を高めていくことになるため、記録は保育者の専門性を向上させる教育的機能を有するものともいえよう。

5. 反省（評価）と記録の視点

　評価とは、ものごとの価値を一定の価値観との関連でとらえることである。保育の営みは、一人ひとりの子どもの発達が望ましい方向に向かってうながされるように援助することである。1日の保育が終わったとき、保育者は一人ひとりの子どもの表情・行動・言葉を想起し、なぜ、あのようなことになったのだろう、もっとこうすればよかった、などと反省したり、明日は何をしたらよいかなどを考えたりする。あるいは、実際の子どもの姿と自分のイメージのズレに気づいたりする。つまり、保育者であればだれでもやっていることが"評価"なのである。

　また、保育における評価とは、一人ひとりの子どもをほかの子どもと比べて優劣をつけて評定することではない。保育の営みのなかで子どもの姿がどのように変容していくかをとらえながら、そのような姿を生み出してきた状況について適切で

あったかどうかを検討して、よりよい指導を考えることが評価の重要な意味である。

それでは、いかに保育を反省（評価）し、いかに記録すべきであろうか。

保育においては、一人ひとりの子どもが実際に生活する姿に照らして、次のような視点から指導の過程を反省（評価）し、子どもの発達をうながすためのよりよい指導を生み出すために、記録をし続けていかなければならない。

① ねらいと内容は適切であったか（子どもの姿に合っていたか）
② 環境はふさわしいものであったか（子どもの意欲や主体性を引き出したか、子どもの感じる遊びの楽しさはどこだったか）
③ 子どもは必要な経験を得ていたか
④ 子どもの姿からどのような育ちや目当て、課題（活動における感情や思考の育ち、学びの芽ばえなど）などを読み取ることができたか
⑤ 次に必要な経験は何か（活動の連続性を意識しながら考察する）
⑥ 保育者の援助は適切であったか
⑦ 配慮が必要な子どもへの援助に気をつけていたか
⑧ 職員による協同体制（チームワーク）はとれていたか　　等々

なお、反省（評価）において、子どもが何を感じているのか、なぜそのような行動をするのかなど、表情、行動、雰囲気などから感じ取ることが重要であるため、記録をこのような視点からもう一度とらえ直すことが必要になってくる。

また、子どもを主体とした内容に限定した記録では保育の反省（評価）にならないため、保育者は子どもにどのようなはたらきかけを行ったかも記録することが求められる。その際、どういう場面であり、どういう保育活動のなかの出来事か、環境設定の意図は何か、子どもの行動の予想はどうか、実際の行動は想定内か、それに応じてどのようにはたらきかけを変えたのか、等々、過去の場面を想起して、自らの思惑をも重ね合わせつつ事象を記述しながら、反省（評価）していくのである。

そして、なにより、子どもの問題点に視点をあてるのではなく、子ども一人ひとりのよさや育とうとしている面に視点をあてることが大切である。毎日の保育のなかで子どもの行動をプラスの方向でとらえるように、記録を通して保育者自身が努力を重ねていくことを期待したい。

参考文献

- 津守真『保育の一日とその周辺』フレーベル館,1989.
- 森上史朗・高杉自子ほか編『改訂 幼稚園教育と評価——幼稚園幼児指導要録記入のために』ひかりのくに,1991.
- 文部科学省『幼稚園教育要領解説』フレーベル館,2018.
- 文部科学省『幼稚園教育指導資料第1集——指導計画の作成と保育の展開(平成25年7月改訂)』フレーベル館,2013.
- 文部科学省『幼稚園教育指導資料第3集——幼児理解と評価(平成22年7月改訂)』ぎょうせい,2010.
- 文部科学省『幼稚園教育指導資料第5集——指導と評価に生かす記録(平成25年7月)』チャイルド本社,2013.
- 厚生労働省『保育所保育指針解説』フレーベル館,2018.
- 内閣府・文部科学省・厚生労働省『幼保連携型認定こども園教育・保育要領解説』フレーベル館,2018.

第10講

指導計画の書き方

指導計画には年間指導計画や月の指導計画（月案）などの長期の指導計画と、それらと関連させ、より具体的に子どもの生活に即して作成する週の指導計画（週案）や1日の指導計画（日案）などの短期の指導計画がある。本講ではまず、指導計画の基本的な考え方について理解する。次に、長期の指導計画を作成するうえでの留意点について学び、最後に日案の書き方および個別の支援計画について学ぶ。

Step 1

1. 指導計画とは

　学童期以降の教育が教育課程で決められた目標と内容にそって行われ、その方法が言葉や文字によって伝えられているのとは異なり、保育は生活や遊びを通してさまざまな経験を積むことで知識や技能を育てている。

　幼稚園における教育課程、保育所・幼保連携型認定こども園における全体的な計画は、全在園生活を見通して、子どもの生活や遊びが充実できるよう編成されている。指導計画はそれに基づいて、子どもへの指導として手順や方法を具体的に示したものである。

2. 指導計画の必要性

　指導計画は、子どもの成長・発達を保障するという、保育実践の本来の目的を達成するために作成される。

　人には、それぞれの時期において経験しておかなければならない発達課題があり、乳幼児期の子どもが望ましい発達をするためには、適切な時期に適切な経験ができるよう、大まかな見通しと指導の方向性をもつことが必要である。そのために保育者は、子どもの発達過程に応じて、乳幼児期に経験してほしいことや、その経験を通して子どもに身につけてほしいことを考え、計画を立てることが求められる。

　また、わが国には四季折々の自然の変化や年中行事がある。自然の現象や法則性、その時々に出現する生き物に目を向け、かかわることによって、好奇心や探究心、感性が育つ。年中行事を経験することによって、季節感や日本特有の文化・伝統に触れることができる。こうした自然現象や季節に関係した経験・活動は、時期を逃すと経験できないこともあり、保育者が計画的にはたらきかけることが必要である。

　近年、子どもを取り巻く環境の変化が子どもの生活や発達にさまざまな影響をもたらしている。子どもの遊びに必要な要素である「遊び時間、空間、仲間」に加え、「遊び方」は時代とともに変化し、こうした状況が子どもの人間関係を希薄にし、体験的な遊びの機会を減少させている。この現状を考えても、子どもが集団で生活をする保育所や幼稚園が担う役割は大きいといえる。それゆえ、保育所・幼稚園等は、子どもの発達過程を考慮して、子どもに経験させたいこと、指導する必要のあることを見通しながら指導計画を作成することが重要である。

また、指導計画を立てることによって、保育のねらいが明確になり、どのような環境を構成し、どのような援助を行う必要があるのか、見通しをもって保育を行うことができるようになる。実践後には、自分が子どもをどのようにとらえていたのか、環境構成や援助はどうだったかを振り返ることで改善点が明らかになり、次の実践に活かすことができるようになる。この計画（Plan）→実践（Do）→評価（Check）→改善（Act）の循環を繰り返すことが、保育の質の向上につながることになる（**第 1 講 Step 3 参照**）。

3. 幼児教育の新たな視点

　2017（平成29）年告示の幼稚園教育要領、保育所保育指針、幼保連携型認定こども園教育・保育要領では、共通する幼児教育の新たな視点として、「『育みたい資質・能力』の3つの柱」と「幼児期の終わりまでに育ってほしい姿」が記されている。「資質・能力」は、子どもがさまざまな活動のなかで主体的に環境にかかわりながら、気づくこと・できること、試し・工夫すること、やりたいことに向かってがんばることなど、「生きる力の基礎」を育むために保育者が努めるものとして示されたものである。「幼児期の終わりまでに育ってほしい姿」は、幼児教育の修了時をイメージした子どもの姿であり、保育者が子どもへの指導を行う際に考慮するものとして示されている。これらは到達目標ではなく、子どもの育ちの方向を示したもので、日々の保育のなかで「育っているか」「必要な援助は何か」を意識しながら実践を重ねていくことが求められている。

　このように、幼稚園・保育所・幼保連携型認定こども園では、子どもが主体的・意欲的に活動を展開し、日々こころを動かされながら、安定して充実した生活が過ごせるよう、また発達に必要な経験を積み重ねることができるよう、子どもの全在園期間を見通しながら指導計画を作成することが必要とされている。その際、これまでの実践から得られた反省や記録をもとに、季節の変化や地域の特性、子どもの発達過程、生活の連続性、子どもの興味・関心などを考慮しながら、その年、月、週、日それぞれの指導計画で、子どものなかに育てたいことをねらい（目標、願い）として設定し、必要な環境構成、保育者としての援助を考え、目標に向かって保育が進められる。

Step 2

1. 長期の指導計画

　長期の指導計画は、1年間（4月～翌年3月）の子どもの生活や発達を見通して立てる年間指導計画、1年間を園生活の節目や子どもの状況に合わせて2～4か月ごとの期間に分け、それぞれの時期にふさわしい保育の展開を考える期間（学期）指導計画（年間計画を立てる際、期間に分けて考えることが多い）、1か月を見通して立てる月の指導計画（月案）がある。

　年間指導計画は、園の方針や教育課程・全体的な計画にそって、園生活を長期的に見通しながら、季節感、行事などを取り入れて計画を立てる。月案は、年間指導計画をもとに各月の計画を立てるというように、これらは連続し、関連し合って作成される。

2. 年間指導計画の例

　図表10-1は年間指導計画の例である。年間指導計画は、園の教育課程・全体的な計画をもとに、3月までにどのようになってほしいか、子どもの姿を思い浮かべながら、各年齢の年間目標を設定し、その目標をふまえ、期ごとの子どもの発達の姿を想定し、具体的なねらいを設定する。そしてそのねらいを達成するために必要な内容、環境構成、保育者の援助を、子どもの発達過程や生活を見通しながら、季節や自然事象、社会事象、行事なども考慮して作成する。

　例えば入園・進級当初のⅠ期（4～5月）では、「環境の変化に慣れ、安心して過ごす」ことをねらいとした場合、そのねらいを達成するために、保育者は子どもとの信頼関係ができるように努め、子どもが親しみやすい玩具(がんぐ)を準備するなどして家庭的な雰囲気(ふんいき)づくりをし、園が楽しい場所、安心して遊べる場所という認識がもてるようかかわる。このように、それぞれの時期の子どもの姿を想定し、その時期に必要なこと、大切にしたいことをねらいとし、必要な援助のあり方を考える。

　園生活で行われている行事には、七夕やお月見などの季節ごとに受け継がれている年中行事・節句、母の日や敬老の日などの社会的な行事のほか、各園で実施する遠足、運動会、もちつき、生活発表会、避難訓練などがある。行事の回数が多くなったり、見栄えや評価を意識するあまりに子どもに練習を繰り返させるような「行事のための保育」になってしまうことのないよう、それぞれの行事の意義や目的を考え、子どもの発達や生活経験としてふさわしいもの、子どもの負担にならないものを検討して指導計画に位置づけることが大切である。

月案は、年間指導計画をもとにしながら、前月の子どもの姿から、子どものなかに育ちつつあることを見通してねらいや内容を設定し、必要な環境構成や保育者の援助を具体的に立てるというように、より子どもの実状に応じて立てることになる。

図表10-1　年間指導計画の例

○○幼稚園　3歳児　年間指導計画

年間目標	・園生活に慣れ、自分の好きな遊びを見つけ、安心して過ごす ・保育者や友だちに親しむ				→	園の教育課程・全体的な計画をもとに、年間目標を立てる。
期 （月）	Ⅰ期 （4～5月）	Ⅱ期 （6～8月）	Ⅲ期 （9～12月）	Ⅳ期 （1～3月）		
子どもの姿	・環境の変化にとまどい、登園時に母親となかなか離れられない子どもがいる。 ・身の回りのことを自分でしようとする子どももみられる。 ・園内の遊具や玩具に興味をもち、遊ぼうとする。				→	1年を子どもの園生活の状況に合わせて2～4か月ごとに分け、各期にみられる子どもの姿を予想する。
ねらい	・環境の変化に慣れ、安心して過ごす。 ・園での生活の仕方について知る。 ・保育者や友だちと一緒に遊ぶことを楽しむ。				→	各期の子どもの姿に応じて、この時期にこのように育ってほしいということをねらいにする。
内容	・自分のクラス、担任がわかり、保育者や友だちに慣れる。 ・自分の荷物を置く場所や身支度の仕方を知る。 ・園生活の流れを知る。 ・園内探検をして、園内にあるものを知る。 ・室内では、家庭でも慣れた玩具で遊ぶ。 ・園庭では、固定遊具や砂場で遊ぶ。 ・アリやダンゴムシを見つける。				→	ねらいを達成するためにどのような活動を取り入れていくかを考えて内容を設定する。
環境構成	・個人ロッカーやタオルかけなど、各自が使うものがわかるように個別のマークをつける。 ・子どもが親しみやすい玩具を準備するなどして、家庭的な雰囲気づくりをする。				→	ねらいを達成するために設定した内容に必要な環境構成を考える。
保育者の援助	・不安になっている子どもの気持ちを受け止め、スキンシップを図るなどして、安心できるようにする。 ・身の回りのことができるよう見守ったり励まし、できたときにはほめて満足感が味わえるようにする。 ・家庭との連携を密にしながら、園生活に慣れるように配慮する。 ・安心して遊べるように、常にそばで見守ったり一緒に遊ぶ。 ・身近な虫を一緒に見たり探したりしながら、子どもの発見や驚きに共感する。				→	子どもが環境にかかわりながら行う活動に応じて、保育者が行う援助や配慮する点を考える。
行事	入園式、誕生会、避難訓練、身体計測、親子遠足、子どもの日				→	子どもの園生活が豊かになるような行事、生活に必要な行事を設定する。

Step 3

1. 短期の指導計画

　短期の指導計画は、月の指導計画（月案）をふまえ、1週間という単位で保育の展開を考える週の指導計画（週案）と、登園から降園までの1日の保育の展開を具体的に考えて立てる1日の指導計画（日案）がある。

　週案は、前週の保育の流れや子どもの姿から、曜日や子どもの体調、天候、行事などを考慮して、翌週のねらいと内容、保育者の援助等を考慮して作成する。

　日案は、週案をもとに1日単位で具体的に作成するもので、登園から降園までの1日の生活のなかに動的な活動と静的な活動のバランス、活動の時間と流れ、必要な環境構成、援助を具体的に考える。例えば、前日の子どもの興味・関心、ねらいの設定、環境構成はどうだったかなど、前日の子どもの姿から、反省点もふまえて、翌日の活動の方向性を検討し、計画を立てる。

2. 日案の書き方

　図表10-2は日案の例である。欄ごとに書く内容を説明する。

（1）子どもの姿

　前日までの子どもの発達状況や子どもが興味をもって活動していること、クラスの様子などについて、「～する姿がみられるようになってきた」「～に興味をもって遊ぶ姿がみられる」というように、翌日のねらいや内容につながることを書く。

（2）ねらい

　保育者が提案する「内容」（活動）を経験することによって、子どもにどのようなことを感じてもらいたいか、何に気づいてほしいかなど、保育者の願いや意図を込めて、「～を楽しむ」「～に親しむ」「～に興味をもつ」「～に気づく」「自ら～しようとする」というように、子どもが主語となるように書く。

（3）内容

　ねらいを達成するために子どもに経験してほしいことを、「絵本『○○○○』を見る」「ゲーム『○○○○』をする」というように、子どもを主語にして書く。

　前日までの子どもの姿をふまえて、子どもはこのような状況だからこのねらいでこの活動をしてみようというように、「子どもの姿」と「ねらい」、「内容」はつながりをもたせる。

（4）時間

　1日の生活の流れを時間軸にそって、活動の節目を見計らって書く。

Step1 Step2 **Step3**

図表10-2 日案の例

4歳児　●●組　日案

○○年　6月　○○日（○）	男○名　女○名　計○名	天候　雨
子どもの姿	ねらい	内容
・雨の日が続き、室内での遊びが多くなり、欲求不満気味であるが、グループでの遊びがよくみられるようになってきた。 ・保育室で飼育しているオタマジャクシやカタツムリを観察して、気づいたことを友だち同士で話し合う姿がみられる。	・話を通してオタマジャクシからカエルになるまでの過程を知り、オタマジャクシの生態に興味をもつ。	・ペープサート「オタマジャクシがカエルになるまで」を見る。

← つ　な　が　り　を　も　た　せ　る →

時間	環境構成	予想される子どもの活動	保育者の援助
9:00	・入り口に立って子どもを出迎える。 ・保育室に入ってすぐに子どもの目につくように、水槽を入り口近くに置いておく。 ・製作や玩具など自由に選んで遊べるように、コーナーをつくって準備しておく。	○順次登園する ・保育者や友だちとあいさつを交わす。 ○身支度 ・荷物をロッカーに入れ、タオルをタオルかけにかける。 ○自由活動 ・カタツムリにニンジンや卵のカラなどのエサをやる。 ・保育室のオタマジャクシの水槽の周囲に集まって会話をする。 ・保育者が跳ばすカエルに興味をもち、「ピョンピョンガエル」をつくる。	・子どもが安心して保育室に入れるよう、入り口に立って出迎える。 ・一人ひとり明るくあいさつを交わしながら、健康状態を観察する。 ・荷物をロッカーに入れてから遊ぶよう呼びかける。 ・エサをやることに気づいてあげていることを認める。 ・水槽の周囲に集まっている子どもたちの様子に留意する。 ・あらかじめつくっておいた「ピョンピョンガエル」を跳ばしてみせて、興味をもった子どもにつくり方をていねいに説明する。
10:30	・保育者は壁を背にして座る。 　㊗ 　○○○○○○○ 　○○○○○ 　○○○○ ・保育者の前に集まって座る。 ・ペープサート	○話し合い ・保育者の話を興味をもって聞く。 ・「～してた」「足が出てたよ」など、オタマジャクシを見ていて気づいたことを思い出して発言する。 ・友だちの話をじっと聞いたりうなずいたりする。 ・オタマジャクシを見ていなかった子どもも興味をもって聞く。 ○ペープサート「オタマジャクシがカエルになるまで」を見る ・今から始まる話に期待している様子。 ・オタマジャクシに後ろ足が出て、手が出るなど、変化している様子に気づく。 ・自分が見たオタマジャクシと重ね合わせて、気づいたことを発言する。	・他の遊びをしていた子どももオタマジャクシに興味がもてるよう、保育室で男児たちが見ていたオタマジャクシについて尋ねる。 ・一度に何人も発言を始めた場合、みんなが話したいという気持ちを理解したうえで、1人ずつ名前を呼んで発言をうながし、発見の喜びをみんなで共有できるよう配慮する。 ・それぞれの子どもの発言から、子どもたちがどのようなことに気づいたり感じているのかに留意しながら、「～してたの？　よく見てたね」などと、子どもたちの発言に共感し、オタマジャクシの話をすることを知らせる。 ・全員が見える位置にいるか確認し、見えない子どもがいれば移動するよう声をかける。 ・子どもたちが見やすい高さや向きになるよう気をつける。 ・どの登場人物が話しているかがわかるように、話す登場人物だけを動かす。 ・子どもたちの反応を見ながら、子どもたちがどのようなことを感じながら見ているかに留意する。 ・話の途中でオタマジャクシについて発言する子どもがいれば、自分が見たオタマジャクシのことや気がついたことを話したくなっていることを理解したうえで、話からそれないように、うなずいたり、「そうだね」などと共感しながら話を進める。

左側の注釈:

- 前日までの子どもの状況から、その日のねらいにつながることを書く。
  ①子どもの発達状況
  ②活動（今子どもが興味・関心をもっていること）
  ③クラス全体の状態や雰囲気
  ④子ども同士の関係　など

- 子どもの状況、雰囲気、保育者の提案に対する反応や、どのように活動を展開していくかなどを予測して書く。

- おおよその時間を見計らって、活動の節目の時間を記入する。

- ねらいを達成するために適切なものとなるように、子どもの動線、活動の仕方などを考えて構成する。必要に応じて図示する。

- 廊下や窓の前に座ると、後ろを人が通ると子どもたちの気がそれてしまうので、壁の前に座るなど、留意することを必要に応じて書く。

- その場で必要な準備物を書く。
  製作の場合は使用する道具、材料の数、製作の手順など、ゲームの場合はルールを書く。
  環境が変化するときは再構成することを書く。

- 保育者の提案や言葉かけに対してどのように子どもが反応するか、どのように反応してほしいかを考えて書いていく。

右側の注釈:

- その日のなかで一番中心となる活動
  ・その日のねらいを達成するために保育者が提供すること（子どもが経験すること）。

- 保育を通して子どもに育つことが期待される「心情」「意欲」「態度」
  ・保育者が提供する活動を経験することによって、子どもにどのようなことを感じてもらいたいか、どのようなことができるようになってほしいかなど、保育者の「願い」や「意図」。

- 活動の予測に基づく保育者の細やかなかかわり方や指導・援助を書く。場面や状況に応じて、どのようなことに気を配ることが大切かを考えて文章にする。
  年齢や発達によって援助する内容が違うことに留意する。
  子どもが主体的に活動できるように援助をすることが保育者の役目なので、「させる」「指示する」「してもらう」「してあげる」という表現は使わない。

- マイナスにみられるような子どもの状況も、子どもなりの理由があることを考慮して、援助することを考える。
  基本的に、どのように保育を進めたいかを考えて案を立てていくので、マイナスとみられるような子どもの活動は「予想される子どもの活動」欄には書かず、配慮が必要だと思われる状況は、「～する子どもがいれば、～なるように声をかける」というように「保育者の援助」欄に書く。

- 視聴覚教材は全員が見えることが大切なので、全員が見える位置にいるか確認をするなど、配慮する点は何かを考えて書く。
  子どもに伝わりやすい演じ方など、工夫する点も書く。

第10講　指導計画の書き方

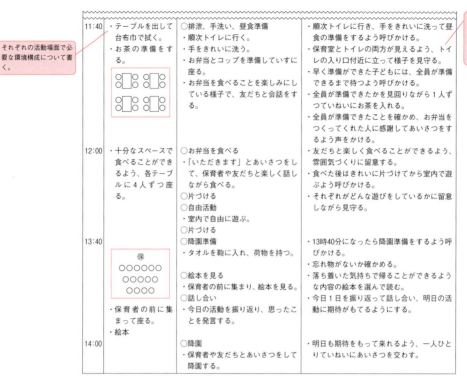

（5）環境構成

　ねらいや内容を達成するために適切なものとなるように、物的環境（用具や素材、数など）や人的環境（保育者や子どもの位置、人数など）、空間の使い方（子どもの動線、活動の仕方、物の配置など）を必要に応じて図示して書く。製作の内容や手順、ゲームのルールなども本欄に書く。

（6）予想される子どもの活動

　保育者の提案に対する反応や、子どもがどのように活動を展開していくかなどを予想して、導入→展開→まとめの流れを考えて書く。

① 導入（活動の提案）

　子どもに興味・関心をもってもらうための大切な段階。子どもが興味をもつような話題を提供したり、子どもに伝わりやすいように視覚的なものを見せるなど、子どもに興味・関心をもってもらう工夫を考える。

② 展開（メインとなる活動）

　ねらいを意識しながら、子どもたちが楽しんでできるような進め方を考える。子どもの動線、活動に必要な準備、子どもへの説明の仕方など、その活動がスムーズに進むようにするために必要なことを考える。

図表10-3 保育者の援助にかかわる書き方の例

言葉かけに関するもの	声をかける、知らせる、伝える、話す、尋ねる、問いかける、提案する、代弁する、助言する、応援する、励ます、誘う、説明する　など
提示に関するもの	見せる、示す、図示する　など
行為に関するもの	配る、手伝う、手を添える、誘導する、一緒にする、準備する　など
子どもの理解に関するもの	理解する、認める、ほめる、受け止める、共感する、寄り添う、見守る、様子を見る、配慮する、留意する、確認する　など

③　まとめ

　活動を振り返り、よかった点、がんばっていた点、工夫していた点などを話し、子どもたちが「またしてみたい」と思うようなまとめ方をする。

　どのように保育を進めたいかを考えて案を立てていくので、「～しない子どもがいる」などマイナスとみられることは書かず、配慮が必要だと思われる状況は「～しない子どもがいれば、～なるように声をかける」というように「保育者の援助」欄に書く。

（7）保育者の援助

　子どもの活動や状況に応じて、保育者の細やかなかかわり方や指導・援助（全体への援助、個別の援助）、場面や状況に応じてどのようなかかわりをすることが必要かを考え、「～なるように、助言する」というように、保育者の意図（理由、目的）も含めて文章にする。図表10-3のように、援助は保育者の行為がわかりやすいように言葉を選んで書く。

　案を立てたら、子どもの興味にそった内容か、内容が子どもの年齢や発達に適しているか、活動のねらいや内容は多すぎないか、全体的な流れ（進め方、子どもの動線）はどうか、子どもたちのいろいろな反応や動きを予測できているか、細やかな援助が考えられているか、ねらいを達成できるような内容かを見直し、何度も頭のなかでシミュレーションし、無理があると思うところがあれば修正する。

3. 子ども理解をもとにした指導計画（個別の支援計画へ）

　指導計画は、子どもの発達の状態や子どもが興味をもっていること、友だちとの関係などを考慮して立てることが大切だが、何よりも、子ども理解をもとにして立てることが重要である。

子どもは一人ひとり性格が違うように、環境の受け止め方、環境へのかかわり方も違う。新しいことを始める時に、ものおじせずに入っていける子どももいれば、慎重な子どももいる。子どもの状況に応じて個別の計画を立てることが必要な場合には、そのような理解をもとに計画を立てる。

　ここでは、身近な事例として、幼稚園に入園したばかりの4歳児を例にあげる。

事例

「ダンゴムシ」（4歳児）

　入園式から数日が経ったが、A児（男児）は集団生活が初めてで園生活になじめず、一人でぼんやり他児が遊んでいる様子を見ながらつまらなそうにしている。クラスのほとんどの子どもは3歳児クラスからの進級で、園内の様子もよくわかっており、すでに友だち関係もできている。保育者は、どのようにすれば、A児がクラスの子どもたちとかかわりをもち、園生活を楽しく過ごすことができるようになるかを考えている。

　保育者がA児に、「ダンゴムシ、一緒に探してみない？」と誘ってみると、A児は保育者についていき、最初は何となく探し始めたものの、そのうちに夢中になって探し、翌日もまたその翌日も探すようになる。そのうちダンゴムシがどのような場所にいるのかがわかるようになり、園庭の隅や花壇などで次々に探し、とったダンゴムシをカップに入れて保育者に見せにくるようになる。保育者は「よく見つけたね。どんなところにいたか教えてね」と、A児の見てほしいという気持ちを受け止め、A児がもっと探してみようという気持ちがもてるよう励ます。

　ダンゴムシ探しが楽しくなってしばらくその遊びが続き、やがて園での様子も安定してくる。クラスのなかでも、自分自身の経験を目を輝かせて話し、友だちの話も自分自身の経験と共有しながら聞いている。そのうちお互いに見つけたダンゴムシを見せ合ったり、見つけた場所の情報を伝え合ったりして会話をする場面もよくみられるようになる。

　保育者が植木鉢を逆さに置いてしかけをしておくと、A児はまるで宝探しをしているかのように、植木鉢をひっくり返してダンゴムシを探す。さりげなくダンゴムシの生態を扱った絵本やダンゴムシの絵本を保育室の絵本棚に並べておくと、A児はめざとく見つけ、夢中になって見る。

　そのうち、数人の子どもがA児の周りに集まり、絵本を一緒に見ながら、植木鉢の下やマットの下など、自分たちが見つけた場所と同じところにいることに気づいたり、ダンゴムシの話の世界に思いをはせ、A児を囲んで会話が弾む様子がみられる。子どもたちのなかでも積極的なB児が「一緒に探そう」と誘い、A児は他の子どもたちと一緒にダンゴムシ探しをするようになる。

　これは、4月によくみられる子どもの姿である。入園（進級）の時期に大切なのは、「保育者や友だちのいる生活に慣れ、安心して過ごす」ことである。そのためにはまず、保育者との信頼関係ができるよう、保育者は子どもに働きかけることが必要である。保育者との信頼関係ができると、子どもは園は安心していられる場所

という認識をもち、自分のしたいことを見つけて遊べるようになってくる。

　事例のなかで、保育者は新入園のA児が新しい環境になじめずに不安を抱えていることに気づき、これまでの経験をもとに、「ダンゴムシ探しに興味をもてば、きっと夢中になって探し、そのうちに楽しくなり、園生活になじんでいくだろう」という予測（見通し）のもとに、A児に働きかけている。

　保育者は、A児と一緒になってダンゴムシを探し、探す時のワクワクした気持ちや見つけた時の喜びに共感し、A児が感じていることを受け止めながら、A児がどのような場所を探しているのかを見ている。そのうちにA児は、自分が見つけたダンゴムシを保育者に見せにくるようになったことから、保育者に対して信頼感をもつようになってきていることがわかる。保育者は、さらにA児の探究心が引き出されるよう環境を構成し、動機づけにつながるような言葉かけをしたり、情報を提供するなどしている。

　A児は、ダンゴムシ探しを通して、園生活のなかに楽しみを見いだし、一人でじっくりとダンゴムシにかかわっていると、そばで同じようにダンゴムシを探している子どもに気づき、今まで知らない者同士であった子どもたちが会話を弾ませて仲良くなったり、お互いに情報交換しながらさまざまな経験を共有するようになっている。

　このように、個別の支援計画を立てる際には、その子どもの気持ちや状況を把握してかかわり方を考えることが必要である。子ども理解をもとに、その経験が子どもにとってどのような意味をもつのか、どのような育ちに結びついていくのかを考え、先の見通しをもちながら具体的に計画を立て、必要な環境構成や援助を行っていくことが保育者には求められる。

参考文献

- 開仁志編著『これで安心！ 保育指導案の書き方——実習生・初任者からベテランまで』北大路書房，2008.
- 厚生労働省編『保育所保育指針解説 平成30年3月』フレーベル館，2018.
- 文部科学省『幼稚園教育要領解説 平成30年3月』フレーベル館，2018.
- 文部科学省『幼稚園教育指導資料第1集 指導計画の作成と保育の展開 平成25年7月改訂』フレーベル館，2013.
- 文部科学省『幼稚園教育指導資料集第3集 幼児理解と評価 平成22年7月改訂』ぎょうせい，2010.
- 文部科学省『幼稚園教育指導資料集第5集 指導と評価に生かす記録 平成25年7月』チャイルド本社，2013.
- 小田豊・中坪史典編著『幼児理解からはじまる 保育・幼児教育方法』建帛社，2011.
- 民秋言編集代表『幼稚園教育要領・保育所保育指針・幼保連携型認定こども園教育・保育要領の成立と変遷』萌文書林，2017.

COLUMN　セミの絵

　真夏の太陽が照りつけるある日、園庭の木々のセミが一斉に鳴いていた。その鳴き声に圧倒されたのか、S児（4歳）は遊びの手を止めて木々を見上げていた。
　その後、S児は保育室に入ると、お絵描きをしている子どもたちの側に行き、自らも絵を描き始め、「おめめおめめ、はねはねはね、ストローストロー、あしあしあし」とリズムにのって歌いながら、スケッチブックいっぱいにクレヨンを走らせた。

　保育者が「Sくん、いっぱい描いたね」と声をかけると、S児は「これがストロー（セミの口）で、これがあしでね、ストローこんなにながかったよ」と話してくれた。一見すると何の絵かわからないかもしれないが、S児はけたたましいセミの鳴き声にこころが動かされ、その様子を今できる技術で自由に表現したのである。
　子どもの豊かな感性と表現力を育むためには、子どもがこころを動かす経験ができるような環境づくり、子どもが感じたことを自由に表現する喜びを味わえることを大切にしたい。

（碓氷ゆかり）

第11講

0歳児の指導計画

　0歳児クラスの指導計画は子どもたち一人ひとりの育ちに応じた内容で、発達段階の道すじを見通して個別に立てられる。計画はあらかじめ立案されるが、日々の子どもの育ちの姿を見極めるために記録を活用し、常に見直しを行うことが大切である。
　本講では乳児の発達を理解したうえで、どのように0歳児クラスの指導計画を立てていけばよいのかを、実際の計画を参考に解説する。

Step 1

1. 乳児の発達の特徴と配慮

　乳児期は、人の一生のうちで最も速いスピードで成長・発達していく一方、心身は未熟な状態であり、ゆっくりと外界に適応していく。母親の胎内環境と外界の環境とは大きく異なり、呼吸や睡眠、栄養摂取といった生理的な現象も誕生したのちに変わるなど、乳児の生活は常に多くの変化のなかにある。また、発達のありようには特徴があり、一定の育ちの道すじをたどって成長していくが、発達の過程には個人差があり、同じ月齢であっても一人ひとりその姿は異なる。そのため保育者は、子ども個々の育ちの姿をとらえ、子どもたちがそれぞれ緩やかに環境へ適応していくための配慮をすることが大切である。

　乳児は、身近な大人を頼りに生活をしていくため、子どもからのさまざまな発信を受け止め、ていねいに接していくことが大切である。

2. 乳児の生活と計画

一人ひとりに応じた内容

　0歳児クラスでは、発達の姿の異なる子どもがともに生活している。例えば、同じ0歳児であっても4か月の乳児はベッドで過ごす時間が長く、10か月の乳児はハイハイなどで室内を元気よく移動しているという姿がある。また、同じ8か月の乳児であっても、つたい歩きをし始めた子どもがいる一方、ハイハイが始まった子どもがいるなど、発達の個人差が大きな時期でもある。

　そのため、0歳児クラスの指導計画は、一人ひとりの育ちに応じた内容となり、発達段階の道すじを見通して個別に立てられる。こうした計画はあらかじめ立案されるが、日々の子どもの育ちの姿を見極めるため記録を活用し、常に見直しを行う。記録には、発達的な観点、人とのかかわりなどの視点があるが、乳児期は日々の活動と子どもの様子を記す「保育日誌」が多く活用されている（**図表11-1**）。

特定の保育者とのかかわり

　乳児期は、特定の大人に生理的な欲求を日々満たしてもらうことで、子どもはその大人に対して安心感を抱き、自らかかわりを求めたり、感情を表出したりするようになっていく。このことを、特定の保育者との情緒的な絆が結ばれるアタッチメント（愛着）の形成という。

図表11-1　0歳児クラスの保育日誌（例）

6月　27日（水）		天気 曇り	室温 22度	湿度 40%	在籍数 4名	出席数 3名	欠席児・欠席理由 さくらいまみ　発熱	
活動					ねらい			
室内遊び　ふれあい遊び 　　　　　音の出る玩具 　　　　　絵本『だるまさんが』『だるまさんと』					落ち着いた環境のなかで、安心して過ごす。 ふれあい遊びで保育者と共にゆったりと楽しむ。			
園児名	健康状態	検温	睡眠	排泄	食事・授乳・おやつ		一日の様子	
けいたちゃん（4か月）	やや不良	8：30　　36.5度 10：50　36.8度 13：50　37.0度 16：30　36.5度	10：30 - 10：50 13：10 - 13：45 15：45 - 16：25	11：10 普通 16：30 軟	9：00　M160cc 12：00　M160cc 15：30　M170cc		母親から昨夜、微熱があったと聞いていた。午前中は少し寝て起きた後もガラガラを振ったり、眺めたりするなど元気よく過ごしていたが、午睡後に体温の上昇がみられた。様子を見ながら、再度検温した際には平熱に戻った。	
ひなたちゃん（9か月）	良	10：05　36.7度 15：00　36.8度	9：30 - 10：00 12：30 - 14：00	15：10 軟	10：10　白湯20cc 11：00　離乳食 　　　　キャロットライス 　　　　キャベツとえのきスープ 　　　　M50cc 15：00　すりつぶしバナナ 　　　　M20cc		最近よく好んでいるガラガラで遊んだり、保育者とのふれあい遊びで「キャッキャッ」と手を出し笑顔を見せた。食欲もあり、食事はすべて食べて、元気に過ごした。 絵本『だるまさんの』を繰り返し見ていた。	
さきちゃん（1歳2か月）	普通	8：35　　36.6度 14：35　36.8度	12：30 - 14：30	10：00 普通	9：30　ビスケット 11：00　離乳食 　　　　キャロットライス 　　　　キャベツとえのきスープ 　　　　バナナ 15：00　バナナ		つまみやボタンなど、どのように使うのかさわって確かめる遊びに集中していた。「ミカン」「バナナ」などの絵が出てくると「アー」と言ってつかみ、食べるふりをしていた。 今日の食事に出たにんじんはよく噛んで食べていた。	

※M＝ミルク

　こうしたアタッチメントの形成が、人への信頼感の基礎となっていく。そのため、乳児期の保育では、特定の保育者との関係性を軸とした生活を構成することが大切である。

身近な環境を通して

　乳児は視力が未発達な時期から、動くものを自ら視線でとらえようとしたり、視界に入るものに関心を向ける姿がある。生後4か月以降、目と手の協応が進む時期には、見た物に積極的に触れようとしたり、舐めたりしようとする。このように、乳児期は、視覚、触覚、聴覚などの五感を通して世界を感じ、環境をとらえている。そのため、乳児の身近なところに魅力的な玩具や環境を用意することで、その物に関心を示し、触ったり、持ったりするなどの主体性が育まれる。

Step 2

1. 保育所保育指針における3つの視点と5領域

乳児――3つの視点

　保育所保育指針（以下、保育指針）では、乳児期の発達の特徴をふまえ、乳児保育のねらいとして、次の3つの視点から示している。

【健やかにのびのびと育つ】
　①身体感覚が育ち、快適な環境に心地よさを感じる。
　②伸び伸びと体を動かし、はう、歩くなどの運動をしようとする。
　③食事、睡眠等の生活のリズムの感覚が芽生える。

【身近な人と気持ちが通じ合う】
　①安心できる関係の下で、身近な人と共に過ごす喜びを感じる。
　②体の動きや表情、発声等により、保育士等と気持ちを通わせようとする。
　③身近な人と親しみ、関わりを深め、愛情や信頼感が芽生える。

【身近なものと関わり感性が育つ】
　①身の回りのものに親しみ、様々なものに興味や関心をもつ。
　②見る、触れる、探索するなど、身近な環境に自ら関わろうとする。
　③身体の諸感覚による認識が豊かになり、表情や手足、体の動き等で表現する。

　この3つの視点は、乳児が緩やかに外界に適応していく特徴をふまえ、1歳児以降の5領域との連続性を見すえた視点となっている。「芽生える」「～しようとする」など、その後の育ちを見通した表現で構成されている。こうした視点には、乳児が心地よい環境のなかで、心身の育ちがうながされ、自ら外界とかかわりをもち、さまざまな芽生えを保育者がとらえることの大切さを示している。

1歳児以降――5領域の視点

　0歳児クラスの子どもたちは、クラスに在籍している年度中に1歳を迎える。そのため保育内容は、保育指針に示された乳児の3つの視点から、1歳以上3歳未満児の5領域（健康・人間関係・環境・言葉・表現）へと展開していく。したがって、指導計画にもこれらを含めて示すことが大切である。

2. 指導計画作成の留意点

養護と教育の一体的な提供

　保育所保育の基本は「養護」である。1日のうち、長時間を保育所で過ごす子どもにとって、安全な環境でいのちが守られ、そして保育者らのかかわりによりこころ穏やかに生活することが重要である。一方で、子どもの生活を守りつつ、豊かな生活へ子どもの世界を広げていくのも保育者の大切な役割である。それが「教育」的な視点である。こうした教育的なかかわりは、養護とともに一体的に行われることが重要である。

　そのため計画の立案の際にも、例えば、子どもがひざに抱っこされながらさまざまな絵本を楽しむなど、保育者の温もりを感じながら、絵本の楽しい世界へ誘われるようなかかわりが大切である。

個別性への配慮

　乳児期は発達のスピードが速く、一定の道すじをたどるが、そのありようには個人差が大きい。また、言語発達は他児に比べてはやいが、運動機能についてはややゆっくりであるなど、それぞれに育ちの姿が異なる。そのため保育者は、子ども一人ひとりに即した計画を立案することが大切である。

ゆったりとした日課

　保育所や幼保連携型認定こども園で生活する子どもたちは、1日9時間から10時間の利用が最も多いというデータがある。そのなかでも0歳児クラスへの入所が認められた家庭は両親ともにフルタイムの就労が多く、低年齢児であるほど長時間保育であるという実態もある。

　朝8時には登園し、夕方18時に降園する子どもは、1日の大部分を保育所等で過ごすことになる。そのような実態をふまえたとき、環境を整えることはもちろんのこと、ゆったりとした日課でおおらかに生活をとらえることが大切である。

3. 年間指導計画の実際

　年間指導計画とは、一年間のクラスの保育内容と目標を示した長期の指導計画である。クラス編成がなされ、子どもたちの月齢など子どもの実態に合わせた形で、

4月当初に作成される（**図表11-2**）。各園の全体的な計画をベースにし、園の目標を具体的に実践するための年間の計画である。

「年間目標」については、0歳児と1歳児のそれぞれに、1年間の育ちを見通して立案される。期の目標は、各園の期の区切りごとにその季節に適した内容に即して、「育ちのねらい」、また、「養護のねらい」について立案される。園によっては、期間（学期）指導計画（期案）が立てられることもある。

この時期は、月齢により発達の姿が異なるので、子どもの一年間の育ちを予測し、「子どもの育ち」に示すとともに、それぞれの時期に適した「環境構成・援助・配慮」を記している。

4. 月の指導計画（月案）の実際

月の指導計画とは、月ごとのクラスの保育内容と目標を示した長期の指導計画である。月案とも呼ばれる。

年間指導計画、期間指導計画などの目標をもとに、月の「ねらい」が立てられる。また、行事予定などを示し、その月の子どもや保育の展開についてあらかじめ予測を立てている。「家庭との連携」「食育」などについては、その月を通して心がけたい内容を記している。また、子ども一人ひとりの生活や配慮について、具体的な計画が示されている（**図表11-3**）。

5. 週の指導計画（週案）の実際

週の指導計画とは、週ごとのクラスの保育内容と目標を示した短期の指導計画である。週案とも呼ばれる。

年間指導計画、月の指導計画などの長期の指導計画で立案された目標の達成のために、より具体的な実践に即した形で立案される。また、その週の行事予定ならびに活動計画が示されており、その週に展開される予定の保育内容が具体的に示されている（**図表11-4**）。

図表11-2　年間指導計画の作成例（0歳児クラス）

年間目標	0歳児 ○安全な環境で心地よく過ごせるようにする。 ○生理的欲求を受け止めてもらい、保育者との情緒的な絆を築く。 ○感覚の発達を豊かにし、身の回りの物への興味や関心を広げる。		1歳児 ○安全な環境でのびのびと身体を動かし、心身の発育をうながす。 ○保育者との一対一のふれあいを通して、情緒の安定をうながす。 ○自分の思いを喃語や指差しなどの表現を通し、伝えようとする。	
期	春期（4・5・6月）	夏期（7・8・9月）	秋期（10・11・12月）	冬期（1・2・3月）
育ちのねらい	・安心してまわりの環境にかかわろうとする。 ・手指の発達に適した玩具で楽しむ。 ・戸外遊びや散歩などで外気浴を楽しむ。	・水遊びを通して、感触遊びを楽しむ。 ・砂遊びなどで楽しく遊びを展開する。 ・身近な玩具を触ったり、つかんだり、舐めたりしながら環境とかかわろうとする。	・身の回りの自然物に興味、関心をもつ。 ・戸外遊びを通して、身体を動かしたり、自然に触れて遊んだりして、探索遊びを楽しむ。 ・安心できる環境のなかで、指差し、喃語などで自分の思いを表そうとする。	・戸外遊びを通して外気に触れ、健康に過ごす。 ・さまざまなものへの興味や好奇心が広がり、探索遊びを楽しむ。 ・保育者を仲立ちとして、友だちとのかかわりを喜ぶ。
養護のねらい	・家庭との連携をとり、24時間をとらえた生活を考える。 ・担当の保育者とのかかわりを通して、生理的欲求を満たし、情緒的な安定をうながす。	・家庭との連携を密にし、体調管理に十分に気をつけて健康に過ごす。 ・身近な信頼できる保育者に気持ちを受け止めてもらいながら、安心して過ごす。	・体調管理に配慮し、健康な身体づくりをする。 ・特定の保育者との愛着が形成され、発声や喃語を通して安心して自分の思いを表す。	・自分のやりたい気持ちを受け止めてもらいながら、満足感を得て過ごす。 ・体調管理に配慮し、外気浴や散歩を行う。

	3か月未満	3か月〜6か月未満	6か月〜9か月未満	9か月〜12か月未満	12か月〜 1歳6か月未満	1歳6か月〜 2歳未満
子どもの育ち	・約3時間ごとに睡眠と覚醒を繰り返している。 ・不快になると泣いて表す。 ・手を柔らかく握っている。 ・視覚はぼんやりとしており、動くものを目で追う。 ・空腹になると泣いて知らせる。	・首がすわり、寝返りがみられる。 ・玩具に手を伸ばしたり、触ろうとしたり、握ろうとする。 ・要求を泣いて表す。 ・機嫌がよい時には声を出して遊んだり、喃語を発したりする。 ・授乳、排泄、睡眠などのリズムが一定になってくる。	・人見知りや保育者、保護者への後追いがみられる。 ・自由に寝返りをし、腹ばいずりばいで移動しようとする。 ・ひとり座りが安定する。 ・目に入るものに関心を示す。 ・離乳食の1回食、2回食が始まる。	・ハイハイが進み、つかまり立ちやつたい歩きをするようになる。 ・保育者に指差しや喃語で自分の思いを伝えようとする。 ・手づかみ食べなどで、自分で食べようとする。 ・離乳食の3回食を食べ始める。	・つたい歩きからひとり立ち、ひとり歩きを始める。 ・よちよち歩きがみられるようになる。 ・フォークやスプーンを使おうとし始める。 ・一語文が出てくる。 ・身近な友だちに関心が出てくる。 ・離乳食の完了に向けて食事を進める。	・探索遊びを楽しむ。 ・砂遊びでは、スコップを使って楽しむ。 ・フォークやスプーンを使って食事をする。 ・友だちへの関心が広がり、模倣遊びもみられる。 ・自我が芽生え始める。 ・幼児食が始まり、食への関心が高まる。
環境構成・援助・配慮	・心地よい環境を整え、穏やかに過ごせるよう配慮する。 ・担当の保育者との一対一のかかわりを大切にする。 ・窒息に配慮し、室内環境を整える。 ・窒息やうつ伏せ寝に配慮し、呼吸や顔色などを定期的に確認する。	・子どもの育ちに適した玩具を用意し、こまめに消毒し清潔を保つ。 ・担当の保育者との一対一のかかわりを大切にする。 ・泣きや要求に対し、応答的に対応する。 ・睡眠中は呼吸や顔色などを定期的に確認する。	・子どもの不安などの思いを受け止め、要求を満たしつつ、常に安定して過ごすようにする。 ・子どもの意欲を引き出せるよう、魅力的な玩具を用意する。 ・子どもからの発信を受け止め、応答的に対応する。 ・SIDSの予防を心がける。	・離乳食では、自分で食べようとする意欲を大切にする。 ・安全な環境に配慮し、つかまり立ちや伝い歩きが楽しめるようにする。 ・転倒によるけがを予防し、柔らかい素材を用意するなど、室内環境を整える。 ・指差し行動や喃語などの発信を受け止め、応答的に対応する。 ・SIDSの予防を心がける。	・行動範囲が広がるので、安全を心がけるとともに、戸外でものびのびと歩行や探索ができるように配慮する。 ・色々な食材を食べようとしたり、自分で食器を使って食べるなどの楽しみがみられるようになる。 ・保育者を仲立ちとして、友だちに関心をもつ。 ・SIDSの予防を心がける。	・探索遊びが楽しめるように、室内環境の工夫をしたり、戸外遊びの経験が増えるように心がける。 ・友だちへの関心が広がる姿から、仲立ちを通して、ともに生活することの楽しさが感じられるようにする。 ・繰り返しの遊びを楽しめるよう配慮する。 ・自分の思いの表出を受け止め、自我の芽生えを大切にする。 ・SIDSの予防を心がける。

図表11-3 月の指導計画（月案）作成例（0歳児クラス　6月）

ねらい	・子どもたちが園での生活、授乳や離乳食、睡眠など安心して過ごせるようにする。 ・保育者と一対一の関係を育み、情緒的な絆を深めていく。 ・ソフトブロックなどで、室内での遊びを楽しめるようにする。 ・手指の育ちに合わせた玩具で楽しく遊ぶ。		行事予定	誕生会	
家庭との連携	・連絡帳などを通し、体調や家庭での様子などを確認し、こまめに観察することにより、子どもの体調の変化に気づけるようにする。 ・感染症などの流行の兆しがみられる時には、速やかに伝える。		食育	・子どもたち一人ひとりの育ちを見ながら、個々に合わせた授乳や離乳食の提供を行う。 ・安心した環境で、食事を摂れるように心がける。	
月齢	けいた（0歳4か月）	ひなた（0歳9か月）		さき（1歳2か月）	
子どもの姿	・授乳の要求がみられ、授乳間隔が安定してきている。 ・玩具に関心をもち、手を伸ばしたり持とうとする様子がみられる。	・手すりを使って立ち上がろうとしたり、壁つたいにつたい歩きをしようとしたり、立ち上がって歩くことに意欲的な様子がみられる。 ・感触遊びが好きで、意欲的に手を伸ばして触るなどを楽しむ様子がみられる。 ・離乳食がすすみ、指差しなどで食べたいものを要求する様子がみられる。		・つかまり立ちから一人立ちがみられ、目的の場所に向かおうとする意欲がみられる。 ・有意味語が増え、言葉で表そうとする。 ・保育者とのふれあい遊びを楽しみ、絵本にも関心を示している。	
養護	・授乳や睡眠など生活リズムが安定し、目覚めている時に機嫌よく過ごせるようにする。 ・喃語に優しく応答されながら、安心感がもてるようにする。 ・生理的欲求を受け止めてもらいながら、安心して生活する。	・食事や睡眠など生活リズムが安定し、担当保育者とのふれあいで安心して過ごせるようにする。 ・生理的要求を受け止めてもらいながら、思いを伝えようとする姿を大切にする。		・生活リズムが整い、午睡は保育者がそばにいると安心して入眠している。 ・朝の受け入れ時などは泣いていることが多いが、本児が安心して過ごせるよう保育者がていねいにかかわり、不安が取り除けるようにする。 ・食が進まないことがあるので、食べやすさや安心を心がけ、うながしていきたい。	
教育（三つの視点）	・カラフルでつかみやすい玩具や音の出る玩具などを用意する。 ・担当保育者とのふれあい遊びを十分に楽しみ、愛着関係が形成できるようにする。 ・静かな環境のなか、見守られ安心して眠ることができる。	・ハイハイでの移動やつたい歩きが安全に楽しめるように配慮する。 ・お気に入りの絵本や玩具を見つけ、手にとれるよう本児の近くに置くようにする。つかんだり、握ったり、投げたりと、玩具と親しむ環境を用意する。 ・担当保育者とのふれあい遊びを十分に楽しみ、愛着関係が形成できるようにする。		教育（五領域）	・一人立ちで、一歩また一歩と歩き始める様子がみられるので、安全に配慮し援助する。 ・担当保育者をよりどころに環境にかかわる。 ・絵本への関心があるので、一対一でゆったりとかかわり、安心と絵本への興味を育む。 ・一語文が現れてきたので、発語を受け止め応答的に返していくようにする。 ・指さしや発語などで自分の思いを表そうとする姿を大切に、応答的に対応する。
環境構成・援助・配慮	・うつ伏せの状態にならないよう、周囲の寝具の状態や安全なスペースを確保する。 ・本児が安心して過ごせるよう一対一でかかわり、ふれあい遊びを通して愛着関係を築いていく。 ・落ち着いた環境のなかで、授乳が進められるように心がける。	・園の生活に慣れ、落ち着いて過ごしている。また、自ら好きな玩具を見つけたり、他児の玩具を興味深そうに見たりするなど意欲がみられる。 ・食事は自ら食べようとする意志がみられるので、引き続きその気持ちを大事にしてさらに食事への関心が高まるようにしていきたい。		・探索行動が多くみられるようになってきたので、さまざまなおもちゃなどに関心がもてるよう、視界に入りやすい環境構成を心がける。 ・保育者の提案のもと、いろいろな遊びに気がつき、好きな遊びがみつかるよう配慮する。 ・咀嚼力が弱いので、食事の食べやすさに配慮したい。	

図表11-4 週の指導計画（週案）作成例（0歳児クラス　6月）

週のねらい	子どもの姿	行事
・雨の日には、室内での遊びを楽しむ。 ・天気のよい日には砂遊びを楽しんだり、戸外での散歩を楽しむ。 ・さまざまなものに意欲的にかかわり興味を示して、触ったり、触れようとする。 ・保育者との愛着関係のもと、落ち着いた環境のなかでゆったりと睡眠する。	・低月齢の子どもは、落ち着いた様子で環境に慣れ親しんでいる様子がある。 ・高月齢の子どもは、探索活動を楽しむ姿がみられる。 ・自ら玩具を選んで触って試したりという姿がある。 ・砂・水などの自然物の感触に親しむ姿がみられる。 ・感染症の流行があり、欠席する子どもが多い。	誕生会

		6月25日（月）	6月26日（火）	6月27日（水）	6月28日（木）	6月29日（金）	6月30日（土）
活動計画		室内遊び	室内遊び 運動遊び：高月齢児	室内遊び	室内遊び　探索遊び 園庭で外気浴	室内遊び　探索遊び 誕生会	異年齢による合同保育 室内遊び 園庭で外気浴
予想される子どもの姿	低月齢	・休み明けで体調が優れない子どもがいる。	・保育者に見守られながら、ゆったりとした環境のなかで過ごす。 ・高月齢児の運動遊びをみて楽しむ。	・保育者に見守られながら、ゆったりとした環境のなかで過ごす。 ・保育者のひざの上で、ふれあい遊びや絵本などを楽しむ。	・保育者に見守られながら、ゆったりとした環境のなかで過ごす。 ・晴れた日には園庭で外気浴を楽しむ。	・保育者に見守られながら、ゆったりとした環境のなかで過ごす。 ・誕生会では、保育者に抱っこされて共に楽しむ。	・普段とは異なる環境で過ごすため、戸惑う様子がみられる。
	高月齢	・休み明けで体調が優れない子どもがいる。 ・室内での遊びを楽しもうとする姿がみられる。	・室内で安心して好きな遊びを楽しむ。 ・室内でからだを動かす遊びを楽しむ。	・保育者とのふれあい遊びを通し、落ち着いて遊びを展開することができる。	・室内遊びでは、好みの玩具で遊ぶ姿がみられる。 ・砂場での遊びを楽しむ子どもがいる。	・室内で安心して好きな遊びを楽しむ。 ・前日の遊びの繰り返しを、期待感をもって取り組む。	・異なる年齢の子どもたちとのかかわりを楽しむ。 ・普段とは違う玩具などに関心をもつ。
援助・配慮		・受け入れの健康観察をていねいに行い、休み中の子どもの様子について把握するようにする。 ・活動時間にゆとりをもつようにし、子どもたちがゆったりと過ごすことができるようにする。 【環境】 玩具　絵本	・子どもたちの行動範囲が広がっているので、室内では十分に探索遊びが楽しめるように環境を整える。 ・運動遊びでは、転倒に気をつける。 【環境】 玩具　絵本 ソフトブロック マット シート ベビートンネル ベビーすべり台	・保育者とのふれあい遊びを通し、一人ひとりとていねいにかかわるようにする。 ・体調の変化に留意する。 【環境】 玩具　絵本	・子どもたちの様子と室内で分かれるなど、少人数でゆったりと過ごしやすい環境をつくっていく。 ・活動量が増えて、疲れやすくなることに配慮し、活動後にはしっかりと休息がとれるようにする。 【環境】 玩具　絵本 砂場遊びの道具　スコップ　型など	・週の後半にきていることもあり、疲れもみられるようになるので、体調の変化に留意する。 ・誕生会では、なれない環境に驚く子どもに対応する。 ・子ども一人ひとりの好きな遊びを把握し、期待をもって遊びに取り組めるように配慮する。 【環境】 玩具　絵本 砂場遊びの道具　スコップ　型など	・異年齢合同保育で普段とは違う保育室で過ごしたり、保育者が通常とは異なったりするため、保育者同士の連携を密にし、子どもたちが落ち着いて過ごせるようにする。 【環境】 玩具　絵本

Step3

0歳児クラスの指導計画の作成

環境にメリハリをつける

　0歳児は、継続して活動することが難しいことから、環境をその都度適切に変化することが大切である。**図表11-5**の指導計画では、子どもの関心や活動の状態に合わせて、遊具の形を変えたり、出したりしまったりすることで、子どもの活動を広げる工夫をしている。これは、幼児期のように保育者の言葉かけによって活動を展開するのではなく、視覚的な環境にからだの動きを合わせていくという特徴があるためである。

　物の配置や効果的なタイミングなどの工夫を表すために、指導計画では、環境図などを利用し、環境の変化を明確に示している。

養護的な観点を取り入れる

　0歳児クラスについては、個々の生活リズムに即して展開されるため、園の時間軸にそった計画の実施にこだわらずに、子どもの状態に応じて緩やかに立案することが大切である。

　保育者がそばで見守り、また声をかけたり、手をそえたりすることで、子どもも安心して活動に集中することができる。さらに、保育者のもとで休んだり、時折抱きしめたりするなどの配慮も計画のなかに取り入れている。

子どもの状態に応じる

　個々の生活リズムに合わせて立案し、無理強いすることなく、実践につなげることが大切である。一人ひとりの今の育ちの状態をとらえ、予想される活動を子どもの具体的な姿を予測して活動の展開を考える。環境との関係性のもち方にも個性があり、新しい遊具にすぐにかかわりをもとうとする子どももいれば、新しい物にはなかなかかかわろうとしない子どももいる。また、体調や総合的な機嫌が活動に大きく影響するのもこの時期の特徴である。

　そうした点では、計画ありきでなく、「子どもの状態がよければ取り組んでみよう」というように柔軟に実践する心構えも大切である。

図表11-5　0歳児クラスの指導計画作成例「ハイハイ・アンヨで遊ぼう」

〈時期〉　0歳児　6月	〈対象クラス〉在籍　6名（男児3名　女児3名）

〈活動名〉ハイハイ・アンヨで遊ぼう	
〈子どもの姿〉 [生活] ・園生活にも慣れてきた様子がみられ、特定の保育者との愛着が形成されている。 ・B児は離乳食が進んでいる。 ・保育者の援助を得ながら、生活リズムが整っている。 [遊び] ・A児はメリーをじっと見つめている。ガラガラを持とうとする。 ・B児・C児・D児はハイハイを楽しむ。 ・E児・F児は歩き始めている。 ・低めの台に登ったり降りたりすることを楽しむ。 ・好みの玩具を手に持つなど、巧緻性が芽生える。	〈ねらい〉 ・広いスペースで伸び伸びと、自らからだを動かすことを楽しむ。 ・触る、探索するなどを通し、身近な環境に自分からかかわろうとする。 〈内容〉 ・保育室で、ハイハイを楽しんだり、ソフトブロックや台に登ったり、降りたりする遊びを楽しむ。

時間	予想される子どもの言動	保育者の援助と留意点・環境構成	
10：00	○保育者の声かけに反応している。	・一人ひとりの顔色を見たり、様子を見たりして、体調を確認する。 ・おむつの状態を見て、必要に応じて取り替える。	
	○遊具を見て、遊具に近づく。 ・やってみようとする。 ・関心をもった遊具から遊び始める。 ・A児は保育者とともに他児の様子を見ている。	保育室中央スペースに設置する。 ①ベビーすべり台 ②マット、ソフトブロック ・遊び始める子どもたちのそばにいる。 ・子ども同士が衝突することのないように配慮する。	環境図A 
10：10	○遊具①と②で遊ぶ。 ・B児、C児、D児はハイハイで楽しむ。 ・E児、F児はゆっくり歩いて楽しむ。 ・逆方向から進もうとする子どもがいる。 ・繰り返しの遊びを楽しむ。 ・遊具ではなく、ハイハイを楽しむ子どももいる。 ・保育者に誘われて、①と②の2つを楽しむ。	・E児、F児の転倒に気をつける。 ・B児、C児、D児の身体を支える。 ・他児の様子を見ているA児に、抱っこしながら声をかける。 ・逆方向から入ろうとした場合には、声をかけて衝突しないように配慮する。 ・子ども同士が互いの様子を見ている。 ・繰り返し遊びたい子どもの気持ちを尊重する。 ・①と②それぞれに誘いかけてみる。 ・一人ひとりに対応する。 ・子どもたちに声をかけたり、拍手したりして、励ます。 ・時折、抱きしめたり、ひざの上に座らせて他児の様子を見られるように配慮する。	環境図B 
	○遊具③で遊ぶ。 ・ベビートンネルを見て、興味をもつ。 ・B児は初めてトンネルで遊ぶ。 ・C児とD児、E児、F児は、喜んで遊び始める。 ・トンネルに関心を示さない子どももいる。	③ベビートンネル ・子どもたちの様子を見ながら、ベビートンネルを出す。 ・トンネルに入る方向が一方向であるように心がける。 ・衝突と転倒に気をつける。 ・関心を示さない子どもには誘いかけてみる。	環境図C 
10：20	○遊具②と③で遊ぶ。 ・トンネルを繰り返し楽しむ。 ・マットの上で転がったり座ったりして遊ぶ。 ○各々の遊びに移る。	・子どもの遊びの様子から、①すべり台をしまう。 ・ソフトブロックをマットの上からおろし、活動が変化するように配置する。 ・マットの上でゆったりと遊ぶ子どもを見守る。 ・子どもの遊びの様子を見て、ベビートンネルをしまう。 ・子どもの様子から、マットを残して遊びの余韻を楽しむ。	

COLUMN　睡眠リズムと保育の計画

　新生児の1日は、昼夜の区別なく、約3時間ごとの睡眠と覚醒を繰り返している。このことを多層性睡眠という。その眠りは浅く、レム睡眠の状態が長く続くと考えられている。1歳ごろになると夜間に長く眠ることができるようになるが、引き続き、日中の睡眠が必要な時期である。そのため0歳児クラスでは、午前寝をする子どもも多い。また、家庭での睡眠時間が直接影響するため、その日の体調や睡眠リズムを考慮する必要がある。

　こうした睡眠のメカニズムを理解したうえで、また、家庭との連携を通して計画を立てることが大切である。

（堀　科）

第12講

1歳以上3歳未満児の指導計画

本講では、1歳以上3歳未満児の子ども理解を通し、指導計画の立案ができることを目標とする。子ども理解とは、子どもの発達の理解だけではなく、子どもの興味関心への表現に対する温かいまなざしや保育者のかかわりを指す。実践、振り返り、改善へとつなげられるように、指導計画の立案のポイントを解説する。

Step 1

1. 1歳以上3歳未満児の理解と保育内容

　ここでは、保育所保育指針（以下、保育指針）第2章「保育の内容」に記載される「1歳以上3歳未満児の保育」についての理解と保育内容について述べる。この時期の子どもの育ちには、**図表12-1**のような特徴がみられる。

　1歳以上3歳未満児は、身体的機能が整うことにより、自分の思いどおりにできることも多くなる。それゆえに「自分でやってみたい時期」「自分でやろうとする時期」といえる。しかし、「自分で」という気持ちは強くても、実際にはまだ大人の援助を多く必要とする時期である。自分の気持ちを言葉で上手に表現できるわけではなく、その気持ちを表現できずにもどかしく感じている様子もみられる。そのような子どもの様子を温かく見守り、「自分でやりたい」気持ちを受け止めながら援助するのが保育者の役割となる。

2. 保育所保育指針における「1歳以上3歳未満児の保育」

　2017（平成29）年告示の保育指針では、これまでの8つの発達過程区分から、3つの発達の区分になった。この区分のなかで、乳児は5領域ではなく、乳児を主体

図表12-1 1歳以上3歳未満児の育ちの特徴

身体の育ちの特徴	・歩き始めから、歩く、走る、跳ぶ、階段の上り下りなどの運動機能が次第に発達する。 ・排泄のための身体的機能が整うようになる。 ・つまむなど指先の機能も発達する。
言葉の育ちの特徴	・言葉への理解が進み、自分の意思を親しい大人に伝えたいという欲求が高まる。 ・指さし、身振り、片言などを使い、応答的な大人とのやりとりのなかで、次第に自分の気持ちを表出できるようになる。 ・発声が明瞭になり、語彙も増える。
人とのかかわりの育ちの特徴	・自己主張することが多くみられる。 ・周囲の人への興味や関心が高まり、自発的にはたらきかけていくようになる。
生活の育ちの特徴	【食】 ・離乳食から幼児食へと移行し、手づかみからスプーン等の道具を使って食事をするようになる。 【衣服の着脱】 ・衣服の着脱も脱ぐ、着るという順で自発的に取り組もうとする。次第にボタンを留めるなど指先を使ってできることにも取り組む。 【その他】 ・手を使ってできることが増え、身の回りのことを自分でしようとする。

に3つの視点から保育の内容を示している。1歳以上3歳未満児は3歳以上児と同様に「健康」「人間関係」「環境」「言葉」「表現」の5領域で示されている。

　しかし、3歳未満児では養護的なかかわりも多くあり、3歳以上児と同様の内容というわけではない。乳児からの育ちがあり、3歳以上児へと向かう時期に育ちの連続性を考慮した生活と遊びが展開されるようにしたい。

　乳児の保育内容として示された「健やかに伸び伸びと育つ」視点は、1歳以上3歳未満児では、身体感覚が育ち、伸び伸びと身体を動かし、生活のリズムの感覚が芽生えることから、主に「健康」へとつながっている。「身近な人と通じ合う」視点は、乳児からの働きかけを周囲の大人が受容し、応答的に関与する環境の重要性をふまえて記載していることから、主に「人間関係」や「言葉」の領域へとつながっている。また、「身近なものと関わり感性が育つ」視点は、乳児が好奇心をもつような環境構成を意識して記載していることから、主に「環境」や「表現」の領域へとつながっている。

　1歳以上3歳未満児は、乳児と3歳以上児のはざまの時期であることを考慮して保育の計画を立案することが必要となる。

　保育指針では、「育みたい資質・能力」の3つの柱を「知識及び技能の基礎」「思考力、判断力、表現力等の基礎」「学びに向かう力、人間性等」としており、その具体例として「幼児期の終わりまでに育ってほしい姿」（10の姿）を示している。これらは幼児教育を行う施設において共有すべき事項であるが、5歳児後半に突然表出するようなものではなく、0歳児より徐々に育まれていくものである。

　1歳以上3歳未満児では、乳児期に獲得したさまざまなことを基礎とし、身近な大人の温かいまなざしの援助を受けながら、少しずつ自らの世界を広げていく様子がみられる。保育者は「自分でやってみたい」という「学びに向かう力」を見守りながら、子どもが自らかかわり学ぶ環境構成を行う。

Step 2

1. 1歳以上3歳未満児の指導計画

　1歳以上3歳未満児の指導計画を立案する場合、その年齢だけを考えればよいわけではなく、保育所の全体的な計画[*1]をとらえておく必要がある。1歳以上3歳未満児の指導計画やその他の計画（食育計画や保健計画など）は、全体的な計画をふまえて作成される。1歳以上3歳未満児の指導計画の立案の場合も、全体的な計画やその他の計画のつながりを考えたうえで作成する必要がある。ここでは、1歳以上3歳未満児の指導計画のポイントについて学ぶ。

　1歳以上3歳未満児は、乳児期から次第に基本的な運動機能が発達し、思うように自分のからだを使ったり、手を使ってできたりすることが増え、また、生活リズムが整いはじめ、「自分でやってみたい」気持ちの高まる時期である。さまざまなことに自ら取り組みたい気持ちと、うまくできないもどかしさが同時に現れるこの時期には、さりげない保育者の援助が必要となる。乳児の育ちから3歳以上児の育ちへと移行していくなかで、食事、排泄（はいせつ）、睡眠（すいみん）、衣服の着脱、清潔など、まだ養護的なかかわりが多い時期でもある。それらの養護的な側面を中心としながら教育的な側面を取り入れていく形となるのが、1歳以上3歳未満児の保育となる。

　指導計画の立案においても、そのことを念頭におき、子どもの生活を中心にていねいにかかわりながら、子どもが健やかに育つための教育的かかわりを大切にした計画を展開できるようにしたい。

　また、3歳未満児の保育は、複数の保育者によって行われている。保育士の配置人数は、子どもの年齢により異なる。複数の保育者により行われるため、指導計画をもとに保育者同士が保育の方向性を共通に認識することが必要となる。子どもへの適切なかかわりはどのようなものか、保育を行う環境としてどのようなものが望ましいのか、どのような視点で子どもの記録をとることが求められるのかなど、互いの保育観を含めて知っておきたい。

　そのためには、子どもの情報（体調、昨日からの変化等、保護者とのかかわりなど）を共有したり、細やかな援助などを伝達し合い、協働しながら保育を進める意識が必要となる。保育実習生に関しても、反省会などを通して、守秘義務（しゅひぎむ）をふまえたうえで、保育者の考え方や子どもの情報共有の方法などを学ぶ機会としたい。

[*1] 保育所への入所から小学校就学前までの在籍期間のすべてにわたる計画を指し、関係法令や各園の保育方針などをふまえて作成されたものである。

2. 個人差を考慮した指導計画

　3歳未満児は、心身の発育・発達が顕著（けんちょ）であり、月齢や年齢、経験などによる個人差も大きいことにより、個別に指導計画を作成することが必要となる。乳児は特に個別の指導計画作成が基本となるが、1歳以上3歳未満児は、個別的な指導計画の作成が基本となりつつも、集団のなかで育つことを意識した指導計画となることが望ましい。一人ひとりの違いを大切に、適切なかかわりを考慮しながらも、集団のなかで友だちとかかわりながら育つことを意識すると、集団でのねらい等がみえてくる。

　指導計画の「子どもの姿」を記入する場合、クラスを構成する年齢の発達の特徴（ちょう）や、子どもの興味関心（きょうみかんしん）を記入するが、同時に個別の発育・発達、興味関心の方向などを記入するようにしたい。集団生活のなかで、一人ひとりにていねいに対応することを可視化（かしか）できるような指導計画の作成が求められる。

3. 家庭との連続した生活を考慮した指導計画

　1歳以上3歳未満児のクラスでは、特に家庭との連携を意識し、子どもの生活は一日24時間で構成されているという視野をもったとらえ方をする。保育の場での子どもの様子をみていると、降園時の子どもの様子や経験が翌日の登園時に直結しているわけではなく、降園時以降に家庭や地域で過ごす時間の経験等が翌日の登園時の子どもの姿につながり、子どもの生活は保育所と家庭の連続した時間のなかにあることがわかる。そのため指導計画を立案するときは、一日24時間を通して子どもの姿をとらえることが必要となる。

　夜遅くまで起きている翌日には、朝の機嫌が悪かったり眠そうだったりすることがある。前日は保育所でも家庭でも元気だった子どもの体調が急に変化することもある。そのため、保育者は、朝夕の送迎時の保護者との会話や、連絡帳等を通して情報共有を密にしなければならない。1日だけでなく、年間を通して、クラス懇談（こんだん）や個人面談などを通じて、家庭との連携を図っている。

　指導計画は、家庭との連携を視野に入れた行事等も取り込んだ計画としたい。

4. 指導計画作成のポイント

1歳以上3歳未満児の生活を中心とした指導計画

　3歳未満児は、1日の生活リズムをつくっていく時期にあり、生活リズムは身近な大人とのかかわりのなかで築かれる。デイリープログラムは、乳幼児の1日の生活の流れを示したものである。図表12-2に示すような生活の流れを計画したものから、保育者の援助や配慮を記載したものまで、各園によってその内容はさまざまである。

　3歳未満児では養護的なかかわりが中心となり、1歳以上3歳未満児でも、一人ひとりに対応したデイリープログラムが計画されることが望まれる。家庭での生活時間と園での生活時間を併せて24時間のサイクルで考えることが望ましい。

　登園してから降園までの1日の生活については、月齢や一人ひとりの子どもの家庭での生活などにも対応して計画されるものである。食事、排泄、睡眠、衣服の着脱などの養護面、子どもを主体とした遊びの環境を整えるなど、養護と教育が一体となって、豊かな経験ができるようにしたい。

1歳以上3歳未満児の中心となる指導計画

　全体的な計画に基づいて年間指導計画を作成する。3歳未満児は、月齢や年齢、生活での経験差が大きいこと、また、入園の時期によっても保育の場に慣れることへの個人差があることを考慮して、クラス全体の指導計画と併せて個別の指導計画を作成することが必要となる。

　また、月の指導計画（月案）をさらに具体化したものが週の指導計画（週案）、さらに具体化したものが1日の指導計画（日案）（図表12-3）や部分案になるが、こちらも3歳未満児では個別の指導計画を作成することが求められる。1歳以上3歳未満児の保育では、子どもの個人差にどのように着目しているのか、一人ひとりへの養護的なかかわりはどのように展開されているのか、「自分でやってみたい」という時期の子どもたちへの保育者の適切なかかわりはどのようなものか、などに目を向けたい。

乳児から続く保育、3歳以上児へと続く保育

　1歳以上3歳未満児は、1歳、2歳といったような年齢で考えるのではなく、発達の道すじとしてとらえることが必要となる。この時期は、月齢や経験、環境によ

図表12-2　保育所のデイリープログラム（例）

時間	乳児	1歳以上3歳未満児
7：00 9：00	開園 順次登園 排泄（おむつ交換、おまる、トイレ） 自由な遊び	
10：00	排泄（おむつ交換） 間食・授乳 遊び 午前睡	排泄（おまる・トイレ） 朝の集まり 遊び 間食
11：00	目覚め 排泄（おむつ交換）	遊び 排泄（おまる・トイレ）
12：00	授乳・離乳食	幼児食
14：00	排泄（おむつ交換） 遊び 午睡	着替え 午睡
	目覚め 排泄（おむつ交換） 着替え	目覚め 排泄（おまる・トイレ） 着替え
15：00	授乳・間食 遊び 順次降園	間食 帰りの集まり 遊び
16：00		順次降園
	（18：00〜延長保育） 遊び 排泄（おむつ交換） 授乳・間食	（18：00〜延長保育） 遊び 排泄（おまる・トイレ） 間食
19：00	順次降園	

　る個人差も大きい。年齢に当てはめるのではなく、乳児保育からのつながりや3歳以上児の保育へのつながりなど、育ちの連続性のなかの一部分として考えることが必要だろう。

　例えば、保育所保育指針では、同じ5領域でも1歳以上3歳未満児と3歳以上児のねらい及び内容は異なっている。1歳以上3歳未満児では、「自分でできる」「自分でやってみる」などの育ちの特徴に基づいたものとなっている。指導計画を立案するときには、この点を考慮したい。

図表12-3　1日の指導計画例（1歳児）

年月日	○○○○年　6月　15日（金）曜日　実習指導担当　　　　　　　　　先生
実習クラス（○歳児）・人数	○○○クラス（1歳児）　　　　　名　実習生氏名　　　　　　　　　　㊞
前日までの子どもの姿	・自分でやってみたい気持ちが高まり、やろうとするがうまくできない様子もみられる。保育者の手助けを拒む様子もあるが、保育者がかかわってできるようになると喜ぶ様子がみられる。 ・ブロック遊びを好み、何度もつなげようとする様子がみられる。また、絵本を見ることを好み、保育者に読んでもらおうと絵本をもってくる様子がみられる。遊びたいものをめぐって取り合いになる状況となることがある。
ねらい	・実習生や他の子どもと一緒にかかわりながら遊ぶことを楽しむ。 ・さまざまな生活の場面のなかで、自分でしてみようとする気持ちになる。
内容	・好きな遊びを見つけて遊ぶ。 ・実習生の助けを借りながら、自分でやってみようとする。

時間	1日の生活の様子	実習生の援助および留意点（生活）	○予想される子どもの姿　●環境構成　☆実習生の援助および留意点
8：00	順次登園 好きな遊びをする	《1日を通して》 子どもの「自分でしてみたい」気持ちを大切にし、子どもの様子を見守りながら、適宜必要に応じて手伝ったり声をかけたりする。子どもの喜びなどの感情を言葉や態度で表現しながら共有し、次の意欲へとつなげる。 《排泄》 声をかけながら一人ひとりの状況に応じておむつ交換をしたり、目覚めの時におむつが濡れていなければ一緒にトイレに行ったりする。 《食事》 子ども自ら食べたいと思うように、子どもの意思を確認したり、言葉をかけたりしながら、楽しい雰囲気づくりをする。アレルギーのある子どもの食事や間食は対応食で配慮をする。 《衣服の着脱》 自分でやってみたい気持ちを大切に見守りながら、できないところはさりげなく手伝い、時間がかかっても待つようにする。 《睡眠》 静かな環境をつくり、子どものそばに寄り添ったり、子守唄を歌ったり、からだの上にそっと手を当てるなど、子どもが安心して気持ちよく眠れるようにする。 《清潔》 手洗いの場面では、長袖の場合は袖が濡れないように配慮したり、一緒に手を洗ったりし、方法を伝えるとともに、清潔の心地よさを言葉で表現し伝える。	《井形ブロック遊び》 ○好きなブロックを使って、つなげようとしたり組み立てようとしたりする。 ○うまくつなげられたときは、できたことを実習生に見せようとする。 ○遊びたいブロックをめぐって取り合いになることがある。 ●複数の子どもが遊べるように、配置を工夫し、スペースを配慮するなどが必要となる。 ☆ブロック遊びを一緒に楽しみながら、子どもの「できたよ」に共感したり、友だちとのかかわりももてるように他の子どもの様子を伝えたりする。 《絵本》 ○好きな絵本を実習生に持ってきて読んでもらおうとする様子がみられ、ひざの上に座ったり、指をさしたりしながら、絵本を見ることを喜ぶ。 ○同じ絵本を繰り返し読みたがる。 ○絵本に出てくる言葉を繰り返し楽しむ。 ●絵本の時間をじっくりと楽しめるように、比較的落ち着いて読める空間で読む。 ☆子どもが絵本をもってきたら落ち着いて読めるようにし、一緒に楽しみながら読むようにする。ひざの上に座ったりからだをくっつけたりして絵本を見ようとする様子を優しく受け止め、子どもが指さししたものに共感し、見つめてきたら見つめ返すなど、ゆったりとした雰囲気で感情の交流がもてるようにする。	《ままごと遊び》 ○ままごとの道具を使って、食事に見立てて再現したり、保護者や保育者のまねをしたりして楽しむ。 ○人形をおんぶひもを使っておんぶしたり、料理を盛りつけたりし、再現を楽しむ。 ○「はいどうぞ」などと言いながら、実習生と一緒に楽しむ。 ●子どもが十分に楽しめるように、ままごとの道具を準備し、生活の再現ができるような環境を整える。 ☆一緒に遊びに参加しながら、遊びが広がるように声をかけたり、役を演じたりする。 《園庭での遊び》 ○歩いたり走ったり自由に動き回ることを楽しむ。 ○砂場では、砂や土の感触を楽しんだり、型抜きを楽しんだりする。 ○ボールを追いかけたりつかんだりして、実習生と一緒に楽しむ。 ☆子どもが十分に楽しめるように、あらかじめ危険なものはないか点検をしたり、砂場では遊びが広がるように道具（空き容器やスコップなど）を準備したりする。 ☆遊んでいるときは声をかけたりしながら、安全に十分に留意する。 ☆遊びを十分に展開できるように、一緒にかかわりながら遊びの提案をする。
9：00	おむつ交換・トイレ 午前間食		
10：00	朝の集まり 遊び		
11：00	片付け 食事準備、手洗い 順次食事 着替え おむつ交換・トイレ		
12：00	睡眠準備 睡眠		
14：30	順次目覚め おむつ交換・トイレ 着替え 午後間食 好きな遊びをする （園庭、室内）		
16：00	順次降園		
17：00	（実習終了）		

5. 記録と評価

　指導計画全般において、保育を振り返ることは保育の質向上をめざすうえで欠かせない。そのためには、どの指導計画にも評価の観点を記載し、その後の保育につなげるようにしたい。

Step 3

指導計画を立ててみよう

　Step 3 では、保育所等に実習に行って指導計画を立てる際の留意点について述べる。

クラスの状況を把握する

　あらかじめ、実習を行う園のどのクラスで指導案を作成し、実践するのかを確認しておきたい。子どもの姿を把握したり、1日の生活の様子を理解してみたり、どのような体制で実践ができるのかなど、事前に把握しておくことで準備することが異なる。以下のようなことをあらかじめ知っておくことがよいだろう。

- どのクラスで指導案を作成するのか
- 子どもの育ちの様子や、子どもの興味関心の方向
- 子どもの1日の生活の様子

子どもが興味をもつ遊びを考える

　1歳以上3歳未満児は「自分でやってみたい」時期であるため、子どもの興味関心にそった遊びを考えてみよう。何かをさせようと考えるのではなく、やってみたい気持ちを大切にし、一人ひとりの子どもの「自分もやってみたい」にタイミングが合うように、クラスの保育者から子どもの様子を聞いたり、しっかり観察をしたりし、実習日誌の記録などに明確に記入することが大切である。

　指導案を行う日程に近い行事や季節を考慮し、子どもが「やってみたい」と思う遊びを実習前から考えておこう。また、その遊びで何が育つのか、保育所保育指針等を参照し、ねらいや内容を保育者（実習生）の願いとして記載してみよう。

養護を中心としたかかわりを具体的に記入する

　1歳以上3歳未満児では、養護的なかかわりが多い。単なるお世話をするだけではない。子どもの成長を支える援助として、実習生のかかわりを具体的に記入する。子どもの発達の特性を念頭におきながら、どのようにかかわるのか（方法）だけでなく、何を育てたいのか（目的）を考えて記載する。一つひとつのていねいなかかわりは、その後の子どもの育ちにつながる。

実際にやってみよう

○演習

図表12-3の指導計画例にそって、子どもや保育者の動線を考えながら、保育室や園庭などの環境図を、グループワークを通して考えてみよう。

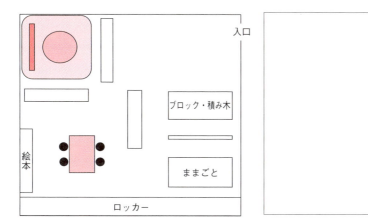

1歳以上3歳未満児の生活の場面の部分指導案を立案してみよう。食事の場面の部分案を立案するとして、**図表12-3**を参考に、食事の時間の前後を含めて立案してみよう。どのような環境が適切かを考えたうえで子どもの姿をイメージし、保育者の援助を記入してみよう。

年　月　日（　）曜日　天気			クラス　　　　　　　（　　）名	
ねらい			前日までの子どもの姿	
内容				
時刻	生活の流れ	環境構成	予想される子どもの姿	保育者の援助と留意点
評価の観点				

参考文献

- 厚生労働省編『保育所保育指針解説』フレーベル館, 2018.
- 大橋喜美子編『新時代の保育双書 乳児保育 第3版』みらい, 2018.
- 大橋喜美子・三宅茂夫編著『子ども環境から考える保育内容』北大路書房, 2009.
- 文部科学省『幼稚園教育指導資料第1集 指導計画の作成と保育の展開（平成25年7月改訂）』フレーベル館, 2013.
- 久富陽子編『幼稚園・保育所実習 指導計画の考え方・立て方』萌文書林, 2009.
- CHS子育て文化研究所編『見る・考える・創りだす乳児保育——養成校と保育室をつなぐ理論と実践』萌文書林, 2002.

COLUMN 「自分で選びたい」「自分で決めたい」

　1歳から2歳の頃は、何にでも「だめ」「いや」と言って強く自己主張し、周囲の大人を困らせる様子が見聞きされる。しかしながら「だめ」「いや」と言うのは自分の気持ちを意識し始めたことの表れだともいえる。

　散歩に出かけるときには、保育者が「みんなで外に行こうね」と声をかけると「いやだ」、「帽子かぶる?」「いや」、「靴を履こうか」「いやだ」などが繰り返される状況がみられる。しかし、子どもは散歩に行きたくないのではなさそうだ。また、着替えの場面では、「これじゃないとだめ」「こっちのズボンがいい」など、洋服の好みを主張したりもする。このような様子から「いやいや期」などと表現されるのがこの時期であり、身近な大人、とりわけ保護者にとっては、どのように接するのか悩む時期でもある。

　では、保育者は、この時期の子どもにどのようにかかわることが望まれるだろうか。

　保育の場での昼食時の様子を見ると、保育者は「さぁ、どれから食べようか」など、子どもにその意思を確認するような声をかけながら、援助をする様子がよくみられる。1歳半ばには幼児食へと完全に移行するが、「意欲をもって自ら食べる」ように育ってほしいならば、1歳から3歳未満のこの時期の「自分でやってみたい」気持ちを大切にし、子どもに伝わるようにはたらきかけることが重要となる。

　日常の生活のなかから、「どっちがいい?」「どうしたい?」と子ども自らが自分で決められる環境をつくり出したい。

（野中千都）

第13講

3歳児・4歳児の指導計画

　本講では3歳児・4歳児の指導計画立案に向けた視点と方法を学ぶ。保育の計画は子ども理解に始まり、子どもの生活の姿からねらいを導き、子どもの活動の展開と環境の構成や援助の具体性をデザインする過程を経る。また、保育後には子どもの生活の姿をとらえ、評価の観点をもとに改善する。

　このような一連のカリキュラム・マネジメントについて、指導計画の作成の基本と実際を理解し、計画を作成するまでのプロセスを学ぶ。

Step 1

1. 指導計画作成の基本①
——子ども理解に始まる保育のデザイン

　指導計画は、全体的な計画に基づき、保育を実施する際のより具体的な方向性を示すものである。計画どおりに「させる」のではなく、柔軟な保育が展開されるよう、子どもの姿をとらえ、評価し、修正しながら循環していくものである（図表13-1）。

　指導計画は、年・数か月単位の期・月など長期的な見通しを示すものと、それをもとに子どもの生活により即した週・日などの短期的な見通しを示すものを、園の実情に合わせて作成していく。その際、子どもの発達の状態などに応じて、個別指導計画、クラスごとや異年齢クラス、グループ等の指導計画など、必要な書式も含めて工夫して作成する。そのため、その時期の子どもがどのようなことに興味や関心をもっているのか、どのようにして遊んだり生活したりしているのかといった実態をとらえる目が重要となる。

　また、2歳児からの緩やかな移行への配慮と「幼児期の終わりまでに育ってほしい姿」を理解し、発達の連続性に配慮して指導計画を作成する。幼児教育は、幼児が自ら意欲をもって環境とかかわることでつくり出される具体的な活動を通して、

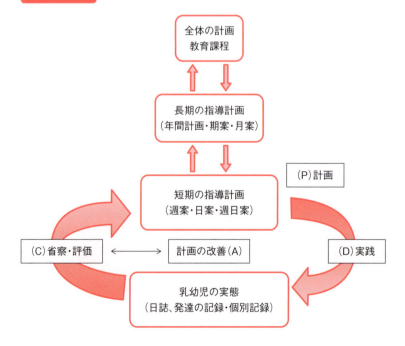

図表13-1 計画の種類と構造

Step1 Step2 Step3

その目標の達成を図るものである。そのためにも、調和のとれた組織的、発展的な指導計画を作成し、幼児の活動にそった柔軟な援助を行うことが求められる。

2. 指導計画作成の基本②
——3歳以上児の保育に関するねらいおよび内容のとらえ方

3歳児・4歳児の発達過程の特徴と援助の配慮点

図表13-2に、3・4歳児の発達過程および保育者としての配慮すべき点を示す。

発達の連続性・養護と教育の一体化・2歳児からの移行への配慮

3歳以上児のねらいおよび内容は、乳児保育の3つの視点(「健やかに伸び伸びと育つ」「身近な人と気持ちが通じ合う」「身近なものと関わり感性が育つ」)、1歳以上3歳未満児の保育の5領域のねらいおよび内容と、発達的な連続性をもったものであることに留意する。乳児から3歳未満までの時期におけるさまざまな経験が土台となることから、その育ちの姿をふまえて、3歳以上児のねらいおよび内容を指導計画に具体的に位置づけ、実践につなげていくことが大切である。

図表13-2　3・4歳児の発達過程と配慮

3歳児	基本的な運動機能が伸び、それにともない、食事、排泄、衣類の着脱などもほぼ自立できるようになる。話し言葉の基礎ができ、さかんに質問するなど知的興味や関心が高まる。自我がはっきりしてくるとともに、友だちとのかかわりが多くなるが、同じ場所でそれぞれが遊んでいる平行遊びであることが多い。大人の行動や日常生活において経験したことをごっこ遊びに取り入れたり、象徴機能や観察力を発揮して、遊びの内容に発展性がみられるようになる。予想や意図、期待をもって行動できるようになる。
4歳児	全身のバランスをとる能力が発達し、からだの動きが巧みになる。身近なものや自然への関心も高まり、その性質や特性に興味をもつようになる。また、目的をもって行動し、つくったり、書いたり、試したりするようになるが、その結果を予想して不安になるなどの葛藤も経験するようになる。仲間とのつながりも強くなる一方で、いざこざも増える。ルールや決まりを守ろうとする姿もよりみられるようになる。
配慮点	知的興味や関心が高まり、これまでの経験の積み重ねから、予想したり、想像したり、仲間の一員という自覚が芽生え、集団的な遊びや協同的な活動の楽しさを感じるようになる。一人ひとりの興味関心の個別性、基本的生活習慣の習得の個人差を把握し、個の成長と集団としての活動の充実の両面において援助を考えていくことが必要である。

3. 指導計画作成の基本③

指導計画のカリキュラム・マネジメントと観点

　乳幼児期は、生活のなかで自らの欲求や興味に基づいて自ら周囲の環境にかかわるという直接的な体験を通して、心身が成長していく時期である。身近な人やものなどあらゆる環境からの刺激を受け、経験のなかでさまざまなことを感じ、新たな気づきを得ながら、充実感や満足感を味わうことで意欲をもってその探求心や好奇心を豊かにし、新しい環境にも自らかかわろうとする。

　就学前教育は、小学校以上の教科カリキュラムとは異なり、経験カリキュラムであることが特性である。したがって、小学校に向けて育ちを急がせるのではなく、一人ひとりの状況や発達過程をふまえ、日々の経験の積み重ねを記録し、計画に反映させていくことが求められる。①幼児期の終わりまでに育ってほしい姿、②５領域のねらい・内容・内容の取扱い、③保育の実施に関わる配慮事項、の３点が指導計画の立案、実践、評価、改善の観点となり、家庭との共有（園便りや連絡帳、ポートフォリオなど）を通して保育を展開していく。

保育の実施に関わる配慮事項

　指導計画の作成には、**図表13-3**の「保育の実施に関わる配慮事項」を考慮する。また、各保育内容のねらい・内容だけでなく、内容の取扱いを十分に理解し、指導計画を作成することが求められる（**図表13-4参照**）。

図表13-3　３歳以上児の「保育の実施に関わる配慮事項」

1	「幼児期の終わりまでに育ってほしい姿」が、ねらい及び内容に基づく活動全体を通して資質・能力が育まれている子どもの小学校就学時の具体的な姿であることを踏まえ、指導を行う際には適宜考慮すること。
2	子どもの発達や成長の援助をねらいとした活動の時間については、意識的に保育の計画等において位置付けて、実施することが重要であること。なお、そのような活動の時間については、保護者の就労状況等に応じて子どもが保育所で過ごす時間がそれぞれ異なることに留意して設定すること。
3	特に必要な場合には、各領域に示すねらいの趣旨に基づいて、具体的な内容を工夫し、それを加えても差し支えないが、その場合には、それが第１章の１に示す保育所保育に関する基本原則を逸脱しないよう慎重に配慮する必要があること。

（下線は筆者）

資料：厚生労働省「保育所保育指針」2017. をもとに作成。

Step1 Step2 Step3

図表13-4　3歳以上児の保育に関するねらいと内容の取扱い

健康	ねらい	健康な心と体を育て、自ら健康で安全な生活をつくり出す力を養う。 ① 明るく伸び伸びと行動し、充実感を味わう。 ② 自分の体を十分に動かし、進んで運動しようとする。 ③ 健康、安全な生活に必要な習慣や態度を身に付け、見通しをもって行動する。
健康	内容の取扱い	**心と体**：子どもが保育士等や他の子どもとの温かい触れ合いの中で自己の存在感や充実感を味わうことなどを基盤として、しなやかな心と体の発達を促す。十分に体を動かす気持ちよさを体験し、自ら体を動かそうとする意欲が育つようにする。 **様々な遊びと動きの調整**：子どもが興味や関心、能力に応じて全身を使って活動することにより、体を動かす楽しさを味わい、自分の体を大切にしようとする気持ちが育つようにする。体の動きを調整するようにする。 **戸外の活動**：自然の中で伸び伸びと体を動かして遊ぶことにより、体の諸機能の発達が促されることに留意し、子どもの興味や関心が戸外にも向くようにする。子どもの動線に配慮した園庭や遊具の配置などを工夫する。 **食生活**：子どもの食生活の実情に配慮し、和やかな雰囲気の中で保育士等や他の子どもと食べる喜びや楽しさを味わったり、様々な食べ物への興味や関心をもったりするなど、食の大切さに気付き、進んで食べようとする気持ちが育つようにする。 **基本的な生活習慣**：家庭での生活経験に配慮し、子どもの自立心を育て、子どもが他の子どもと関わりながら主体的な活動を展開する中で、生活に必要な習慣を身に付け、次第に見通しをもって行動できるようにする。 **安全**：情緒の安定を図り、遊びを通して安全についての構えを身に付け、危険な場所や事物などが分かり、安全についての理解を深めるようにする。また、交通安全の習慣を身に付けるようにするとともに、避難訓練などを通して、災害などの緊急時に適切な行動がとれるようにする。
人間関係	ねらい	他の人々と親しみ、支え合って生活するために、自立心を育て、人と関わる力を養う。 ① 保育所の生活を楽しみ、自分の力で行動することの充実感を味わう。 ② 身近な人と親しみ、関わりを深め、工夫したり、協力したりして一緒に活動する楽しさを味わい、愛情や信頼感をもつ。 ③ 社会生活における望ましい習慣や態度を身に付ける。
人間関係	内容の取扱い	**保育士等との信頼関係**：自ら周囲に働き掛けることにより多様な感情を体験し、試行錯誤しながら諦めずにやり遂げることの達成感や、前向きな見通しをもって自分の力で行うことの充実感を味わうことができるよう、子どもの行動を見守りながら適切な援助を行うようにする。 **集団形成**：一人一人を生かした集団を形成しながら人と関わる力を育てていくようにする。集団の生活の中で、子どもが自己を発揮し、保育士等や他の子どもに認められる体験をし、自分のよさや特徴に気付き、自信をもって行動できるようにする。 **協働**：自ら行動する力を育てるとともに、他の子どもと試行錯誤しながら活動を展開する楽しさや共通の目的が実現する喜びを味わうことができるようにする。 **道徳性**：基本的な生活習慣の形成を図るとともに、子どもが他の子どもとの関わりの中で他人の存在に気付き、相手を尊重する気持ちをもって行動できるようにする。自然や身近な動植物に親しむことなどを通して豊かな心情が育つようにする。人に対する信頼感や思いやりの気持ちは、葛藤やつまずきをも体験し、それらを乗り越えることにより次第に芽生えてくることに配慮する。 **自己の発揮**：子どもが保育士等との信頼関係に支えられて自己を発揮する中で、互いに思いを主張し、折り合いを付ける体験をし、きまりの必要性などに気付き、自分の気持ちを調整する力が育つようにする。 **地域や家族**：高齢者をはじめ地域の人々などの自分の生活に関係の深いいろいろな人と触れ合い、自分の感情や意志を表現しながら共に楽しみ、共感し合う体験を通して、これらの人々などに親しみをもち、人と関わることの楽しさや人の役に立つ喜びを味わうことができるようにする。生活を通して親や祖父母などの家族の愛情に気付き、家族を大切にしようとする気持ちが育つようにする。
環境	ねらい	周囲の様々な環境に好奇心や探究心をもって関わり、それらを生活に取り入れていこうとする力を養う。 ① 身近な環境に親しみ、自然と触れ合う中で様々な事象に興味や関心をもつ。 ② 身近な環境に自分から関わり、発見を楽しんだり、考えたりし、それを生活に取り入れようとする。 ③ 身近な事象を見たり、考えたり、扱ったりする中で、物の性質や数量、文字などに対する感覚を豊かにする。
環境	内容の取扱い	**周囲への関わり**：子どもが、遊びの中で周囲の環境と関わり、次第に周囲の世界に好奇心を抱き、その意味や操作の仕方に関心をもち、物事の法則性に気付き、自分なりに考えることができるようになる過程を大切にする。他の子どもの考えなどに触れて新しい考えを生み出す喜びや楽しさを味わい、自分の考えをよりよいものにしようとする気持ちが育つようにする。 **自然**：自然の大きさ、美しさ、不思議さなどに直接触れる体験を通して、子どもの心が安らぎ、豊かな感情、好奇心、思考力、表現力の基礎が培われることを踏まえ、子どもが自然との関わりを深めることができるよう工夫する。 **動植物等への関心**：身近な事象や動植物に対する感動を伝え合い、共感し合うことなどを通して自分から関わろうとする意欲を育てる。様々な関わり方を通してそれらに対する親しみや畏敬の念、生命を大切にする気持ち、公共心、探究心などが養われるようにする。 **文化や伝統**：正月や節句など我が国の伝統的な行事、国歌、唱歌、わらべうたや我が国の伝統的な遊びに親しんだり、異なる文化に触れる活動に親しんだりすることを通じて、社会とのつながりの意識や国際理解の意識の芽生えなどが養われるようにする。 **数量や文字**：日常生活の中で子ども自身の必要感に基づく体験を大切にし、数量や文字などに関する興味や関心、感覚が養われるようにする。
言葉	ねらい	経験したことや考えたことなどを自分なりの言葉で表現し、相手の話す言葉を聞こうとする意欲や態度を育て、言葉に対する感覚や言葉で表現する力を養う。 ① 自分の気持ちを言葉で表現する楽しさを味わう。 ② 人の言葉や話などをよく聞き、自分の経験したことや考えたことを話し、伝え合う喜びを味わう。 ③ 日常生活に必要な言葉が分かるようになるとともに、絵本や物語などに親しみ、言葉に対する感覚を豊かにし、保育士等や友達と心を通わせる。
言葉	内容の取扱い	**言葉の応答**：言葉は、身近な人に親しみをもって接し、自分の感情や意志などを伝え、それに相手が応答し、その言葉を聞くことを通して次第に獲得されていくものであることを考慮して、子どもが保育士等や他の子どもと関わることにより心を動かされるような体験をし、言葉を交わす喜びを味わえるようにする。 **思いを伝える**：子どもが自分の思いを言葉で伝えるとともに、保育士等や他の子どもなどの話を興味をもって注意して聞くことを通して次第に話を理解するようになっていき、言葉による伝え合いができるようにする。 **絵本や物語**：その内容と自分の経験とを結び付けたり、想像を巡らせたりするなど、楽しみを十分に味わうことによって、次第に豊かなイメージをもち、言葉に対する感覚が養われるようにする。 **言葉の豊かさ**：子どもが生活の中で、言葉の響きやリズム、新しい言葉や表現などに触れ、これらを使う楽しさを味わえるようにする。絵本や物語に親しんだり、言葉遊びなどをしたりすることを通して、言葉が豊かになるようにする。 **文字**：子どもが日常生活の中で、文字などを使いながら思ったことや考えたことを伝える喜びや楽しさを味わい、文字に対する興味や関心をもつようにする。
表現	ねらい	感じたことや考えたことを自分なりに表現することを通して、豊かな感性や表現する力を養い、創造性を豊かにする。 ① いろいろなものの美しさなどに対する豊かな感性をもつ。 ② 感じたことや考えたことを自分なりに表現して楽しむ。 ③ 生活の中でイメージを豊かにし、様々な表現を楽しむ。
表現	内容の取扱い	**豊かな感性**：身近な環境と十分に関わる中で美しいもの、優れたもの、心を動かす出来事などに出会い、そこから得た感動を他の子どもや保育士等と共有し、様々に表現することなどを通して養われるようにする。その際、風の音や雨の音、身近にある草や花の形や色など自然の中にある音、形、色などに気付くようにする。 **自己表現**：素朴な形で行われることが多いので、保育士等はそのような表現を受容し、子ども自身の表現しようとする意欲を受け止めて、子どもが生活の中で子どもらしい様々な表現を楽しむことができるようにする。 **様々な表現**：表現する意欲を十分に発揮させることができるように、遊具や用具などを整えたり、様々な素材や表現の仕方に親しんだり、他の子どもの表現に触れられるよう配慮したりし、表現する過程を大切にして自己表現を楽しめるように工夫する。

資料：厚生労働省「保育所保育指針」2017. をもとに作成。

第13講　3歳児・4歳児の指導計画

Step 2

1. 指導計画の実際と展開の理解

指導計画は、長期の指導計画とのつながりを意識しながら、短期の指導計画によって子どもたちの遊びの姿をとらえ、計画、実践、省察・評価、計画の改善を行う。ここでは、A園の4歳児の例に基づき、指導計画立案のプロセスを理解する（図表13-5）。

長期の指導計画の観点

学期（期間）指導計画のねらい、月の指導計画のねらいから、子どもたちの遊びや生活の姿を観察し、活動内容の具体（ねらいと内容、展開）を焦点化していく。

> 学期指導計画：4月～7月（始まりの時期）・新しいクラスの友だち、保育者に親しみ、思い思いの遊びを見つけ、イメージを膨らませて遊ぶことの充実感を味わう。

> 4歳児6月の指導計画：雨や水、梅雨の季節に興味関心をもち、生活のなかで生き物や性質、季節の特徴を感じる。

友だちとの関係が深まってくる時期（6月）に、雨や水等への関心や季節の変化を題材（素材や教材）とした活動を通して、それぞれのイメージをふくらませて楽しむこと、また色や水の変化や美しさへの関心を育むことを、この日の活動のねらいとして設定している。

短期の指導計画の観点

次に、7つのステップで指導計画のフォーマットにそって1日の指導計画（日案）を立案（活動の構成）、保育後の評価、改善を行う。

① 遊びの連続性の観点から、素材（水）への興味や子どもたち同士の遊びの関心について生活の様子をとらえる（「前日までの遊びの姿」）。ここでは、園庭の草花を水にいれてすりつぶして色水をつくって遊ぶ姿をとらえる。

② 子ども（たち）への育ちの願い（ねらい）、この活動（遊び）を通して育まれる資質・能力を考え、「ねらい」とする。ここでは、イメージを広げること、水と色の変化、色の美しさへの気づきをねらいとする。

③ 活動内容と活動の展開を構成する。活動内容を端的に表し（「活動内容」）、「環境構成及び配慮すべき活動のポイント」では、事前準備や安全への配慮、個別の配慮を要する子どもへの援助等を記入する。

図表13-5　A園の6月の指導計画（日案）

4歳児指導案（部分・全日）

×× 年　6月　××日（ ）天候（ ）
担当クラス　4歳児　ばら　組 男児（　名）女児（　名）欠席（　名）

前日までの遊びの姿

- 砂場でスコップを使わずに手の感触を楽しみながら水や泥を使って遊ぶようになってきた。
- 園庭の草花を水に入れて、色水をつくりジュースにして友だち同士見せ合って喜んでいる様子がみられる。
- 色水づくりに興味があるが、どのようにつくればよいのかわからずにいる子どももいる。

ねらい	環境構成及び配慮すべき活動のポイント
思い思いのイメージを広げ、水と色の変化に気づき、色の美しさを味わう。	・子どもたちが園庭の草花を収集できるように環境を用意し、自然物や必要に応じて人工物（クレープ紙）など思い思いに使えるよう準備を行う。
活動内容	
色水遊び「いろいろなジュースをつくろう！」	・興味をもった子どもが思い思いに遊びを展開できるようコーナー設定を行う。

時間	環境構成	子どもの活動	保育者の援助と留意点
9:45	○クラス前の園庭側テラスに幼児テーブルを用意する。 ○近くにバケツや透明のカップなどを多めに用意し、子どもたちが自分で選べるようにしておく。 ○小さくきざんだクレープ紙を用意し、トレーに入れておく。 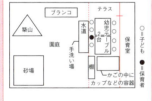 ○思い思いにつくった色水を並べ、明日も続きができるように園庭の小さな棚を移動し、テーブルの近くに置く。	○登園後各自、園庭や保育室にて、好きな遊びを見つける。 ○色水づくりのコーナー ・園庭の草花を収集して、水を入れたカップにいれて、草花を手で潰したり、もんだりして色の変化を楽しむ。 ・水にクレープ紙を入れ、色の変化や濃さに気づく。 ・3歳児や5歳児の様子をみながら、まねしたり教えたりする子どももいる。 ・思い思いのジュースに見立てて、飲むまねやごっこ遊びをしながら遊ぶ。 ・並べた色水を色の変化ごとに並べ替えたり、光の透明感などに気づく子どももいる。	・色水づくりに興味がもてるよう、子どもの動線を考慮したコーナー設定を準備する。 ・感触を楽しみながら色の濃淡や変化を楽しむ姿に共感しながら、必要に応じて、最小限の援助を行う。 ・異年齢のかかわりを認めながら、思い思いの遊びの展開を見守りながら必要に応じて援助を行う。 ・子どもたちの遊びが発展するよう、子どもたちの発想や想像に共感し、受け止める。 ・光の透明感や色の濃淡など、子どもたちの感覚を受け止め、遊びの充実感を共有し、明日も続きができることに期待をもてるよううながす。
11:30	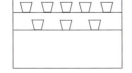	○片付け 色水をすべて片づける子どももいるが、棚に並べ、色のグラデーションを楽しむ子どももいる。	・コーナーで遊ばなかった子どもや他の園児も興味がもてるよう、すべて片づけず、飾りたい子どものものはそのまま飾っておく。

評価の観点	・思い思いのイメージを膨らませて色水づくりを楽しむことができていたか。 ・色の変化や混ざり具合に気づき、その美しさや面白さを味わうことができていたか。 ・遊びを通して、感じたことや思ったことを言葉や表情にどのように表現していたか。 ・子どもたちの遊びの展開に応じた援助、環境の構成ができていたか。

④ 「環境構成」は、子ども（たち）の予想される活動と個別の姿に応じて、場面の展開や、環境構成図により、子ども（たち）の動線や教材準備の配置等がわかりやすくなるよう記入する。ここでは、色水遊びを通して、ごっこ遊びへの展開や色のグラデーションを並べて楽しむことなどを予想し、棚を活動のテーブルの近くに用意することにしている。

⑤ 「子どもの活動」は予想される具体的な活動や個別の姿を記し、「保育者の援助と留意点」と並行しながら記述していく。援助は、子ども（たち）の発達過程や個別の配慮、また、活動のねらいに応じた具体的な援助を示す。なぜそのような援助をするのか、がわかるよう記述することで、援助の意図を他者と共有することができる。また、自身の援助の観点も保育後に振り返ることができる。

⑥ 「評価の観点」では、ねらいに応じた個と集団への振り返り、また活動への没入（ぼつにゅう）など、環境構成や展開への援助等、振り返りの視点を提示する。活動の評価欄がある場合には、保育後にそれらの観点から、活動全体を振り返り、可視化（かしか）し、省察を通して明日の保育へのねらいへと導いていく。

⑦ 保育の評価は、立案、実施した保育者のみで行うのではなく、保育者同士の振り返り（共有）や保護者への連絡帳やクラスだより等の活動の様子の提示によっても、評価を行う。幼児理解を通した評価として、活動の結果ではなく、どのように遊びに取り組んでいったか、そのプロセスを評価する。特に、保育者同士の意見交換や保護者との共有・感想・意見により、子どもの興味や関心、学びの芽生えを把握（はあく）する機会となる。

このように、多くの目による評価（今の子どもの生活や遊び）と長期の指導計画とが往還（おうかん）され、遊びの連続性を考慮した、ゆるやかな、かつ新たな活動の計画へと修正（導き）される。

2. 指導計画の実際と展開の理解 （異年齢保育）

異年齢編成の指導計画の作成においては、子どもの発達差が大きいことを考慮し、個々の子どもの状態を把握することがより一層求められる。また、年上の子どもに対する憧れの気持ちや活動のモデル、また年下の子どもへのいたわりや思いやりを通した自信など、かかわりのなかで育まれる資質・能力を大切にする観点が重要である（図表13-6）。

Step2

図表13-6　A園の6月の指導計画（3歳児・4歳児合同保育）

異年齢保育指導案（部分・全日）

×× 年　6月　××日（　）天候（　）	
合同保育：担当クラス 3歳児　すみれ　組　男児（　　名）女児（　　名）欠席（　　名） 4歳児　ばら　　組　男児（　　名）女児（　　名）欠席（　　名）	
前日までの遊びの姿　3歳児クラス	4歳児クラス
・園生活の流れを理解し、新しい環境（保育室）にも安心して過ごすことができるようになってきている。 ・クラス以外の保育者や他の幼児クラスの子どもにも興味をもち、砂場等では、遊びをまねる様子がみられる。	・進級したことにより、自信をもって年下の子どもと手をつないだり、教えたりするなどいたわりの気持ちがでてきている。 ・保育者を交えながら、はないちもんめやあぶくたったなど、集団で遊ぶことを楽しむようになってきた。
ねらい	環境構成及び配慮すべき活動のポイント
3歳児：園庭でからだを使って伸び伸びと遊ぶなかで、4歳児とともに遊べる楽しさを味わう。 4歳児：年下の子をいたわる気持ちをもち、どのようにしたら3歳児が楽しめるのかを工夫するとともに、ともに遊ぶ面白さを感じる。	○兄弟姉妹児などを把握し、できるだけ多様な子どもとかかわることができるよう、グループ分け（1対1）に配慮する。 ○園庭内を広く走ることができるよう事前に園庭の安全整備を確認し、移動できる遊具等を移動しておく。
活動内容	○追いかける、逃げる遊びに関心がもてるよう、生活のなかで各クラスで保育者と遊ぶなど、遊びの連続性に留意する。
クイズで手つなぎ鬼ごっこ	○急いだり、慌てたりしてけがをすることのないよう、ルールや保育者のかかわり方に配慮する。

時間	環境構成	子どもの活動	保育者の援助と留意点
9:45	○ペアは事前に保育者間で共有しておく。 ○安全面に配慮し、園庭の環境整備を事前にしておく（片づけられていない遊具等は片づける）。	○各クラスで園庭に出る準備を整える。 ・水分補給、排泄を済ませ、帽子を被る。	・異年齢の活動であることに期待がもてるよう、活動前に各クラスで保育者から今日の活動について話しておく。 ・各クラスの子どもの状況（体調等）を保育者間で共有し、必要であれば事前に決めたペアを変更する等の配慮を行う。
10:00	［園庭の図：ブランコ、築山、砂場、テラス、保育室、ペアになって並ぶ　●＝子ども　○＝保育者］ クイズで手つなぎ鬼（ルール） ○保育者が鬼となり、クイズを出し、その答えの場所にペア（3歳児―4歳児）で手をつないで逃げる。 ○鬼にタッチされたペアはテラスで1回休み。次のクイズから参加することができる。 ○一度もタッチされずに多く逃げられたペアが勝ち クイズの例：「園庭でゆらゆら揺れるものは何でしょう」「園庭全部が見える高いところはどこでしょう」「園庭の○色はどこでしょう」など。	○園庭に集まり、保育者の話（ペア・手つなぎ鬼のルール）を聞く。 ○保育者のクイズの答えをペアで協力して探して、手をつないで逃げる。 ・ルールがよく分かっていないペア（手を放して走るなど）もいる。 ・慌てて走り、転倒や衝突しそうになるペアもいる。 ○保育者の話を聞き、ともに遊んだことの達成感を感じる。	・初めての異年齢交流のため、ペアをつくる時間はていねいに行い、4歳児が3歳児の顔を覚えられるように配慮する。 ○クイズは声量やタイミングに配慮して、しっかりと指示を出し、できるだけゆっくりと活動を展開するように留意する。 ・保育者間で協働しながら、ルールを子どもたち自らが理解できるよう最小限の援助を行う。 ○転倒や衝突が起きそうな状況がないか目を配り、身体的な発達の差に留意して援助を行う。 ・鬼から協力して逃げられたことを振り返り、個々の達成感や充実感を認め、次回も一緒に遊ぶことに期待がもてるように話をする。
11:00		○4歳児は3歳児の保育室まで付き添って見送り、自分の保育室に戻る。	・ペアでの活動に充実感が感じられるよう、昼食前の準備まで4歳児が3歳児を思いやるううながし、各クラスで感想等を聞きながら、充実感を共有する。

評価の観点	・一人ひとりが思い思いに遊びを展開することができていたか（どのような遊びを展開していたか）。 ・3歳児：4歳児に安心感をもってともに遊ぶ面白さを感じていたかどうか。 ・4歳児：3歳児の遊びへの参加を気にかけながら、自らも遊び、各々が遊びの満足感・自信をもつことにつながっていたか。 ・活動の内容、環境の構成は子どもたちの交流の活動の展開において十分であったか。

Step 3

園行事の指導計画

行事を通した子どもたちの経験の深まり

　これまで、Step 1・Step 2 で子どもの発達過程や季節、地域性等をふまえた、指導計画作成の基本を学んだ。園行事においても行事を通した活動の意義をしっかりと理解し、学びの継続性を活かした活動の展開を工夫することが大切である。

　保育における行事の考え方は、「保育所と家庭での日常の生活に変化と潤いがもてるように子どもの自主性を尊重し、日々の保育の流れに配慮した上で、ねらいと内容を考える」(保育所保育指針解説)、「園生活の自然な流れの中で生活に変化や潤いを与え、幼児が主体的に楽しく活動できるようにすること。なお、それぞれの行事についてはその教育的価値を十分検討し、適切なものを精選し、幼児の負担にならないようにすること」(幼稚園教育要領、幼保連携型認定こども園教育・保育要領)と示される。**図表13-7**の指導計画は、七夕パーティの1日の活動内容の具体例を示しているが、七夕パーティの取り組みは、主体的な学び(アクティブ・ラーニング)として、①園外での保育(散歩)を通して、商店街の飾りつけに興味をもつことや季節の変化等を身近に感じる(興味関心)→②地域の方から笹をいただく(没入)→③笹の飾りつけ・短冊を親子で取り組む(没入)→④七夕パーティでは地域の方との交流、親の参画を活かしたクッキングをする(経験の共有と振り返り)、といった活動のプロセスがある。

　評価の観点は、活動のねらいに対する個と集団の観点のみにとどまらず、子どもたちの関心のプロセスを記録し、長期的な見通しによる柔軟な活動の展開へと修正することが大切である。

地域や保護者の参画を通した連携の意義

　地域の方との交流や保護者の参画を指導計画に位置づけることにより、地域社会との接点を子どもたちがもつ機会となる。また、保護者の参画により、園運営への協働の意識、園の保育内容の理解、子どもたちの育ちへの理解等につながる。

　七夕パーティは、散歩時に商店街を歩くことで笹飾りをみる→年長児(5歳)が笹を地域の方にもらいにいく→園の玄関に飾る→園全体で活用する→地域住民を招待する、という「笹」を通した地域交流が行われた。園からの仕掛け(保育方法の工夫)や社会的資源としての施設や人材の活用の意識が、充実した活動に発展した例である。

図表13-7 指導計画（日案）七夕パーティ

3歳児指導案（部分・全日）

×× 年 7月 7日（ ）天候（ ）

担当クラス　3歳児　たんぽぽ　組
男児（　名）女児（　名）欠席（　名）地域の方　3名　保護者の手伝い　2名

前日までの遊びの姿
- 七夕の物語や絵本に親しみをもち、繰り返し絵本を読んでほしいと保育者の読み聞かせを楽しみにしている。
- 散歩時や家庭内で、商店街などの地域の七夕飾りに興味をもち、立ち止まって飾りをみたり、保育者に見たことを話したりするようになってきている。
- 地域の方からいただいた笹が玄関に飾られ、各クラスの笹飾りや短冊が日々増えていくのを楽しみにしている。

ねらい
さまざまな人との交流を通して七夕を楽しみ、行事を味わう。

活動内容
七夕パーティをしよう！
地域の方、保護者と一緒にゆでニンジンの星形型抜きをしてそうめんを味わう。

環境構成及び配慮すべき活動のポイント
- 七夕当日に向けて、物語に親しみ、短冊飾りや笹飾りの製作を自然な生活のなかで経験できるように留意する。
- 笹をいただいた地域の方や保護者に、当日の保育参加等の協力を事前に求め、保護者や地域の方との交流ができるよう配慮する。
- 保育室の飾りつけなど、当日までに保育者とともに生活の流れのなかで行い、期待をもって当日を迎えられるようにする。
- 給食の行事特別食について、事前に栄養士と、行事内容・連携を共有しておく。

時間	環境構成	子どもの活動	保育者の援助と留意点
	（登園から中略）		
10:00	3歳児保育室（たんぽぽ組） ○=子ども ●=保育者 並ぶ ピアノ 地域の方・保護者	○協力の保護者、地域の方を出迎える。 ○七夕の歌「たなばたさま」を披露する。	・地域住民や保護者が来園することに期待して待てるよう、当日まで、生活のなかで七夕の歌を楽しく歌えるよう援助を行う。 ・恥ずかしがっている子どもには、無理させず、最小限の援助により励ましながら参加できるようにうながす。
	3歳児保育室（たんぽぽ組） ○=子ども ●=保育者 △=地域の方・保護者	○パーティの準備 ・手を洗い、消毒をする。 ・保育者の話を聞き、給食のそうめんにトッピングする「星形」をつくることに期待をもつ。 ・ゆで野菜（ニンジン）を地域の方、保護者とともに星型に型抜く。	・特別食に期待をもてるよう、栄養士と連携し、ゆで野菜等の下ごしらえをお願いしておく。 ・手洗い、消毒がそれぞれできているか確認して、不十分な子どもには、再度手洗いをうながす。 ・地域の方や手伝いの保護者にわかりやすいよう説明し、子どもたちと型抜きが楽しめるよう配慮する。 ・テーブルを周りながら、型抜きの様子を認め、できた喜びを共有する。
	グループごとにバットのなかにゆでニンジン（スライスしたもの）人数分・星型型抜き1個を用意して各テーブルに置く。	・星型のニンジンはバットに入れて、調理室にもっていく。	・型抜きのニンジンを入れたバットを代表者が調理室まで渡すよううながし、戻ってきたらその手伝いを認め、自信につながるように援助する。
11:00		○昼食の準備をする。 ・事前に用意したテーブルマット（子どもたちが星形スタンプを付けて製作したもの）を並べる。 ○保育者の配膳を楽しみに待つ	・これまで子どもたちが時間をかけて準備してきたことを認め、地域の方や保護者にもその取り組みを説明し、子どもたちの自信につながるよう配慮する。
11:30		○地域の方、保護者の方と一緒にお話をしながら、給食を楽しむ。	
12:30		○片づけ ・ともに七夕を楽しんだことを喜び、協力に感謝の気持ちを伝える。	・地域の方や保護者へ行事の参加について感謝の気持ちを伝えられるよう、活動を振り返り、充実感を共有する。
	（中略）		

評価の観点
- 一人ひとりが行事に意欲的に参加することができていたか。
- 保護者や地域の方との交流を楽しむことができていたか。
- 行事を通して充実感や満足感が言葉や表情にどのように表れていたか。
- 活動の展開および環境の構成、援助において、どのような改善点があったか。
- 遊びの連続性の観点から、次への活動の展開への修正はどのようなものがあるか。

参考文献

- 阿部和子・前原寛編著『保育課程の研究——子ども主体の保育の実践を求めて』萌文書林，2009.
- 磯部裕子『教育課程（カリキュラム）の理論——保育におけるカリキュラム・デザイン』萌文書林，2003.
- 河邉貴子『保育記録の機能と役割——保育構想につながる「保育マップ型記録」の提言』聖公会出版，2013.
- 汐見稔幸・無藤隆監修『平成30年施行 保育所保育指針 幼稚園教育要領 幼保連携型認定こども園教育・保育要領 解説とポイント』ミネルヴァ書房，2018.
- 無藤隆編著『10の姿プラス5・実践解説書』ひかりのくに，2018.

COLUMN 環境を工夫して、カリキュラムを可視化し、保護者との連携を図る

　保育内容を具体的に示す指導計画は、保護者の目に直接触れる機会は少ない。しかし、カリキュラムは記録することやわかりやすく可視化、掲示の仕方を工夫することで、保護者との連携につながる運営に活かされる。

（矢野景子）

①子どもたちの活動の記録

②カリキュラムの可視化

③掲示と記録を活かした保育内容の開示

①②オーストラリアの例（2012年地域の子育て支援センターおよび家庭的保育室視察　筆者撮影）、③日本の例（提供：社会福祉法人龍美　陽だまりの丘保育園）

第14講

5歳児の指導計画

　本講では、5歳児の発達と保育内容（5領域）との関連の理解、そして週の指導計画（週案）の具体例をもとに、「長期的な見通し」と「実際の子どもの姿」の2つの視点から短期の指導計画の立案について学ぶ。さらに、実習の際に指導計画を立案する視点と留意点を学ぶことを目的とする。加えて、演習を通して自ら考えることで上記の目的について理解を深めてほしい。

Step 1

1. 5歳児の発達の特徴と保育者の配慮

　5歳児になると、先の見通しや予想を立てる力がつき、友だちとイメージや目的を共有して遊ぶことを楽しむようになる。そのなかで、自分たちで話し合ったり解決しようとしたりする姿もみられるようになってくる。また、年長としての役割を発揮(はっき)することで自信をもって行動できるようになってくる反面、比較する力や自分を客観視する力がついてくるため、さまざまな葛藤を抱える時期でもある。そのため、保育者は、子どもたちが自立的に生活を送ることができるような生活の流れや環境を整えるとともに、イメージや目的を共有しやすいよう工夫する。

　また、子ども同士で意見が対立した時等には、保育者が解決するのではなく、子どもたち同士で折り合いをつけられるよう援助する。そして、子どもの甘えたい気持ちや不安を受け止めながら、子どもの気持ちの揺らぎにていねいに寄り添い、子どもが自分で気持ちを立て直したり、困難なことに立ち向かったりすることができるよう援助する。

2. 5歳児の発達に関する「保育内容」と「幼児期の終わりまでに育ってほしい姿」

　指導計画を立てるうえでは、5歳児の発達過程をふまえるとともに、保育所保育指針第2章「保育の内容」の「ねらい及び内容」（＝5領域）を理解することが前提となる。そこで、5領域の「ねらい及び内容」のなかで、5歳児の発達に関する部分を（図表14-1）に示す。

○演習

　図表14-1に記した内容は、「幼児期の終わりまでに育ってほしい姿」（10の姿）とも関連している。各内容の末尾に、当てはまる「幼児期の終わりまでに育ってほしい姿」の番号【①健康な心と身体、②自立心、③協同性、④道徳性・規範意識の芽生え、⑤社会生活との関わり、⑥思考力の芽生え、⑦自然との関わり・生命尊重、⑧数量や図形、標識や文字などへの関心・感覚、⑨言葉による伝え合い、⑩豊かな感性と表現】を記し、「保育の内容」と10の姿とのつながりを確認してみよう。

例）・生活習慣の必要性が分かり、（中略）できるようになる。（①・②・④）

Step1

図表14-1　5歳児の発達の特徴

健康	・生活習慣の必要性が分かり、生活を自立的に送ることができるようになる。 ・自分自身の身体や健康に関心をもち、病気の予防に必要な活動を進んで行う。 ・様々な食材に興味をもち、身体と食べ物の関係にも関心をもつようになる。 ・身体全体を協応させた運動に挑戦したり、友だちと一緒に全身を思いっきり使った遊びを楽しむようになる。 ・危険な場所や遊び方を知り、安全に遊ぶ方法を考えたり、交通習慣や災害などの際の行動の仕方などを理解し、状況に応じた行動がとれるようになってくる。
人間関係	・保育士等や友だちなどとの安定した関係の中で、意欲的に生活や遊びを楽しむようになる。 ・その子どもなりの目的をもち粘り強く取り組んだり、難しいことに挑戦したりする。 ・仲の良い友だちだけではなくいろいろな友だちと一緒に遊んだり、クラス全体で協同して遊ぶことができるようになる。その中で、共通の目的をもち、工夫したり、協力したりすることを楽しむ。 ・相手の思いを受け入れたり、自分で気持ちを立て直したりすることができるようになり、子どもたち同士で話し合い、解決しようとする。 ・よいことや悪いことがあることに気づき、考えながら行動する。 ・生活上の決まりや集団で遊ぶ際のルールの必要性を理解し守ろうとする。 ・共同で使う遊具や用具を大切にし、譲り合って使えるようになる。 ・相手や状況に応じた言葉や振る舞いを考え行動しようとする。
環境	・自然などの身近な事象に触れて遊ぶ中で、その大きさや、美しさ、不思議さに関心をもち、遊びの中に取り入れていく。 ・身近な動植物に親しみ、いたわったり、進んで世話をしたりする。 ・物の性質や仕組みに合わせた扱い方ができる。また、その性質を生かして考えたり、予想したり、工夫したりするなど、身近な環境との多様な関わりを楽しむ。 ・生活や遊びの中で季節の変化を感じるとともに、季節に応じた生活の仕方を知る。また、四季折々の行事に関心をもち、進んで参加し、自分なりの役割を果たす。 ・国旗に親しみ、様々な文化に興味・関心をもつ。 ・日常生活の中で、数量や図形に関心をもち、生活や遊びに取り入れる。日にちや時間にも関心をもつようになる。 ・日常生活の中で簡単な標識や文字に関心をもち、その意味を理解し、生活や遊びに取り入れる。 ・身近な情報に関心をもち、調べたり、公共の施設での過ごし方を理解したりする。
言葉	・人の話を注意して聞き、相手に分かるように話そうとする等、言葉による伝え合いを楽しむ。 ・自分が体験したことや考えたことを言葉で表現しようとする。 ・絵本や物語などで見たり、聞いたりしたことを想像し表現することを楽しむ。 ・絵本や紙芝居、言葉遊び等を楽しむ中で、言葉の美しさや楽しさに気づき、自ら使って楽しむ。 ・文字や絵、標識などの記号の果たす役割や機能を理解し、遊びや生活の中で記号や文字を使おうとする。
表現	・様々な音、形、色、手触り、動きなどに気づき、感動したことや考えたことなどを、自分なりの方法で表現する。また、表現する中で友だちと感動を共有する喜びを味わう。 ・音楽に親しみ、友だちと一緒に歌を歌ったり、踊ったり、簡単な楽器を演奏したりする楽しさを味わう。 ・様々な素材や道具、用具を使って、体験したことや、イメージしたこと、また、遊びに必要な物を書いたり作ったりすることを楽しむ。 ・友だちと共通の目的をもって遊ぶ中で、イメージを共有しながら演じたり遊んだりすることを楽しむ。

資料：厚生労働省「保育所保育指針解説」2018．をもとに作成。

Step2

> **1. 長期の指導計画を作成するうえで必要な子どもの姿の理解**

　就学前最後の1年となる5歳児の長期の指導計画は、前年度末の子どもの姿（保育所等でのこれまでの育ち）をもとに、**Step1**で示した「ねらい及び内容」「幼児期の終わりまでに育ってほしい姿」を意識しながら、小学校就学を見通して作成する。以下、長期の指導計画を作成する際に理解しておくとよい子どもの姿を4期に分けて記す（各期の分け方は園によって異なる）。

I期（4〜5月）【新たな環境に慣れ、年長児としての自覚が芽生える時期】

　新たな担任や友だち、保育室等の環境の変化に対する不安や戸惑いと、園で最年長になったことに対する期待や喜びをもつ。そして、当番活動や年下の子どもの世話をしようとするなど、年長としての役割を進んで行おうとする。日にちや時間に関心をもち生活する姿がみられるようになる。一人ひとりが好きな遊びを見つけ、遊び込む姿がみられるようになる。また、遊びのなかで生き物や植物を探すことや動植物の世話等を通して、自然に対する興味や関心をもつ。

II期（6〜8月）【仲のよい友だちとのかかわりを中心とした自己充実の時期】

　1日の生活に見通しをもって生活できるようになる。そして、新たなことや苦手なことにも挑戦してみようとする姿がみられるようになる。複数の友だちと一緒に生活や遊びを楽しむようになるが、意見のぶつかり合いや自分の考えを相手にうまく伝えられない等、十分に楽しめないこともある。泥遊びや水遊びなど全身を思いっきり使って夏ならではの遊びを楽しむ。

III期（9〜12月）【友だちと一緒に目的を共有して遊ぶことを楽しむ時期】

　身体の使い方がさらに巧みになり、鉄棒や縄跳びなどさまざまな運動遊びに挑戦するようになる。さらに、ルールのある遊びや勝敗のあるゲーム遊びを楽しむようになる。言葉が豊かになり、友だちと一緒にイメージを共有しながら日常の生活で体験したことや絵本等の想像の世界を再現して遊び、何日も継続して遊ぶようになる。また、遊びに必要なものを自分たちでつくったりして、ごっこ遊びがより豊かになる。秋の自然に触れ、自然物を遊びに取り入れたり図鑑等で調べたりする。

Ⅳ期（1～3月）【自信をもって行動することができ自己や友だちの成長を感じながら、友だちと一緒に協同して遊ぶことを楽しむ時期】

　年長児としての自覚が強まり、役割や責任をもった行動ができるようになる。複数の子どもたちで協力しながら、遊びを発展していく姿が多くみられるようになり、そのなかで、数や記号、文字を使おうとする姿がみられるようになる。さらに、（地域にもよるが）氷や霜柱、雪などの冬ならではの自然に触れることで、自然の不思議さや面白さに気づき、それらを取り入れて遊ぶことを楽しむ。また、就学に対する期待とともに、新たな生活に対する不安を感じることがある。

　長期の指導計画の立案においては、この他に地域社会の文化や伝統、保育所の行事、栽培等の長期的な見通しが必要な活動を考慮する必要がある。

2. 短期の指導計画作成の留意点

　短期の指導計画を作成する際の視点や留意点を具体的に学べるよう、「5歳児の週案（例）」を記載した（**図表14-2**）。以下、**図表14-2**をもとに解説する。

前週の子どもの姿からねらいや内容を考える

　前週（または前日）の子どもの姿から「発達課題」をとらえることで、「保育者の願い」（＝「経験してほしいこと」や「伝えたいこと」）が生まれ、今週のねらいにつながっている。**図表14-2**で示すと、**図表14-3**のようなつながりがあることがわかる。

　短期の指導計画の「ねらい」や「内容」を考える際にも、Step 1で示した「ねらい及び内容」や「幼児期の終わりまでに育ってほしい姿」を視点に作成する。

図表14-3　「前週の子どもの姿」と「今週のねらい」のつながり

前週の子どもの姿	今週のねらい（内容）
1つのコーナーで友だち数人と一緒に遊ぶ姿もみられるが、意見がぶつかり納得がいかないと途中で抜けてしまうこともある。	仲のよい友だちと一緒に、イメージを共有しながら遊ぶことを楽しむ。
数人の子どもたちで虫探しに夢中になり、捕まえた昆虫を飼いたいという子どもが出てきた。栽培している植物に進んで水をやったり、絵に描いたりする姿もみられる。	動物や昆虫等の飼育や植物の栽培等を通して、身近な生き物に親しみをもって接する。

図表14-2 5歳児の週案（例）【6月18日（月）～6月22日（金）第3週目】

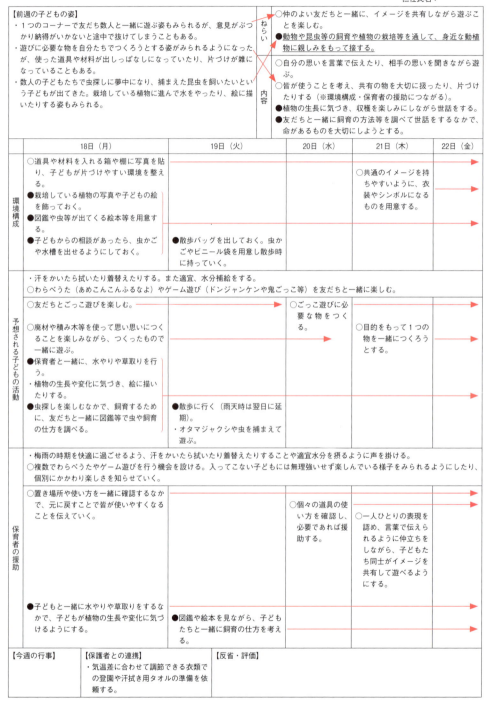

Step2

図表14-4 年間指導計画の「ねらい」と月案の「ねらい」のつながり

<年間指導計画>Ⅱ期（6〜8月）のねらい
・生活に必要なことに気づき、自分たちで取り組もうとする。
・自分なりの目的をもって遊ぶなかで満足感を味わったり、気の合った友だちと一緒に遊ぶことを楽しむ。
・身近な動植物や自然に触れるなかで、その不思議さや特性、性質に興味関心をもつ。

6月のねらい	7月のねらい	8月のねらい
・必要な生活習慣を身につけるなど、自分の健康に関心をもつ。 ・梅雨時の自然や身近な動植物に触れ、生長や変化に気づき、関心をもつ。 ・自分なりの目当てをもち、試したり・考えたり、挑戦することを楽しむ。	・夏の生活の仕方を知り、自分から進んで行う。 ・友だちと一緒に夏ならではの遊びを思いっきり楽しむ。 ・お互いの思いを伝えながら友だちと一緒に遊ぶことを楽しむ。	・自分なりの目当てをもって、夏ならではの遊びを楽しむ。 ・夏の自然に触れ合うなかで、その不思議さやいのちの大切さに気づく。 ・友だちとやり取りをしながら、イメージを共有したり、遊びを広げていくことを楽しむ。

月案とのつながりを確認する

　上記で示したとおり、短期の指導計画を作成する際には、子どもの姿をもとに「ねらい（内容）」を検討することを優先する。しかし、発達に必要な経験を保障するためには、先を見通して必要な経験等を考えることも大切であるため、長期の指導計画とのつながりを確認する必要がある。**図表14-2**と**図表14-4**の「ねらい」に下線を引いた部分をみると、年間指導計画から月の指導計画（月案）、さらに、週の指導計画（週案）へと「ねらい」がつながっており、より具体的に示していることがわかる。

　そして、ねらいや内容を考えたら、ねらいを達成するために必要な経験とともに子どもの姿を予想する。さらに、必要な経験を支えるために保育者が行う環境構成や援助をより具体的に考える（詳細は**図表14-2**参照）。

翌週の計画につながる反省・評価（PDCAサイクル）

　ねらいや内容をもとに反省・評価を行い、課題となったことや新たに必要だと思われたことを翌週の週案に反映させていく。また、日々の保育の反省・評価を受けて、週案に書き足したり修正したりすることで、より子どもの実態に即した計画・実践ができるようになる。保育においては、子どもの姿に応じて柔軟に計画を変えていくことも必要である（**第1講参照**）。

Step 3

1. 実習生が作成する指導計画（指導案）の考え方

　実習生が責任実習を行う場合には、事前に対象年齢の発達を確認し活動を考えておくことが多いと思われる。しかし、教科書等に記されている発達はあくまでも目安であるため、対象となる子どもたちに対して考えた活動が適しているのか、指導案を作成する前に確認する必要がある。

　子どもたちの状態によって使用する用具や事前準備、伝えることが異なってくるため、**図表14-5**の指導案（例）の場合には、ビニールテープやホチキス、セロハンテープ等の用具をどのように使っているのか、その用途がわかり適切に扱えているのか等を観察する。また、日ごろから廃材等を使って自由に何かをつくる経験をしているのかについても確認することが必要である。

　遊びのなかで、それぞれの思いを形にすることに慣れている場合と、そうではない場合とでは、導入の仕方や制作過程での保育者の援助や配慮の仕方も異なってくる。制作は、年齢というよりも経験や、発達による差のほうが大きいため、実習が始まってから対象の子どもたちの姿をていねいにとらえ、活動内容や事前準備、保育者の援助や配慮を再検討することが大切である。

　さらに、**図表14-5**の指導案（例）には「友だちと一緒に楽しむ」ことがねらいに含まれているが、この時期は個々の思いを表現することを第一に考え援助や配慮の仕方や遊び方を検討する。しかし、実習時期が年度の後半であれば「協同で遊ぶこと」に重点をおく等、同じ年齢でも実習時期によって、「ねらい」（できることや経験してほしいこと）や保育者の援助や配慮が変わってくることを理解しておくことが大切である。

2. 年齢（発達）に応じた保育者の意図

　5歳児になると「○○してから〜にする」など、複数のことを一度に伝えても理解できるようになる。そのため保育者は、材料や道具を取りに行く際にも、「ハサミとホチキスを取ってきたら、材料を選びにいく」など、いくつかのことを同時に伝えたり（3歳児であれば「ハサミを取ってくるよ」と伝え、ハサミを取ったことを確認したら座るように声をかける等、1つずつの行動を確認しながら行う）、グループの人数を数えて材料を取りにくる、机のシートを自分たちで敷く等、活動の準備の段階においても、発達を考え、子どもたちに経験してほしいことを意図する。

また、**図表14-5**では活動面しか記載していないが、日常生活のなかでも5歳児の場合には、子どもたちが考えて取り組めるようなかかわりをしている。例えば、上記の活動後には「濡れた船や手足をタオルで拭き、部屋に戻ったら船を自分のロッカーの上に置いて昼食の準備をするように伝える」等、その後の生活の流れも伝えることで、先の見通しをもって行動することができるようになる。

　よって、日常のなかでの保育者の言葉がけやかかわりから保育者の意図を考えること、さらに対象の子どもたちが理解できる内容（範囲）等をとらえ、言葉かけや配慮等を考える必要がある。

3.「ねらい」に込められた保育者の願い

　保育者は子どもの姿から、経験してほしいこと等を考え意図的（いとてき）に活動を設定したり、環境を構成したりする。よって、実習においても、子どもたちに経験してほしいこと（ねらい）を考えて取り組むことで、保育者としての視点を学ぶことができる。

　ねらいは、簡潔な言葉で記されることが多いが、簡潔に示された「ねらい」のなかには、保育者の願いが込められている。よって、「保育者の願い」が「子どもの姿」と「ねらい」をつないでいる（「子どもの姿」⇒「保育者の思い」⇒「ねらい」）といえる。ここでは、「子どもの姿」から「保育者の願い」を考えることで、「子どもの姿」と「ねらい」との関連を考えてみてほしいと思う。

4. 評価の観点

　「楽しく取り組めたから」「スムーズに進められたから」という評価に終わってしまわないよう、活動の評価を行う際には「ねらいに応じた評価の観点」をもつことが大切である。

　図表14-5の評価の観点としては、以下の2点があげられる。

- 自分のつくりたい船をイメージして、思い思いに制作過程を楽しんでいるか。
- 友だちと一緒につくったり、競争したりすることを楽しんだり、その過程で自分のイメージや思いを伝え合う姿がみられるか。

図表14-5　指導案（例）（部分・全日）

年　6月21日（木）天候（晴れ）	実習生氏名：
配属クラス　　　　組（5歳児） 男児（ 13名）　女児（ 14名）　計（ 27名）	担当保育者氏名 　　　　○○　○○○先生

子どもの姿	ねらい
・ハサミやホチキス、セロハンテープ等の用具の扱い方がわかり、牛乳パックや空き箱を利用して思い思いにつくることを楽しんでいる。 ・仲のよい友だちと一緒に、自分の考えを伝えたり、友だちの思いを聞きながら一緒に遊んだりする姿がみられる一方で、うまく自分の思いを伝えられず遊びが続かないこともある。	イメージを膨らませながら思い思いの船をつくり、友だちと一緒に浮かばせて遊ぶことを楽しむ
	活動内容
	廃材を使って友だちと一緒にアイディアを出し合いながらイメージした船をつくり、浮かばせたり、競争したりする

時間	環境構成	子どもの活動	保育者の援助・配慮
10：00	（保育室配置図：入口、ピアノ、材料A、廃材、保育者、ロッカー） <材料A> ・牛乳パックを半分に切ったもの（30個） ・食品トレー（20個） ※子どもたちが選びやすいように中央の机に並べておく	○保育者の話を聞く ・船の絵や写真を見たり、保育者の質問に答えたりしてさまざまな船があることを知る。 ・近くの友だちと、それぞれがイメージした船について話したり、自分がイメージしたことを皆の前で発表したりしてイメージを膨らませる。 ○制作：船をつくる	・いろいろな船の絵や写真を見せながら、何をする船か等を質問しながら、さまざまな船があることに気づけるようにする。 ・船をつくって遊ぶことを伝え、どのような船をつくりたいか問いかけたり、近くの友だちと一緒に話をしたりして、イメージが膨らむようにする。 ・それぞれのイメージを受け止め、制作に意欲がもてるようにする。 ・いくつか保育者がつくった船を見せて、どのような材料から構成されているのか確認できるようにする。
10：15		・自分がつくりたい船をイメージして、材料を選ぶ。 ・ハサミを取ってくる。	・保育者の右側（ピアノ側）の机に座っている子どもに材料Aから使いたいものを選ぶように伝え、保育者の左側（ロッカー側）に座っている子どもには道具箱からハサミを取ってくるように伝える（交代する）。
	・汚れることを気にせず制作に集中できるよう、机にビニールシートを敷く。 <材料B> ・油性のマジック（各机1セット＋予備3セット） ・牛乳パックを7cm×7cm位の大きさに切ったもの（30枚） ・ストロー（各机10本位） ・ビニールテープ（赤・青・黄・緑・オレンジ） ＊適当な長さに切ってクリアファイル等に貼っておく ・セロハンテープ（各机1台）	・友だちと協力して机にシートを敷く。 ・グループの1人が、材料Bが入った箱を取りに来て、グループの友だちに配る。	・机に敷くシートを配る。 ・グループの1人が、材料Bを入れた箱を取りに来るように伝える。
10：20		・ストローの飲み口のほうに、4か所切り込みを入れる。 ・牛乳パックを切ったものを好きな形に切って旗をつくる。	・実際にやりながら、ストローの曲がる部分から短いほうに切り込みを入れることを伝える。 ・牛乳パックを切ったものを好きな形に切り、絵等を描いたら、ストローに貼り付けるように伝える。
10：25	<廃材> ・プリンカップ等	・思い思いに船をつくる。	・ストローの貼り方を前に描いて伝えてから、絵を描いたり、廃材等を活用して、思い思いの船をつくるように伝える。 ・プリンカップ等、使いたい物は自分で取りに来るように伝える。

			・マジックは譲り合って使うよう伝え、同じ色が使いたい場合には前に取りに来るように伝える。 ・旗を固定する際等、1人で難しい部分は、友だちと協力して取り組むように伝える。 ・子どもの様子を見ながら、工夫している点や、協力している姿を見つけたら周りに紹介し、参考にしたり、認め合ったりする機会を設ける。 ・なかなか取り組めない子どもには、イメージを聞きながら、形にできるように一緒に考える。
	※ビニールプールやタライ等をいくつか用意し、朝遊んでいる時に水を入れておく（使用できる用具や置く場所は事前に確認する）。		
10：50	・移動する際には、修理や改善ができるよう、用具や余った材料等をもっていく。	・終わった子どもは、ゴミや使わない用具を片づける。 ・トイレに行きたい子どもはトイレに行き、カラー帽子を被る。 ・船を持って、靴を履いて、ビニールプールやタライが出してある場所に移動する。	・外に行くので、終わった子はトイレに行きカラー帽子を被るように伝える。 ・皆が終わったのを確認し、ビニールプールやタライを出してある場所に移動することを伝える。
11：00 11：20	・ストロー等を準備して、息を吹きかけると船が進むことに気づくようにする。 ・濡れた船や手足を拭けるようにタオルを用意しておく。	○船を浮かばせて遊ぶ。 ・友だちと一緒に浮かべたり、競争したりして遊ぶ。 ○片づけて部屋に戻り、船をロッカーの上に置く。	・浮かばせて遊ぶなかで出たアイデアなどを取り上げ、皆で試したり、競争したりできるよう援助する。 ・濡れた船や手足をタオルで拭き、部屋に戻ったら船を自分のロッカーの上に置いて昼食の準備をするように伝える。

○演習 1

「それまでの子どもの姿」をもとに、<u>自分が保育者だったら</u>どのような願いをもつのかを考え記してみよう。

「子どもの姿」や自分が考えた「保育者の願い」をもとに「活動のねらい」を考えてみよう。

それまでの子どもの姿	【保育者の願い】
・用具の扱い方がわかり、牛乳パックや空き箱を利用して思い思いにつくることを楽しんでいる。	
・仲のよい友だちと一緒に、自分の考えを伝えたり、友だちの思いを聞きながら一緒に遊んだりする姿がみられる一方で、うまく自分の思いを伝えられず遊びが続かないこともある。	

【活動のねらい】

　子どもの姿のとらえ方や保育者の願いによって、「ねらい」は変わってくる。皆さんが考えた「保育者の願い」をもとに「活動のねらい」を考えた場合、**図表14-5**に記した「ねらい」とは異なってくるかもしれない。ねらいが異なれば活動内容自体が変わってくることもある。

　保育には正解はないといわれるが、無意図的に行っているわけではなく、日々目的（ねらい）をもって保育を行っていることを保護者等に伝えていくことが大切である。保護者等にわかりやすく伝えるためには、保育者一人ひとりが子どもの姿をどのようにとらえ、どのような経験をしてほしいのか（保育者の願い）を明確にし、関連づけて伝えることが必要である。

Step3

○**演習2**

　他の保育者や保護者に今回の活動のポイントを伝えられるように、**図表14-5**の内容のなかで、「保育者の姿」や「ねらい」に関連していると思われる「子どもの姿」や「保育者の援助・配慮」等に印をつけ、今回の活動のポイントをいくつかあげてみよう。

【保護者等に伝える活動のポイント】

参考文献

- 厚生労働省編『保育所保育指針解説書』フレーベル館，2008．
- 厚生労働省編『保育所保育指針解説 平成30年3月』フレーベル館，2018．
- 文部科学省『幼稚園教育指導資料第1集 指導計画の作成と保育の展開（平成25年7月改訂）』フレーベル館，2013．
- 5歳児の指導計画執筆グループ『役立つ！書ける！ 5歳児の指導計画 平成30年度施行要領・指針対応』チャイルド本社，2018．
- 大竹節子・塩谷香監『改訂版 0～5歳児の発達と保育と環境がわかる本』ひかりのくに，2012．
- 佐藤暁子・川原佐公編著『0～5歳児 指導計画の書き方がよくわかる本』ひかりのくに，2013．
- 白石正久『発達の扉＜上＞──子どもの発達の道すじ』かもがわ出版，1994．
- 田中真介監，乳幼児保育研究会編著『発達がわかれば子どもが見える──0歳から就学までの目からウロコの保育実践』ぎょうせい，2009．

COLUMN　子どもの姿をイメージできること

　実習指導で指導案作成の話をすると、最初は「指導案を書くのが大変」「書けない」という学生の声を聞くことが多い。実習園についてもよくわからず、目の前に子どもの姿がない状況で指導案を作成するのは大変だし、なかなか書けないのは当然のことだろう。

　しかし、こんな活動をやってみたいと自分なりに目的をもって取り組んでいると、「こんな時、子どもはどうするのかな？」「こうしたいけどできるかな」等、子どもの姿をイメージしながら指導案の内容を考えるようになってくる。そうすると、「指導案を書くのは大変だけど楽しくなってきた」や「早くやってみたい」という声が聞かれるようになってくる。そのような学生の声を聞くと、子どもの姿をイメージできることって保育者にとって大切なことだと改めて感じる。

　活動をどう進めるのかだけではなく、子どもの反応や子どもがどうやって遊ぶのか等、子どもの姿をたくさんイメージして、子どもたちと共に活動することが楽しみになるような指導案を作成してほしいと思う。

　子どもの姿をイメージした分、実践した際にイメージが合っていても合っていなくても、振り返りを通して"子ども理解"が深まっていくはずである。

（徳永聖子）

第15講

小学校との接続

　本講では、幼稚園や保育所、幼保連携型認定こども園と小学校の接続について、幼稚園教育要領、保育所保育指針、幼保連携型認定こども園教育・保育要領、小学校学習指導要領をもとに、教育の連続性を意識して、乳幼児期の教育（以下、就学前教育）と小学校教育の円滑な接続について理解し、実践力を身につける。
　就学前教育で培われた教育が小学校教育にどのようにつながっているのかを理解し、小学校との接続の重要性を考える。

Step 1

1. 乳幼児期の教育から小学校教育の接続を考える

　2017（平成29）年改定（訂）の幼稚園教育要領、保育所保育指針（以下、保育指針）、幼保連携型認定こども園教育・保育要領（以下、教育・保育要領）では、幼児期に育みたい資質・能力を明確にし、小学校への接続の推進に努めることが示されている。そこでは、各学校段階（就学前の教育の場、小学校、中学校、高等学校）を通し、一貫した教育を進めることが強調されている。

幼稚園教諭、保育士、保育教諭の役割

　幼稚園教諭や保育士、保育教諭は、乳幼児期の教育（以下、就学前教育）の場にたずさわる、子どもの成長にかかわる非常に責任のある重要な役割を担う。そのことは、幼稚園教育要領や保育指針、教育・保育要領の「教育、保育の基本」からも推察できる。また、教育基本法の「教育の目標」にも、人格の完成をめざす初期の重要な任務を担わなければならないことが示されている。保育者はこのことを理解して教育、保育にあたらなければならない。

　それでは、これらの内容が示されている箇所を概観してみよう。

（1）幼稚園教育要領

第1章　総則
　第1　幼稚園教育の基本
　　<u>幼児期の教育は、生涯にわたる人格形成の基礎を培う重要なもの</u>であり、幼稚園教育は、学校教育法に規定する目的及び目標を達成するため、幼児期の特性を踏まえ、環境を通して行うものであることを基本とする。

（下線は筆者）

　幼児期の教育は、子どもの生涯にわたる人格形成の基礎を培う重要な役割があると示されている。幼稚園教育は、学校教育法に規定する目的を達成するため、幼児期の子どもの特性をふまえて、環境を通し教育するのである。すなわち、幼稚園は、子どもが遊びを通してさまざまな体験をしながら、経験を重ね学び、小学校以降の学びの基礎を培っていく場所である。

（2）保育所保育指針

第1章　総則
　1　保育所保育に関する基本原則
　　（2）保育の目標

> ア　保育所は、<u>子どもが生涯にわたる人間形成にとって極めて重要な時期</u>に、その生活時間の大半を過ごす場である。このため、<u>保育所の保育は、子どもが現在を最も良く生き、望ましい未来をつくり出す力の基礎を培うため</u>に、次の目標を目指して行わなければならない。
>
> （下線は筆者）

　保育士は、保育所が子どもの生涯にわたる人間形成にとってきわめて重要な時期に、その生活の大半を過ごす場であり、子どもを育てる重要な任務を引き受けていることを認識しなければならない。保育所は、子どもの望ましい未来をつくり出す力の基礎を育てる場であり、保育士は、子どもの望ましい未来をつくり出す力の基礎、すなわち「生きる力」を育むために、保育指針に示されている養護と教育の目標をめざして保育しなければならない。

（3）幼保連携型認定こども園教育・保育要領

> 第1章　総則
> 第1　幼保連携型認定こども園における教育及び保育の基本及び目標等
> 　1　幼保連携型認定こども園における教育及び保育の基本
> 　　<u>乳幼児期の教育及び保育は、子どもの健全な心身の発達を図りつつ生涯にわたる人格形成の基礎を培う重要なもの</u>であり、幼保連携型認定こども園における教育及び保育は、就学前の子どもに関する教育、保育等の総合的な提供の推進に関する法律（平成18年法律第77号。以下「認定こども園法」という。）第2条第7項に規定する目的及び第9条に掲げる目標を達成するため、乳幼児期全体を通して、その特性及び保護者や地域の実態を踏まえ、環境を通して行うものであることを基本とし、家庭や地域での生活を含めた園児の生活全体が豊かなものとなるように努めなければならない。
>
> （下線は筆者）

　ここでも、乳幼児期の教育および保育は人格形成の基礎を培う重要な時期であることが示されている。保育教諭は、子どもの特性や保護者、地域の実態をふまえて教育・保育を行い、園児の生活全体が豊かなものとなるように努めなければならない。

（4）教育基本法

> （教育の目的）
> 第1条　<u>教育は、人格の完成を目指し</u>…（中略）…心身ともに健康な国民の育成を期して行わなければならない。
>
> （下線は筆者）

　教育基本法では、「教育」は、人格の完成をめざして行うものであるということ

を冒頭（第1条）に掲げている。これは、乳幼児期の「教育」から高校、大学までの「教育」に通じる「教育」の目的であり、教育には、人間形成にかかわる重要な責務があるということである。したがって、乳幼児期の子どもの成長にかかわる保育者は、子どもの人格の完成をめざし、保育、教育することを目的としなければならない。つまり、人間が成長していく始期の「乳幼児期」は、人間として形成されていく基盤となる段階であり、人間の基礎づくりにかかわる保育者の責任は大きいといえる。

2. 乳幼児期から大学までの体系的な教育の実施

次に、教育基本法、学校教育法において、幼稚園から始まり大学に至るまで、教育は体系的な位置づけがなされていることを概観しよう。「義務教育及びその後の学校教育」の基礎を乳児期から培うこと、すなわち、就学前教育から一貫した教育を行い、子どもの学びの連続性を確保しようと考えられている。

教育基本法
第6条（学校教育）
2　前項の学校においては、教育の目標が達成されるよう、教育を受ける者の心身の発達に応じて、体系的な教育が組織的に行われなければならない。
第11条（幼児期の教育）
　幼児期の教育は、生涯にわたる人格形成の基礎を培う重要なものであることにかんがみ、国及び地方公共団体は、幼児の健やかな成長に資する良好な環境の整備その他適当な方法によって、その振興に努めなければならない。
（下線は筆者）

学校教育法
第1条
　この法律で、学校とは、幼稚園、小学校、中学校、義務教育学校、高等学校、中等教育学校、特別支援学校、大学及び高等専門学校とする。
＊学校種の規定順は子どもの発達段階に即した順となっている（筆者による加筆）。
第22条
　幼稚園は、義務教育及びその後の教育の基礎を培うものとして、幼児を保育し、幼児の健やかな成長のために適当な環境を与えて、その心身の発達を助長することを目的とする。
（下線は筆者）

就学前の教育・保育の場は、人間形成の基礎段階である。保育者は人格の完成を

めざし、子どもの発達の連続性を考えて教育するために、小学校との接続にも配慮しなければならない。幼稚園教育要領や保育指針、教育・保育要領、小学校学習指導要領の配慮事項にもそのことが記載されている。

幼稚園教育要領
第1章　総則
第3　教育課程の役割と編成等
　5　小学校教育との接続に当たっての留意事項
　　(1)　幼稚園においては、幼稚園教育が、小学校以降の生活や学習の基盤の育成につながることに配慮し、幼児期にふさわしい生活を通して、創造的な思考や主体的な生活態度などの基礎を培うようにするものとする。
　　(2)　幼稚園教育において育まれた資質・能力を踏まえ、小学校教育が円滑に行われるよう、小学校の教師との意見交換や合同の研究の機会などを設け、「幼児期の終わりまでに育ってほしい姿」を共有するなど連携を図り、幼稚園教育と小学校教育との円滑な接続を図るよう努めるものとする。
第6　幼稚園運営上の留意事項
　3　地域や幼稚園の実態等により、幼稚園間に加え、保育所、幼保連携型認定こども園、小学校、中学校、高等学校及び特別支援学校などとの間の連携や交流を図るものとする。特に、幼稚園教育と小学校教育の円滑な接続のため、幼稚園の幼児と小学校の児童との交流の機会を積極的に設けるようにするものとする。（以下略）

（下線は筆者）

保育所保育指針
第2章　保育の内容
　4　保育の実施に関して留意すべき事項
　　(2)　小学校との連携
　　　ア　保育所においては、保育所保育が、小学校以降の生活や学習の基盤の育成につながることに配慮し、幼児期にふさわしい生活を通じて、創造的な思考や主体的な生活態度などの基礎を培うようにすること。
　　　イ　保育所保育において育まれた資質・能力を踏まえ、小学校教育が円滑に行われるよう、小学校教師との意見交換や合同の研究の機会などを設け、第1章の4の(2)に示す「幼児期の終わりまでに育って欲しい姿」を共有するなど連携を図り、保育所保育と小学校教育との円滑な接続を図るよう努めること。
　　　ウ　子どもに関する情報共有に関して、保育所に入所している子どもの就学に際し、市町村の支援の下に、子どもの育ちを支えるための資料が保育所から小学校へ送付されるようにすること。

（下線は筆者）

第15講　小学校との接続

幼保連携型認定こども園教育・保育要領
第1章　総則
第2　教育及び保育の内容並びに子育ての支援等に関する全体的な計画等
　1　教育及び保育の内容並びに子育ての支援等に関する全体的な計画の作成等
　　(5)　小学校教育との接続に当たっての留意事項
　　　ア　幼保連携型認定こども園においては、その教育及び保育が、<u>小学校以降の生活や学習の基盤</u>の育成につながることに配慮し、乳幼児期にふさわしい生活を通して、創造的な思考や主体的な生活態度などの基礎を培うようにするものとする。
　　　イ　幼保連携型認定こども園の教育及び保育において育まれた資質・能力を踏まえ、<u>小学校教育が円滑に行われるよう</u>、小学校の教師との意見交換や合同の研究の機会などを設け、「幼児期の終わりまでに育ってほしい姿」を共有するなど連携を図り、幼保連携型認定こども園における教育及び保育と<u>小学校教育との円滑な接続</u>を図るよう努めるものとする。

（下線は筆者）

小学校学習指導要領
第1章　総則
第4　指導計画の作成等に当たって配慮すべき事項
　2　(12)　学校がその目的を達成するため、地域や学校の実態等に応じ、家庭や地域の人々の協力を得るなど家庭や地域社会との連携を深めること。また、<u>小学校間、幼稚園や保育所、中学校及び特別支援学校</u>などとの間の連携や交流を図るとともに、障害のある幼児児童生徒との交流及び共同学習や高齢者などとの交流の機会を設けること。

第2章　各教科
第1節　国語
第3　指導計画の作成と内容の取扱い
　1　(6)　低学年においては、生活科などとの関連を積極的に図り、指導の効果を高めるようにすること。特に第1学年においては、幼稚園教育における言葉に関する内容などとの関連を考慮すること。

第5節　生活
第3　指導計画の作成と内容の取扱い
　1　(3)　国語科、音楽科、図画工作科など他教科等との関連を積極的に図り、指導の効果を高めるようにすること。特に、第1学年入学当初においては、生活科を中心とした合科的な指導を行うなどの工夫をすること。

第6節　音楽
第3　指導計画の作成と内容の取扱い
　1　(4)　低学年においては、生活科などとの関連を積極的に図り、指導の効果を高めるようにすること。特に第1学年においては、幼稚園教育における表現に関する内容などとの関連を考慮すること。

> 第7節　図画工作
> 　第3　指導計画の作成と内容の取扱い
> 　　1　(5)　低学年においては、生活科などとの関連を積極的に図り、指導の効果を高めるようにすること。特に第1学年においては、幼稚園教育における表現に関する内容などとの関連を考慮すること。
>
> （下線は筆者）

　小学校との接続を考えるうえで、就学に向けた子ども同士の交流の機会を設けたり、保育者と小学校教諭との交流の機会や合同研修の機会をつくり、子どもの成長段階での姿を確認し、子どもが小学校の環境に慣れスムーズに教育が進むようにする必要がある。さらに円滑に小学校の環境に適応できるように、幼稚園や保育所での子どもの姿を記録し、小学校へ送付することが義務づけられるようになっている。したがって、幼稚園や保育所での子どもの姿や生活の様子を小学校へ伝えるため、保育者は日々の子どもの姿や生活の様子を記録しておく必要がある。

Step 2

1. 子どもの育ちを小学校へつなぐ資料を作成するために

　保育者は、幼稚園や保育所、幼保連携型認定こども園の生活を通し育まれた子どもの育ちの姿を記録し、小学校へつなぐための資料を作成しなければならない。そしてその資料を幼稚園や保育所、幼保連携型認定こども園から小学校へ送付することが義務づけられている。

　各園では、子どもの学籍、指導の過程や結果の要約を記録し、小学校入学後の指導や外部に対する証明として役立たせるための資料を作成する必要がある。それが「幼稚園幼児指導要録」「保育所児童保育要録」「幼保連携型認定こども園園児指導要録」（以下、要録）である。幼稚園や保育所、幼保連携型認定こども園では、責任をもって育ててきた一人ひとりの子どもの育ちを引き継ぐ資料としてこの要録を小学校へ送付する（抄本や写し）ことになっている。この要録をもとに小学校では、一人ひとりの子どもの実態を把握し教育するのである。要録が、乳幼児の教育から小学校教育へ子どもの育ちを円滑につないでいくための資料となるのである。だからこそ要録の作成が必要とされる。

　要録の作成にあたっては、子どもの育ちの姿を根拠づけて正確に記録する能力が必要となる。以下、要録の作成にあたっての留意事項や手順を示す。

保育所児童保育要録に記載する事項について

○入所に関する記録
　1. 児童の氏名、性別、生年月日および現住所　2. 保護者の氏名および現住所
　3. 児童の保育期間（入所および卒所年月日）　4. 児童の就学先（小学校名）
　5. 保育所名および所在地　6. 施設長および担当保育士氏名

○保育に関する記録（図表15-1）

　保育に関する記録は、保育所において作成したさまざまな記録の内容をふまえて、最終年度（小学校就学の始期に達する直前の年度）の1年間における保育の過程と子どもの育ちを要約し、就学に際して保育所と小学校が子どもに関する情報を共有し、子どもの育ちを支えるための資料としての性格をもつものとする。

　保育所における保育は、養護および教育を一体的に行うことをその特性とするものであり、保育所における保育全体を通じて、養護に関するねらいおよび内容をふまえた保育が展開されることを念頭におき、記載する。小学校への接続を意識して記載すること、保育所保育の特徴である「養護」に関するねらいや内容をもとに記載することが求められている。

図表15-1 保育所児童保育要録の記入例

保育所児童保育要録（保育に関する記録） （様式の参考例）

本資料は、就学に際して保育所と小学校（義務教育学校の前期課程及び特別支援学校の小学部を含む。）が子どもに関する情報を共有し、子どもの育ちを支えるための資料である。

ふりがな		保育の過程と子どもの育ちに関する事項	最終年度に至るまでの育ちに関する事項
氏名		（最終年度の重点） ・入園当初からマイペースではあるが、基本的な生活習慣は身についている。保育士はそのペースを見守りながら、行動に自信がもてるように言葉かけをしてきた。 ・家庭での生活習慣が整っているようで、いつも穏やかで情緒も安定している。	2歳児より入園。徐々に園生活に慣れ、自分から遊びに参加したり、身の回りのことを進んで自分でしようとするようになり園生活を楽しんでいる。 真面目な性格でいろいろなことにていねいに取り組む。誰にでも優しく、自分から教えてあげたり手助けしてあげたりすることができるようになってきた。保育士が認めることにより、安心して友だちと一緒に遊び楽しむ姿がみられる。
生年月日	年　月　日		
性別		（個人の重点） ・人とのかかわりをもつ機会を多くし、自信をもって主体的に活動できるように支援する。	
ねらい （発達を捉える視点）			
健康	明るく伸び伸びと行動し、充実感を味わう。	（保育の展開と子どもの育ち） ・家では活発だが、内弁慶な面があり園では大人しくみられているが、保育士に見守られ仲立ちしてもらいながら、徐々に友だちに自分の思いを伝え、活発に遊ぶ様子がみられるようになってきた。 ・自分の気持ちを伝え相手の気持ちも受け入れて遊ぶ機会を多く取り入れ、経験を重ねるなかでルールを守り集団での遊びを楽しむようになってきた。 ・遊びのなかで文字に対する興味、関心が高まるように環境を工夫することで、文字や数字に対する興味が強くなり、友だちに手紙を書いたり自分でストーリーを考えて絵本をつくったりしている様子がみられるようになってきた。 ・自分の経験したことや思ったことなどを、友だちや保育士にわかりやすく楽しみながら伝えることができる。 ・子どもの表現を認めていくことで、劇遊びを通して、みんなの前で話したり歌ったりしてイメージ豊かに表現できるようになってきた。	
	自分の体を十分に動かし、進んで運動しようとする。		
	健康、安全な生活に必要な習慣や態度を身に付け、見通しをもって行動する。		
人間関係	保育所の生活を楽しみ、自分の力で行動することの充実感を味わう。		
	身近な人と親しみ、関わりを深め、工夫したり、協力したりして一緒に活動する楽しさを味わい、愛情や信頼感をもつ。		
	社会生活における望ましい習慣や態度を身に付ける。		
環境	身近な環境に親しみ、自然と触れ合う中で様々な事象に興味や関心をもつ。		幼児期の終わりまでに育ってほしい姿 ※各項目の内容等については、別紙に示す「幼児期の終わりまでに育ってほしい姿について」を参照すること。
	身近な環境に自分から関わり、発見を楽しんだり、考えたりし、それを生活に取り入れようとする。		
	身近な事象を見たり、考えたり、扱ったりする中で、物の性質や数量、文字などに対する感覚を豊かにする。		
言葉	自分の気持ちを言葉で表現する楽しさを味わう。		健康な心と体
	人の言葉や話などをよく聞き、自分の経験したことや考えたことを話し、伝え合う喜びを味わう。		自立心
	日常生活に必要な言葉が分かるようになるとともに、絵本や物語などに親しみ、言葉に対する感覚を豊かにし、保育士等や友達と心を通わせる。		協同性
			道徳性・規範意識の芽生え
			社会生活との関わり
			思考力の芽生え
表現	いろいろなものの美しさなどに対する豊かな感性をもつ。	（特に配慮すべき事項） ・欠席することもほとんどなく健康状態は良好である。 ・左ひじが脱臼しやすく今年度までに家庭で一度、園で二度あったが、それ以降は落ち着いている。無理に引っ張ったり、ねじらないように注意が必要である。	自然との関わり・生命尊重
	感じたことや考えたことを自分なりに表現して楽しむ。		数量や図形、標識や文字などへの関心・感覚
	生活の中でイメージを豊かにし、様々な表現を楽しむ。		言葉による伝え合い
			豊かな感性と表現

保育所における保育は、養護及び教育を一体的に行うことをその特性とするものであり、保育所における保育全体を通じて、養護に関するねらい及び内容を踏まえた保育が展開されることを念頭に置き、次の各事項を記入すること。
○保育の過程と子どもの育ちに関する事項
＊最終年度の重点：年度当初に、全体的な計画に基づき長期の見通しとして設定したものを記入すること。
＊個人の重点：1年間を振り返って、子どもの指導について特に重視してきた点を記入すること。
＊保育の展開と子どもの育ち：最終年度の1年間の保育における指導の過程と子どもの発達の姿（保育所保育指針第2章「保育の内容」に示された各領域のねらいを視点として、子どもの発達の実情から向上が著しいと思われるもの）を、保育所の生活を通して全体的、総合的に捉えて記入すること。その際、他の子どもとの比較や一定の基準に対する達成度についての評定によって捉えるものではないことに留意すること。あわせて、就学後の指導に必要と考えられる配慮事項等について記入すること。別紙を参照し、「幼児期の終わりまでに育ってほしい姿」を活用して子どもに育まれている資質・能力を捉え、指導の過程と育ちつつある姿をわかりやすく記入するように留意すること。
＊特に配慮すべき事項：子どもの健康の状況等、就学後の指導において配慮が必要なこととして、特記すべき事項がある場合に記入すること。
○最終年度に至るまでの育ちに関する事項
　子どもの入所時から最終年度に至るまでの育ちに関し、最終年度における保育の過程と子どもの育ちの姿を理解する上で、特に重要と考えられることを記入すること。

1　保育の過程と子どもの育ちに関する事項
　　最終年度における保育の過程および子どもの育ちについて、次の視点から記入する。
　①　最終年度の重点
　　　年度当初に、全体的な計画に基づき長期の見通しとして設定したものを記入する。
　②　個人の重点
　　　1年間を振り返って、子どもの指導について特に重視してきた点を記入する。
　③　保育の展開と子どもの育ち
　　・保育所保育指針第2章「保育の内容」に示された各領域のねらいを視点として他の子どもとの比較や一定の基準に対する達成度についての評定によってとらえるのではなく、子どもの発達の実情から向上が著しいと思われるものを記入する。
　　・就学後に必要と考えられる配慮事項について記載する。
　　・特に小学校における子どもの指導に活かされるよう、「幼児期の終わりまでに育ってほしい姿」を活用して子どもに育まれている資質・能力をとらえ、指導の過程と育ちつつある姿をわかりやすく記入するよう留意する。
　④　特に配慮すべき事項
　　　子どもの健康の状況等、就学後の指導における配慮が必要なこととして、特記すべき事項がある場合に記入する。
2　最終年度に至るまでの育ちに関する事項
　　子どもの入所時から最終年度に至るまでの育ちに関して、最終年度における保育の過程と子どもの育ちの姿を理解するうえで、特に重要と考えられることを記入する。

2. 保育者にとって要録を作成する意味

　要録を作成する際、保育者は自分の保育を振り返ることになる。したがって、子どもの成長と保育者としての資質を振り返るために、日ごろから保育の記録を残し、子ども理解に努める姿勢が大切である。常に、「子どもへの援助や環境構成はどうだったか」「それによって子どもは、どのように活動し成長したか」ということを振り返り、考えるのである。こうして成長過程の根拠を明確に分析できる姿勢

を身につけることで、自身の保育の質が高まり、責任をもって小学校へ伝えることができる保育者になっていくのである。

Step 3

1. 乳幼児期の教育との接続

　Step 1、Step 2 では、幼児期と児童期（小学校期）の教育における学びの連続性を意識して、小学校接続への目的について解説した。幼児期と児童期では、発達の段階に即（そく）した教育内容や教育方法がある。例えば、幼稚園や保育所では「遊びのなかでの学び」を大事に教育している。それは、「学びの芽生え」として、意識的に"学んでいる"わけではないが、楽しいことや好きなことに集中することを通じて、結果的にさまざまなことを学んでいく段階である。

　一方、小学校では、各教科等の授業を通した学習であり、学ぶことについての自覚があり、集中する時間とそうでない時間との区別をつけ、与えられた課題を自分の課題として受け止め、計画的に学習を進めることができる段階である。

　図表15-2は、幼児期と児童期の教育の違いについてまとめている。こうした教育内容の違いをふまえつつ、「幼児期の教育と小学校教育の円滑な接続の在り方について」（「幼児期の教育と小学校教育の円滑な接続の在り方に関する調査研究協力者会議報告書」（平成22年11月11日））では、幼児期と児童期の教育目標を「学びの

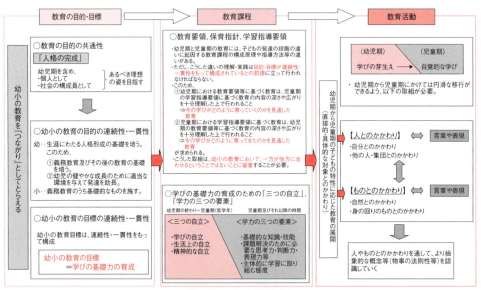

図表15-2　幼児期から児童期にかけての教育の構造等

（※1）・「学びの自立」‥自分にとって興味・関心があり、価値があると感じられる活動を自ら進んで行うとともに、人の話をよく聞いて、それを参考にして自分の考えを深め、自分の思いや考えなどを適切な方法で表現すること。
・「生活上の自立」‥生活上必要な習慣や技能を身に付けて、身近な人々、社会及び自然と適切にかかわり、自らよりよい生活を創り出していくこと。
・「精神的な自立」‥自分のよさや可能性に気付き、意欲や自信をもつことによって、現在及び将来における自分自身の在り方や夢や希望をもち、前向きに生活していくこと。
（※2）「教育の目的・目標」→「教育課程」→「教育活動」という流れに加え、実際には「教育活動」から「教育課程」を見直すといった流れもある。

資料：「幼児期の教育と小学校教育の円滑な接続の在り方について」（「幼児期の教育と小学校教育の円滑な接続の在り方に関する調査研究協力者会議報告書」（平成22年11月11日））

基礎力の育成」という1つのつながりとしてとらえ、それを育成するためには「学びの自立」「生活上の自立」「精神的な自立」という3つの自立を養うことが重要だとしている。

2. 幼稚園教育要領、保育所保育指針、幼保連携型認定こども園教育・保育要領の改定（訂）のめざすところ

（1）改定（訂）の基本的な考え方

2017（平成29）年の改定（訂）では、乳幼児期の教育（以下、就学前教育）からそれ以降の教育までの一貫性をもつことが重要視された。すなわち、学校教育において、保育所、幼稚園、認定こども園、小学校、中学校、高等学校等の教育に共通の目標が示されたのである。

① 資質・能力の一層確実な育成と「社会に開かれた教育課程」
② 知識理解の質をさらに高めた「確かな学力」の育成
③ 道徳教育の充実や体験活動の重視など「豊かな心や健やかな体」の育成

（2）育みたい資質・能力の3つの柱

育みたい資質・能力を明確化させるために、3つの柱（**図表15-3**）が、就学前教育からそれ以降の教育まで一貫したものとして示された（**図表15-4**）。

（3）幼児期の終わりまでに育ってほしい姿

育みたい3つの柱をもとに、「幼児期の終わりまでに育ってほしい姿」が示された。これは、保育所、幼稚園、幼保連携型認定こども園で取り組む保育・教育の「ねらい、内容」に基づく活動全体を通して資質・能力が育まれている子どもの、小学校就学前の時点の具体的な姿であり、保育者が指導を行う際に考慮するものである。

図表15-3 育みたい資質・能力の3つの柱

小学校、中学校、高等学校等	就学前教育
1．知識・技能 2．思考力・判断力・表現力等 3．学びに向かう力、人間性等	1．知識・技能の基礎 2．思考力・判断力・表現力等の基礎 3．学びに向かう力、人間性等 ＊就学前教育では「基礎」を培うのであり、それは遊びを通して総合的に指導する。

図表15-4 幼稚園教育要領の構造化のイメージ

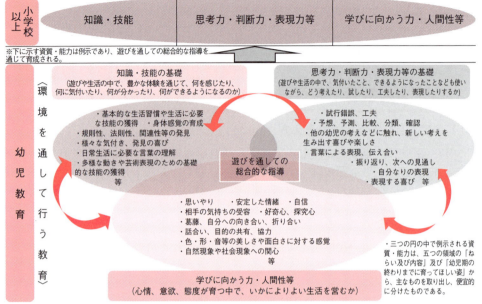

資料：文部科学省幼児教育部会「幼児教育部会における審議の取りまとめ（報告）」資料1，平成28年8月26日

「幼児期の終わりまでに育ってほしい姿」
① 健康な心と体　②自立心　③協同性　④道徳性・規範意識の芽生え
⑤ 社会生活との関わり　⑥思考力の芽生え　⑦自然との関わり・生命尊重
⑧ 数量や図形、標識や文字などへの関心・感覚　⑨言葉による伝え合い　⑩豊かな感性と表現

（4）主体的・対話的で深い学び（「アクティブ・ラーニング」）の視点からの学習過程の改善

　これからの教育では、子どもたちが「何を知っているか」だけではなく、「知っていることを使ってどのように社会・世界とかかわり、よりよい人生を送るか」ということが重要であり、知識・技能・思考力・判断力・表現力等、学びに向かう人間性等、心情、意欲、態度等にかかるすべてをいかに総合的に育んでいくかということが重要である。特に、就学前教育の場でその基礎を育むのである。その効果的な指導方法として「アクティブ・ラーニング」を採り入れた学習法が注目され、今後の実践が期待されている（**図表15-5**）。

Step 3

図表15-5 アクティブ・ラーニングの三つの視点を踏まえた、幼児教育における学びの過程（5歳児後半の時期）のイメージ

幼児教育において、幼児の自発的な活動としての遊びは、心身の調和のとれた発達の基礎を培う重要な学習として位置付けられている。下に示すプロセスは例示であり、順序を含め本例に限定されるものではない。

| 遊びの
プロセス例 | 遊びの創出
遊具・素材・用具や場の選択・準備
友達との誘い合い　等 | 遊びへの没頭
楽しさや面白さの追求　試行錯誤　工夫　協力
失敗や葛藤　問題の解決　折り合い　挑戦　等 | 遊びの振り返り
振り返り
明日への見通し | 次の遊びの創出へ |

幼児教育における重要な学習としての遊びは、様々な形態等で構成されており、下に示す三つの学びの過程を相互に関連させながら、学びの広がりを意識した、指導計画の工夫が望まれる

深い学び　直接的・具体的な体験の中で、「見方・考え方」を働かせて対象と関わって心を動かし、幼児なりのやり方やペースで試行錯誤を繰り返し、生活を意味あるものとして捉える「深い学び」が実現できているか。

感触・感覚・感動	試行錯誤 気付き・発見の喜び	予想・予測・比較 分類・確認	規則性・法則性・関連性等の発見と活用
すごいなぁ きれいだなぁ ○○だね・△△だよ	なぜ・どうして どうなるのかな・見付けた	○○かもしれない・ ○○になりそう ○○は同じだけれど△△は違う	○○だから△△になった ○○なのは△△だから △△すると○○になりそう 次に○○するとどうなるかな

対話的な学び　他者との関わりを深める中で、自分の思いや考えを表現し、伝え合ったり、考えを出し合ったり、協力したりして自らの考えを広げ深める「対話的な学び」が実現できているか。

| 依存と自立
信頼関係 | 自己表現
相手への感情・意識 | 思いの伝え合い
イメージの共有
共感　刺激のし合い | 葛藤
内省
折り合い | 対話や話合い
目的の共有
協力 |

主体的な学び　周囲の環境に興味や関心を持って積極的に働き掛け、見通しを持って粘り強く取り組み、自らの遊びを振り返って、期待を持ちながら、次につなげる「主体的な学び」が実現できているか。

| 安定感・安心感 | 興味や関心 | 自発性 | 自己肯定感 | 好奇心・探究心 | 持続性・粘り強さ | 必要感 | 振り返り・見通し |

環境を通して行う教育

幼児一人一人の行動の理解と予想に基づいた意図的・計画的な環境の構成　　　幼児期にふさわしい生活の展開　遊びを通した総合的な指導　一人一人の特性に応じた指導

資料：文部科学省幼児教育部会「幼児教育部会における審議の取りまとめ（報告）」資料4、平成28年8月26日

参考文献

- 厚生労働省「保育所保育指針」2017.
- 文部科学省「幼稚園教育要領」2017.
- 内閣府・文部科学省・厚生労働省「幼保連携型認定こども園教育・保育要領」2017.
- 文部科学省「小学校学習指導要領」2017.
- 汐見稔幸・無藤隆監『保育所保育指針 幼稚園教育要領 幼保連携型認定こども園教育・保育要領 解説とポイント』ミネルヴァ書房，2018.
- 大田堯『教育とは何か』岩波書店，1990.
- 文部科学省幼児教育部会「幼児教育部会における審議のとりまとめ（報告）」平成28年8月26日
- 文部科学省教育課程部会幼児教育部会資料，平成28年3月30日

参考資料1

― 法 令 等 ―

参考資料1-1 学校教育法（一部抜粋）

第3章　幼稚園

第22条　幼稚園は、義務教育及びその後の教育の基礎を培うものとして、幼児を保育し、幼児の健やかな成長のために適当な環境を与えて、その心身の発達を助長することを目的とする。

第23条　幼稚園における教育は、前条に規定する目的を実現するため、次に掲げる目標を達成するよう行われるものとする。
　一　健康、安全で幸福な生活のために必要な基本的な習慣を養い、身体諸機能の調和的発達を図ること。
　二　集団生活を通じて、喜んでこれに参加する態度を養うとともに家族や身近な人への信頼感を深め、自主、自律及び協同の精神並びに規範意識の芽生えを養うこと。
　三　身近な社会生活、生命及び自然に対する興味を養い、それらに対する正しい理解と態度及び思考力の芽生えを養うこと。
　四　日常の会話や、絵本、童話等に親しむことを通じて、言葉の使い方を正しく導くとともに、相手の話を理解しようとする態度を養うこと。
　五　音楽、身体による表現、造形等に親しむことを通じて、豊かな感性と表現力の芽生えを養うこと。

第24条　幼稚園においては、第22条に規定する目的を実現するための教育を行うほか、幼児期の教育に関する各般の問題につき、保護者及び地域住民その他の関係者からの相談に応じ、必要な情報の提供及び助言を行うなど、家庭及び地域における幼児期の教育の支援に努めるものとする。

第25条　幼稚園の教育課程その他の保育内容に関する事項は、第22条及び第23条の規定に従い、文部科学大臣が定める。

第26条　幼稚園に入園することのできる者は、満3歳から、小学校就学の始期に達するまでの幼児とする。

> **参考資料1-2** 学校教育法施行規則（一部抜粋）

第3章　幼稚園

第37条　幼稚園の毎学年の教育週数は、特別の事情のある場合を除き、39週を下つてはならない。

第38条　幼稚園の教育課程その他の保育内容については、この章に定めるもののほか、教育課程その他の保育内容の基準として文部科学大臣が別に公示する幼稚園教育要領によるものとする。

第39条　第48条、第49条、第54条、第59条から第68条まで（第65条の2及び第65条の3を除く。）の規定は、幼稚園に準用する。

第4章　小学校

第1節　設備編制

第48条　小学校には、設置者の定めるところにより、校長の職務の円滑な執行に資するため、職員会議を置くことができる。

2　職員会議は、校長が主宰する。

第49条　小学校には、設置者の定めるところにより、学校評議員を置くことができる。

2　学校評議員は、校長の求めに応じ、学校運営に関し意見を述べることができる。

3　学校評議員は、当該小学校の職員以外の者で教育に関する理解及び識見を有するもののうちから、校長の推薦により、当該小学校の設置者が委嘱する。

第2節　教育課程

第54条　児童が心身の状況によつて履修することが困難な各教科は、その児童の心身の状況に適合するように課さなければならない。

第3節　学年及び授業日

第59条　小学校の学年は、4月1日に始まり、翌年3月31日に終わる。

第60条　授業終始の時刻は、校長が定める。

第61条　公立小学校における休業日は、次のとおりとする。ただし、第三号に掲げる日を除き、当該学校を設置する地方公共団体の教育委員会が必要と認める場合は、この限りでない。

一　国民の祝日に関する法律（昭和23年法律第178号）に規定する日

二　日曜日及び土曜日

三　学校教育法施行令第29条第1項の規定により教育委員会が定める日

第62条　私立小学校における学期及び休業日は、当該学校の学則で定める。

第63条　非常変災その他急迫の事情があるときは、校長は、臨時に授業を行わないことができる。この場合において、公立小学校についてはこの旨を当該学校を設置する地方公共団体の教育委員会に報告しなければならない。

第5節　学校評価

第66条　小学校は、当該小学校の教育活動その他の学校運営の状況について、自ら評価を行い、その結果を公表するものとする。

2　前項の評価を行うに当たつては、小学校は、その実情に応じ、適切な項目を設定して行うものとする。

第67条　小学校は、前条第１項の規定による評価の結果を踏まえた当該小学校の児童の保護者その他の当該小学校の関係者（当該小学校の職員を除く。）による評価を行い、その結果を公表するよう努めるものとする。

第68条　小学校は、第66条第１項の規定による評価の結果及び前条の規定により評価を行つた場合はその結果を、当該小学校の設置者に報告するものとする。

参考資料1-3 保育所保育指針(一部抜粋)

第1章　総則

3　保育の計画及び評価

(1) 全体的な計画の作成

　ア　保育所は、1の(2)に示した保育の目標を達成するために、各保育所の保育の方針や目標に基づき、子どもの発達過程を踏まえて、保育の内容が組織的・計画的に構成され、保育所の生活の全体を通して、総合的に展開されるよう、全体的な計画を作成しなければならない。

　イ　全体的な計画は、子どもや家庭の状況、地域の実態、保育時間などを考慮し、子どもの育ちに関する長期的見通しをもって適切に作成されなければならない。

　ウ　全体的な計画は、保育所保育の全体像を包括的に示すものとし、これに基づく指導計画、保健計画、食育計画等を通じて、各保育所が創意工夫して保育できるよう、作成されなければならない。

(2) 指導計画の作成

　ア　保育所は、全体的な計画に基づき、具体的な保育が適切に展開されるよう、子どもの生活や発達を見通した長期的な指導計画と、それに関連しながら、より具体的な子どもの日々の生活に即した短期的な指導計画を作成しなければならない。

　イ　指導計画の作成に当たっては、第2章及びその他の関連する章に示された事項のほか、子ども一人一人の発達過程や状況を十分に踏まえるとともに、次の事項に留意しなければならない。

　　(ア)　3歳未満児については、一人一人の子どもの生育歴、心身の発達、活動の実態等に即して、個別的な計画を作成すること。

　　(イ)　3歳以上児については、個の成長と、子ども相互の関係や協同的な活動が促されるよう配慮すること。

　　(ウ)　異年齢で構成される組やグループでの保育においては、一人一人の子どもの生活や経験、発達過程などを把握し、適切な援助や環境構成ができるよう配慮すること。

　ウ　指導計画においては、保育所の生活における子どもの発達過程を見通し、生活の連続性、季節の変化などを考慮し、子どもの実態に即した具体的なねらい及び内容を設定すること。また、具体的なねらいが達成されるよう、子どもの生活する姿や発想を大切にして適切な環境を構成し、子どもが主体的に活動できるようにすること。

　エ　一日の生活のリズムや在園時間が異なる子どもが共に過ごすことを踏まえ、活動と休息、緊張感と解放感等の調和を図るよう配慮すること。

　オ　午睡は生活のリズムを構成する重要な要素であり、安心して眠ることのできる安全な睡眠環境を確保するとともに、在園時間が異なることや、睡眠時間は子どもの発達の状況や個人によって差があることから、一律とならないよう配慮すること。

　カ　長時間にわたる保育については、子どもの発達過程、生活のリズム及び心身の状態に十分配慮して、保育の内容や方法、職員の協力体制、家庭との連携などを指導

　　　　計画に位置付けること。
　　キ　障害のある子どもの保育については、一人一人の子どもの発達過程や障害の状態を把握し、適切な環境の下で、障害のある子どもが他の子どもとの生活を通して共に成長できるよう、指導計画の中に位置付けること。また、子どもの状況に応じた保育を実施する観点から、家庭や関係機関と連携した支援のための計画を個別に作成するなど適切な対応を図ること。
(3) 指導計画の展開
　　指導計画に基づく保育の実施に当たっては、次の事項に留意しなければならない。
　　ア　施設長、保育士など、全職員による適切な役割分担と協力体制を整えること。
　　イ　子どもが行う具体的な活動は、生活の中で様々に変化することに留意して、子どもが望ましい方向に向かって自ら活動を展開できるよう必要な援助を行うこと。
　　ウ　子どもの主体的な活動を促すためには、保育士等が多様な関わりをもつことが重要であることを踏まえ、子どもの情緒の安定や発達に必要な豊かな体験が得られるよう援助すること。
　　エ　保育士等は、子どもの実態や子どもを取り巻く状況の変化などに即して保育の過程を記録するとともに、これらを踏まえ、指導計画に基づく保育の内容の見直しを行い、改善を図ること。
(4) 保育内容等の評価
　　ア　保育士等の自己評価
　　　(ｱ)　保育士等は、保育の計画や保育の記録を通して、自らの保育実践を振り返り、自己評価することを通して、その専門性の向上や保育実践の改善に努めなければならない。
　　　(ｲ)　保育士等による自己評価に当たっては、子どもの活動内容やその結果だけでなく、子どもの心の育ちや意欲、取り組む過程などにも十分配慮するよう留意すること。
　　　(ｳ)　保育士等は、自己評価における自らの保育実践の振り返りや職員相互の話し合い等を通じて、専門性の向上及び保育の質の向上のための課題を明確にするとともに、保育所全体の保育の内容に関する認識を深めること。
　　イ　保育所の自己評価
　　　(ｱ)　保育所は、保育の質の向上を図るため、保育の計画の展開や保育士等の自己評価を踏まえ、当該保育所の保育の内容等について、自ら評価を行い、その結果を公表するよう努めなければならない。
　　　(ｲ)　保育所が自己評価を行うに当たっては、地域の実情や保育所の実態に即して、適切に評価の観点や項目等を設定し、全職員による共通理解をもって取り組むよう留意すること。
　　　(ｳ)　設備運営基準第36条の趣旨を踏まえ、保育の内容等の評価に関し、保護者及び地域住民等の意見を聴くことが望ましいこと。
(5) 評価を踏まえた計画の改善
　　ア　保育所は、評価の結果を踏まえ、当該保育所の保育の内容等の改善を図ること。
　　イ　保育の計画に基づく保育、保育の内容の評価及びこれに基づく改善という一連の

取組により、保育の質の向上が図られるよう、全職員が共通理解をもって取り組むことに留意すること。

参考資料1-4 幼稚園教育要領（一部抜粋）

第1章　総則

第1　幼稚園教育の基本

　幼児期の教育は、生涯にわたる人格形成の基礎を培う重要なものであり、幼稚園教育は、学校教育法に規定する目的及び目標を達成するため、幼児期の特性を踏まえ、環境を通して行うものであることを基本とする。

　このため教師は、幼児との信頼関係を十分に築き、幼児が身近な環境に主体的に関わり、環境との関わり方や意味に気付き、これらを取り込もうとして、試行錯誤したり、考えたりするようになる幼児期の教育における見方・考え方を生かし、幼児と共によりよい教育環境を創造するように努めるものとする。これらを踏まえ、次に示す事項を重視して教育を行わなければならない。

1　幼児は安定した情緒の下で自己を十分に発揮することにより発達に必要な体験を得ていくものであることを考慮して、幼児の主体的な活動を促し、幼児期にふさわしい生活が展開されるようにすること。

2　幼児の自発的な活動としての遊びは、心身の調和のとれた発達の基礎を培う重要な学習であることを考慮して、遊びを通しての指導を中心として第2章に示すねらいが総合的に達成されるようにすること。

3　幼児の発達は、心身の諸側面が相互に関連し合い、多様な経過をたどって成し遂げられていくものであること、また、幼児の生活経験がそれぞれ異なることなどを考慮して、幼児一人一人の特性に応じ、発達の課題に即した指導を行うようにすること。

　その際、教師は、幼児の主体的な活動が確保されるよう幼児一人一人の行動の理解と予想に基づき、計画的に環境を構成しなければならない。この場合において、教師は、幼児と人やものとの関わりが重要であることを踏まえ、教材を工夫し、物的・空間的環境を構成しなければならない。また、幼児一人一人の活動の場面に応じて、様々な役割を果たし、その活動を豊かにしなければならない。

第3　教育課程の役割と編成等

1　教育課程の役割

　各幼稚園においては、教育基本法及び学校教育法その他の法令並びにこの幼稚園教育要領の示すところに従い、創意工夫を生かし、幼児の心身の発達と幼稚園及び地域の実態に即応した適切な教育課程を編成するものとする。

　また、各幼稚園においては、6に示す全体的な計画にも留意しながら、「幼児期の終わりまでに育ってほしい姿」を踏まえ教育課程を編成すること、教育課程の実施状況を評価してその改善を図っていくこと、教育課程の実施に必要な人的又は物的な体制を確保するとともにその改善を図っていくことなどを通して、教育課程に基づき組織的かつ計画的に各幼稚園の教育活動の質の向上を図っていくこと（以下「カリキュラム・マネジメント」という。）に努めるものとする。

2 各幼稚園の教育目標と教育課程の編成

　教育課程の編成に当たっては、幼稚園教育において育みたい資質・能力を踏まえつつ、各幼稚園の教育目標を明確にするとともに、教育課程の編成についての基本的な方針が家庭や地域とも共有されるよう努めるものとする。

3 教育課程の編成上の基本的事項

(1) 幼稚園生活の全体を通して第2章に示すねらいが総合的に達成されるよう、教育課程に係る教育期間や幼児の生活経験や発達の過程などを考慮して具体的なねらいと内容を組織するものとする。この場合においては、特に、自我が芽生え、他者の存在を意識し、自己を抑制しようとする気持ちが生まれる幼児期の発達の特性を踏まえ、入園から修了に至るまでの長期的な視野をもって充実した生活が展開できるように配慮するものとする。

(2) 幼稚園の毎学年の教育課程に係る教育週数は、特別の事情のある場合を除き、39週を下ってはならない。

(3) 幼稚園の1日の教育課程に係る教育時間は、4時間を標準とする。ただし、幼児の心身の発達の程度や季節などに適切に配慮するものとする。

4 教育課程の編成上の留意事項

　教育課程の編成に当たっては、次の事項に留意するものとする。

(1) 幼児の生活は、入園当初の一人一人の遊びや教師との触れ合いを通して幼稚園生活に親しみ、安定していく時期から、他の幼児との関わりの中で幼児の主体的な活動が深まり、幼児が互いに必要な存在であることを認識するようになり、やがて幼児同士や学級全体で目的をもって協同して幼稚園生活を展開し、深めていく時期などに至るまでの過程を様々に経ながら広げられていくものであることを考慮し、活動がそれぞれの時期にふさわしく展開されるようにすること。

(2) 入園当初、特に、3歳児の入園については、家庭との連携を緊密にし、生活のリズムや安全面に十分配慮すること。また、満3歳児については、学年の途中から入園することを考慮し、幼児が安心して幼稚園生活を過ごすことができるよう配慮すること。

(3) 幼稚園生活が幼児にとって安全なものとなるよう、教職員による協力体制の下、幼児の主体的な活動を大切にしつつ、園庭や園舎などの環境の配慮や指導の工夫を行うこと。

5 小学校教育との接続に当たっての留意事項

(1) 幼稚園においては、幼稚園教育が、小学校以降の生活や学習の基盤の育成につながることに配慮し、幼児期にふさわしい生活を通して、創造的な思考や主体的な生活態度などの基礎を培うようにするものとする。

(2) 幼稚園教育において育まれた資質・能力を踏まえ、小学校教育が円滑に行われるよう、小学校の教師との意見交換や合同の研究の機会などを設け、「幼児期の終わりまでに育ってほしい姿」を共有するなど連携を図り、幼稚園教育と小学校教育との円滑な接続を図るよう努めるものとする。

6 全体的な計画の作成

　各幼稚園においては、教育課程を中心に、第3章に示す教育課程に係る教育時間の

終了後等に行う教育活動の計画、学校保健計画、学校安全計画などとを関連させ、一体的に教育活動が展開されるよう全体的な計画を作成するものとする。

参考資料1-5 幼保連携型認定こども園教育・保育要領（一部抜粋）

第1章　総則
　第2　教育及び保育の内容並びに子育ての支援等に関する全体的な計画等
　　1　教育及び保育の内容並びに子育ての支援等に関する全体的な計画の作成等
　　（1）教育及び保育の内容並びに子育ての支援等に関する全体的な計画の役割

　　　　各幼保連携型認定こども園においては、教育基本法（平成18年法律第120号）、児童福祉法（昭和22年法律第164号）及び認定こども園法その他の法令並びにこの幼保連携型認定こども園教育・保育要領の示すところに従い、教育と保育を一体的に提供するため、創意工夫を生かし、園児の心身の発達と幼保連携型認定こども園、家庭及び地域の実態に即応した適切な教育及び保育の内容並びに子育ての支援等に関する全体的な計画を作成するものとする。

　　　　教育及び保育の内容並びに子育ての支援等に関する全体的な計画とは、教育と保育を一体的に捉え、園児の入園から修了までの在園期間の全体にわたり、幼保連携型認定こども園の目標に向かってどのような過程をたどって教育及び保育を進めていくかを明らかにするものであり、子育ての支援と有機的に連携し、園児の園生活全体を捉え、作成する計画である。

　　　　各幼保連携型認定こども園においては、「幼児期の終わりまでに育ってほしい姿」を踏まえ教育及び保育の内容並びに子育ての支援等に関する全体的な計画を作成すること、その実施状況を評価して改善を図っていくこと、また実施に必要な人的又は物的な体制を確保するとともにその改善を図っていくことなどを通して、教育及び保育の内容並びに子育ての支援等に関する全体的な計画に基づき組織的かつ計画的に各幼保連携型認定こども園の教育及び保育活動の質の向上を図っていくこと（以下「カリキュラム・マネジメント」という。）に努めるものとする。

　　（2）各幼保連携型認定こども園の教育及び保育の目標と教育及び保育の内容並びに子育ての支援等に関する全体的な計画の作成

　　　　教育及び保育の内容並びに子育ての支援等に関する全体的な計画の作成に当たっては、幼保連携型認定こども園の教育及び保育において育みたい資質・能力を踏まえつつ、各幼保連携型認定こども園の教育及び保育の目標を明確にするとともに、教育及び保育の内容並びに子育ての支援等に関する全体的な計画の作成についての基本的な方針が家庭や地域とも共有されるよう努めるものとする。

　　（3）教育及び保育の内容並びに子育ての支援等に関する全体的な計画の作成上の基本的事項

　　　　ア　幼保連携型認定こども園における生活の全体を通して第2章に示すねらいが総合的に達成されるよう、教育課程に係る教育期間や園児の生活経験や発達の過程などを考慮して具体的なねらいと内容を組織するものとする。この場合においては、特に、自我が芽生え、他者の存在を意識し、自己を抑制しようとする気持ちが生まれるなどの乳幼児期の発達の特性を踏まえ、入園から修了に至るまでの長期的な視野をもって充実した生活が展開できるように配慮するものとする。

　　　　イ　幼保連携型認定こども園の満3歳以上の園児の教育課程に係る教育週数は、特

別の事情のある場合を除き、39週を下ってはならない。
ウ　幼保連携型認定こども園の1日の教育課程に係る教育時間は、4時間を標準とする。ただし、園児の心身の発達の程度や季節などに適切に配慮するものとする。
エ　幼保連携型認定こども園の保育を必要とする子どもに該当する園児に対する教育及び保育の時間（満3歳以上の保育を必要とする子どもに該当する園児については、この章の第2の1の(3)ウに規定する教育時間を含む。）は、1日につき8時間を原則とし、園長がこれを定める。ただし、その地方における園児の保護者の労働時間その他家庭の状況等を考慮するものとする。

(4) 教育及び保育の内容並びに子育ての支援等に関する全体的な計画の実施上の留意事項

各幼保連携型認定こども園においては、園長の方針の下に、園務分掌に基づき保育教諭等職員が適切に役割を分担しつつ、相互に連携しながら、教育及び保育の内容並びに子育ての支援等に関する全体的な計画や指導の改善を図るものとする。また、各幼保連携型認定こども園が行う教育及び保育等に係る評価については、教育及び保育の内容並びに子育ての支援等に関する全体的な計画の作成、実施、改善が教育及び保育活動や園運営の中核となることを踏まえ、カリキュラム・マネジメントと関連付けながら実施するよう留意するものとする。

(5) 小学校教育との接続に当たっての留意事項
ア　幼保連携型認定こども園においては、その教育及び保育が、小学校以降の生活や学習の基盤の育成につながることに配慮し、乳幼児期にふさわしい生活を通して、創造的な思考や主体的な生活態度などの基礎を培うようにするものとする。
イ　幼保連携型認定こども園の教育及び保育において育まれた資質・能力を踏まえ、小学校教育が円滑に行われるよう、小学校の教師との意見交換や合同の研究の機会などを設け、「幼児期の終わりまでに育ってほしい姿」を共有するなど連携を図り、幼保連携型認定こども園における教育及び保育と小学校教育との円滑な接続を図るよう努めるものとする。

2　指導計画の作成と園児の理解に基づいた評価
(1) 指導計画の考え方

幼保連携型認定こども園における教育及び保育は、園児が自ら意欲をもって環境と関わることによりつくり出される具体的な活動を通して、その目標の達成を図るものである。

幼保連携型認定こども園においてはこのことを踏まえ、乳幼児期にふさわしい生活が展開され、適切な指導が行われるよう、調和のとれた組織的、発展的な指導計画を作成し、園児の活動に沿った柔軟な指導を行わなければならない。

(2) 指導計画の作成上の基本的事項
ア　指導計画は、園児の発達に即して園児一人一人が乳幼児期にふさわしい生活を展開し、必要な体験を得られるようにするために、具体的に作成するものとする。
イ　指導計画の作成に当たっては、次に示すところにより、具体的なねらい及び内容を明確に設定し、適切な環境を構成することなどにより活動が選択・展開されるようにするものとする。

(ｱ) 具体的なねらい及び内容は、幼保連携型認定こども園の生活における園児の発達の過程を見通し、園児の生活の連続性、季節の変化などを考慮して、園児の興味や関心、発達の実情などに応じて設定すること。

(ｲ) 環境は、具体的なねらいを達成するために適切なものとなるように構成し、園児が自らその環境に関わることにより様々な活動を展開しつつ必要な体験を得られるようにすること。その際、園児の生活する姿や発想を大切にし、常にその環境が適切なものとなるようにすること。

(ｳ) 園児の行う具体的な活動は、生活の流れの中で様々に変化するものであることに留意し、園児が望ましい方向に向かって自ら活動を展開していくことができるよう必要な援助をすること。

その際、園児の実態及び園児を取り巻く状況の変化などに即して指導の過程についての評価を適切に行い、常に指導計画の改善を図るものとする。

(3) 指導計画の作成上の留意事項

指導計画の作成に当たっては、次の事項に留意するものとする。

ア 園児の生活は、入園当初の一人一人の遊びや保育教諭等との触れ合いを通して幼保連携型認定こども園の生活に親しみ、安定していく時期から、他の園児との関わりの中で園児の主体的な活動が深まり、園児が互いに必要な存在であることを認識するようになる。その後、園児同士や学級全体で目的をもって協同して幼保連携型認定こども園の生活を展開し、深めていく時期などに至るまでの過程を様々に経ながら広げられていくものである。これらを考慮し、活動がそれぞれの時期にふさわしく展開されるようにすること。

また、園児の入園当初の教育及び保育に当たっては、既に在園している園児に不安や動揺を与えないようにしつつ、可能な限り個別的に対応し、園児が安定感を得て、次第に幼保連携型認定こども園の生活になじんでいくよう配慮すること。

イ 長期的に発達を見通した年、学期、月などにわたる長期の指導計画やこれとの関連を保ちながらより具体的な園児の生活に即した週、日などの短期の指導計画を作成し、適切な指導が行われるようにすること。特に、週、日などの短期の指導計画については、園児の生活のリズムに配慮し、園児の意識や興味の連続性のある活動が相互に関連して幼保連携型認定こども園の生活の自然な流れの中に組み込まれるようにすること。

ウ 園児が様々な人やものとの関わりを通して、多様な体験をし、心身の調和のとれた発達を促すようにしていくこと。その際、園児の発達に即して主体的・対話的で深い学びが実現するようにするとともに、心を動かされる体験が次の活動を生み出すことを考慮し、一つ一つの体験が相互に結び付き、幼保連携型認定こども園の生活が充実するようにすること。

エ 言語に関する能力の発達と思考力等の発達が関連していることを踏まえ、幼保連携型認定こども園における生活全体を通して、園児の発達を踏まえた言語環境を整え、言語活動の充実を図ること。

オ 園児が次の活動への期待や意欲をもつことができるよう、園児の実態を踏まえ

ながら、保育教諭等や他の園児と共に遊びや生活の中で見通しをもったり、振り返ったりするよう工夫すること。
カ　行事の指導に当たっては、幼保連携型認定こども園の生活の自然な流れの中で生活に変化や潤いを与え、園児が主体的に楽しく活動できるようにすること。なお、それぞれの行事については教育及び保育における価値を十分検討し、適切なものを精選し、園児の負担にならないようにすること。
キ　乳幼児期は直接的な体験が重要であることを踏まえ、視聴覚教材やコンピュータなど情報機器を活用する際には、幼保連携型認定こども園の生活では得難い体験を補完するなど、園児の体験との関連を考慮すること。
ク　園児の主体的な活動を促すためには、保育教諭等が多様な関わりをもつことが重要であることを踏まえ、保育教諭等は、理解者、共同作業者など様々な役割を果たし、園児の情緒の安定や発達に必要な豊かな体験が得られるよう、活動の場面に応じて、園児の人権や園児一人一人の個人差等に配慮した適切な指導を行うようにすること。
ケ　園児の行う活動は、個人、グループ、学級全体などで多様に展開されるものであることを踏まえ、幼保連携型認定こども園全体の職員による協力体制を作りながら、園児一人一人が興味や欲求を十分に満足させるよう適切な援助を行うようにすること。
コ　園児の生活は、家庭を基盤として地域社会を通じて次第に広がりをもつものであることに留意し、家庭との連携を十分に図るなど、幼保連携型認定こども園における生活が家庭や地域社会と連続性を保ちつつ展開されるようにするものとする。その際、地域の自然、高齢者や異年齢の子どもなどを含む人材、行事や公共施設などの地域の資源を積極的に活用し、園児が豊かな生活体験を得られるように工夫するものとする。また、家庭との連携に当たっては、保護者との情報交換の機会を設けたり、保護者と園児との活動の機会を設けたりなどすることを通じて、保護者の乳幼児期の教育及び保育に関する理解が深まるよう配慮するものとする。
サ　地域や幼保連携型認定こども園の実態等により、幼保連携型認定こども園間に加え、幼稚園、保育所等の保育施設、小学校、中学校、高等学校及び特別支援学校などとの間の連携や交流を図るものとする。特に、小学校教育との円滑な接続のため、幼保連携型認定こども園の園児と小学校の児童との交流の機会を積極的に設けるようにするものとする。また、障害のある園児児童生徒との交流及び共同学習の機会を設け、共に尊重し合いながら協働して生活していく態度を育むよう努めるものとする。
(4)　園児の理解に基づいた評価の実施
　　園児一人一人の発達の理解に基づいた評価の実施に当たっては、次の事項に配慮するものとする。
ア　指導の過程を振り返りながら園児の理解を進め、園児一人一人のよさや可能性などを把握し、指導の改善に生かすようにすること。その際、他の園児との比較や一定の基準に対する達成度についての評定によって捉えるものではないことに

留意すること。
イ　評価の妥当性や信頼性が高められるよう創意工夫を行い、組織的かつ計画的な取組を推進するとともに、次年度又は小学校等にその内容が適切に引き継がれるようにすること。

参考資料1-6 保育内容「健康」(旧・保育所保育指針より)

3歳児	4歳児	5歳児	6歳児
(1) 楽しい雰囲気の中で、様々な食べ物を進んで食べようとする。	(1) 食べ慣れないものや嫌いなものでも少しずつ食べようとする。	(1) 体と食物の関係に関心を持つ。	(1) 体と食物との関係について関心を持つ。
(2) 便所には適宜一人で行き、排尿、排便を自分でする。	(2) 排泄やその後の始末などは、ほとんど自分でする。	(2) 排泄の後始末を上手にする。	(2) 自分の排泄の後始末だけでなく、人に迷惑をかけないように便所の使い方が上手になる。
(3) 保育士に寄り添ってもらいながら、午睡などの休息を十分にとる。	(3) 嫌がるときもあるが、保育士が言葉をかけることなどにより午睡や休息をする。	(3) 午睡や休息を自分から進んでする。	(3) 休息するわけが分かり、運動や食事の後は静かに休む。
(4) 保育士の手助けを受けながら、衣服を自分で着脱する。	(4) 衣服などの着脱を順序よくしたり、そのときの気候や活動に合わせて適宜調節をする。	(4) 自分で衣服を着脱し、必要に応じて衣服を調節する。	(4) 自分で衣服を着脱し、必要に応じて調節する。
(5) 保育士の手助けにより、自分で手洗いや鼻をかむなどして清潔を保つ。	(5) 自分で鼻をかんだり、顔や手を洗うなど、体を清潔にする。	(5) うがい、手洗いの意味が分かり、体や身の回りを清潔にする。	(5) 清潔にしておくことが、病気の予防と関係があることが分かり、体や衣服、持ち物などを清潔にする。
(6) 体の異常を、少しは自分から訴える。	(6) 体の異常について、自分から保育士に訴える。	(6) 体の異常について、自分から保育士に訴える。	(6) 自分や友達の体の異常について、保育士に知らせる。
(7) 危ない場所に近づくことが少なくなり、危険な遊びに気づく。	(7) 危険なものや場所について分かり、遊具、用具などの使い方に気をつけて遊ぶ。	(7) 危険なものに近寄ったり、危険な場所で遊ばないなど、安全に気をつけて遊ぶ。	(7) 生活の中で、危険を招く事態が分かり、気をつけて行動する。
(8) 外で十分に体を動かしたり、様々な遊具や用具などを使った運動や遊びを楽しむ。	(8) 進んで外で体を十分に動かして遊ぶ。	(8) 積極的に外で遊ぶ。	(8) 積極的に外で様々な運動をする。
	(9) 遊具、用具や自然物を使い、様々な動きを組み合わせて積極的に遊ぶ。	(9) 様々な運動器具に進んで取り組み、工夫して遊ぶ。	(9) 様々な運動器具や遊具を使い、友達と一緒に工夫して、遊びを発展させる。
		(10) 友達と一緒に様々な運動や遊びをする。	(10) 自分の目標に向かって努力し、積極的に様々な運動をする。

出典:厚生労働省「保育所保育指針」1999.

参考資料1-7 保育内容「人間関係」（旧・保育所保育指針より）

3歳児	4歳児	5歳児	6歳児
(1) 保育士に様々な欲求を受け止めてもらい、保育士に親しみを持ち安心感を持って生活する。	(1) 保育士や友達などとの安定した関係の中で、いきいきと遊ぶ。	(1) 保育士や友達などとの安定した関係の中で、意欲的に遊ぶ。	(1) 保育士や友達などとの安定した関係の中で、意欲的に生活や遊びを楽しむ。
(2) 友達とごっこ遊びなどを楽しむ。	(2) 自分のしたいと思うこと、してほしいことをはっきり言うようになる。		
(3) 遊具や用具などを貸したり借りたり、順番を待ったり交代したりする。			
(4) 簡単なきまりを守る。	(3) 友達と生活する中で、きまりの大切さに気づき、守ろうとする。	(2) 簡単なきまりをつくり出したりして、友達と一緒に遊びを発展させる。	(2) 集団遊びの楽しさが分かり、きまりを作ったり、それを守ったりして遊ぶ。
		(3) 自分の意見を主張するが、相手の意見も受け入れる。	(3) 進んで自分の希望や意見、立場を主張したり、一方で相手の意見を受け入れたりする。
			(4) 友達との生活や遊びの中できまりがあることの大切さに気づく。
(5) 保育士の手伝いをすることを喜ぶ。	(4) 保育士の言うことや友達の考えていることを理解して行動する。	(4) 友達と一緒に食事をし、食事の仕方が身に付く。	(5) 自分で目標を決め、それに向かって友達と協力してやり遂げようとする。
	(5) 身の回りの人に、いたわりや思いやりの気持ちを持つ。	(5) 友達への親しみを広げ、深め、自分たちでつくったきまりを守る。	
(6) 遊んだ後の片づけをするようになる。	(6) 手伝ったり、人に親切にすることや、親切にされることを喜ぶ。	(6) 友達への思いやりを深め、一緒に喜んだり悲しんだりする。	(6) 友達との関わりの中でよいことや悪いことがあることが分かり、判断して行動する。
	(7) 他人に迷惑をかけたら謝る。	(7) 人に迷惑をかけないように人の立場を考えて行動しようとする。	
	(8) 共同のものを大切にし、譲り合って使う。	(8) 共同の遊具や用具を譲り合って使う。	(7) 共同の遊具や用具を大切にし、譲り合って使う。
(7) 年上の友達と遊んでもらったり、模倣して遊んだりする。	(9) 年下の子どもに親しみを持ったり、年上の子どもとも積極的に遊ぶ。	(9) 異年齢の子どもとの関わりを深め、思いやりやいたわりの気持ちを持つ。	(8) 自分より年齢の低い子どもに、自ら進んで声かけをして誘い、いたわって遊ぶ。
(8) 地域の人と触れ合うことを喜ぶ。	(10) 地域のお年寄りなど身近な人の話を聞いたり、話しかけたりする。	(10) 地域のお年寄りなど身近な人に感謝の気持ちを持つ。	(9) 外国の人など自分とは異なる文化をもった様々な人に関心を持ち、知ろうとするようになる。
	(11) 外国の人など、自分とは異なる文化を持った人の存在に気づく。	(11) 外国の人など自分とは異なる文化を持った様々な人に関心を持つようになる。	

出典：厚生労働省「保育所保育指針」1999.

参考資料1-8 保育内容「環境」（旧・保育所保育指針より）

3歳児	4歳児	5歳児	6歳児
(1) 身近な動植物をはじめ自然事象をよく見たり、触れたりなどして驚き、親しみを持つ。	(1) 身近な動植物の世話を楽しんで行い、愛情を持つ。	(1) 身近な動植物に関心を持ち、いたわり、世話をする。	(1) 身近な動植物に親しみ、いたわったり、進んで世話をしたりする。
(2) 身近な人々の生活を取り入れたごっこ遊びを楽しむ。	(2) 自然や身近な事物・事象に触れ、興味や関心を深める。	(2) 自然事象が持つ、その大きさ、美しさ、不思議さなどに気づく。	(2) 自然事象の性質や変化、大きさ、美しさ、不思議さなどに関心を深める。
(3) 自分のものと人のものとの区別を知り、共同のものとの区別にも気づく。	(3) 身近にある公共施設に親しみ、関わることを喜ぶ。	(3) 身近な公共施設や交通機関などに興味や関心を持つ。	(3) 身近な公共施設などの役割に興味や関心を持つ。
(4) 身近な事物に関心を持ち、触れたり、集めたり、並べたりして遊ぶ。	(4) 身近にある乗り物に興味や関心を示し、それらを遊びに取り入れようとする。	(4) 近隣の生活に興味や関心を持ち、人々が様々な営みをしていることに気づく。	(4) 保育所や地域でみんなが使うものを大切にする。
(5) 様々な用具、材料に触れ、それを使って遊びを楽しむ。	(5) 自分のもの、人のものを知り、共同のものの区別に気づき、大切にしようとする。	(5) 身近にいる大人が仕事をしている姿を見て、自らも進んで手伝いなどをしようとする。	(5) 大人が仕事をすることの意味が分かり、工夫して手伝いなどをするようになる。
(6) 生活や遊びの中で、身の回りの物の色、数、量、形などに興味を持ち、違いに気づく。	(6) 身近な大人の仕事や生活に興味を持ったり、それらを取り入れたりして遊ぶ。	(6) 自然や身近な事物・事象に関心を持ち、それを遊びに取り入れ、作ったり、工夫したりする。	(6) 季節により人間の生活に変化のあることに気づく。
	(7) 身近にある用具、器具などに関心を持ち、いじったり、試したりする。	(7) 身近な用具、器具などに興味を持ち、その仕組みや性質に関心を持つ。	(7) 季節により自然に変化があることが分かり、それについて理解する。
	(8) 具体的な物を通して、数や量などに関心を持ち、簡単な数の範囲で数えたり比べたりすることを楽しむ。	(8) 身近な物を大切に扱い、自分の持ち物を整頓する。	(8) 自然や身近な事物・事象に関心を持ち、それらを取り入れて遊ぶ。
	(9) 身の回りの物の色、形などに興味を持ち、分けたり、集めたりして遊ぶ。	(9) 生活の中で物を集めたり、分けたり、整理したりする。	(9) 日常生活に必要な用具、器具などに興味や関心を持ち、安全に扱う。
		(10) 簡単な数の範囲で、物を数えたり、比べたり、順番を言ったりする。	(10) 身近にある事物の働きや仕組み、性質に興味や関心を持ち、考えたり、試したり、工夫したりして使おうとする。
		(11) 生活の中で、前後、左右、遠近などの位置の違いや時刻、時間などに興味や関心を持つ。	(11) 身近なものを整頓する。
			(12) 日常生活の中で簡単な数を数えたり、順番を理解する。
			(13) 日常生活の中で数や量の多少は、形に関わりがないことを理解する。
			(14) 身近にある標識や文字、記号などに関心を示す。
			(15) 身の回りの物には形や位置などがあることに関心を持つ。
			(16) 生活や遊びの中で時刻、時間などに関心を持

3歳児	4歳児	5歳児	6歳児
(7) 保育所の行事に参加して、喜んだり楽しんだりする。	(10) 保育所内外の行事に楽しんで参加する。	(12) 保育所内外の行事に喜んで参加する。 (13) 祝祭日などに関心を持ち生活に取り入れて遊ぶ。	つ。 (17) 保育所内外の行事に進んで参加し、自分なりの役割を果たす。 (18) 祝祭日などに関心を持ち生活に取り入れて遊ぶ。

出典：厚生労働省「保育所保育指針」1999.

参考資料1-9　保育内容「言葉」（旧・保育所保育指針より）

3歳児	4歳児	5歳児	6歳児
(1) あいさつや返事など生活や遊びに必要な言葉を使う。 (2) 自分の思ったことや感じたことを言葉に表し、保育士や友達と言葉のやりとりを楽しむ。 (3) 保育士にして欲しいこと、困ったことを言葉で訴える。	(1) 日常生活に必要なあいさつをする。 (2) 話しかけられたり、問いかけられたりしたら、自分なりに言葉で返事をする。 (3) 身の回りの出来事に関する話に興味を持つ。 (4) 友達との会話を楽しむ。	(1) 親しみを持って日常のあいさつをする。 (2) 話しかけや問いかけに対し適切に応答する。 (3) 身近な事物や事象などについて話したり、名前や日常生活に必要な言葉を使う。 (4) 人の話を注意して聞き、相手にも分かるように話す。	(1) 日常のあいさつ、伝言、質問、応答、報告が上手になる。 (2) 身近な事物や事象について話したり、日常生活に必要な言葉を適切に使う。 (3) みんなで共通の話題について話し合うことを楽しむ。 (4) 話し相手や場面の違いにより、使う言葉や話し方が違うことに気づく。 (5) 人の話を注意して聞き、相手に分かるように話す。
(4) 保育士に、いろいろな場面で、なぜ、どうして、などの質問をする。 (5) 興味を持った言葉を、面白がって聞いたり言ったりする。 (6) 絵本や童話などの内容が分かり、イメージを持って楽しんで聞く。 (7) ごっこ遊びの中で、日常生活での言葉を楽しんで使う。	(5) 見たことや聞いたことを話したり、疑問に思ったことを尋ねる。 (6) 保育士の話を親しみを持って聞いたり、保育士と話したりして、様々な言葉に興味を持つ。 (7) 絵本や童話などを読み聞かせてもらい、イメージを広げる。	(5) 考えたこと経験したことを保育士や友達に話して会話を楽しむ。 (6) 童話や詩などを聞いたり、自ら表現したりして、言葉の面白さや美しさに興味を持つ。 (7) 絵本、童話などに親しみ、その面白さが分かって、想像して楽しむ。 (8) 生活に必要な簡単な文字や記号などに関心を持つ。	(6) 童話や詩などの中の言葉の面白さ、美しさに気づき、自ら使って楽しむ。 (7) 絵本や物語などに親しみ、内容に興味を持ち、様々に想像して楽しむ。 (8) 身近にある文字や記号などに興味や関心を持ち、それを使おうとする。

出典：厚生労働省「保育所保育指針」1999.

参考資料1-10 保育内容「表現」（旧・保育所保育指針より）

3歳児	4歳児	5歳児	6歳児
(1) 身の回りの様々なものの音、色、形、手ざわり、動きなどに気づく。	(1) 様々なものの音、色、形、手ざわり、動きなどに気づき、驚いたり感動したりする。	(1) 様々な音、形、色、手ざわり、動きなどを周りのものの中で気づいたり見つけたりして楽しむ。	(1) 様々な音、形、色、手ざわり、動きなどに気づき、感動したこと、発見したことなどを創造的に表現する。
(2) 音楽に親しみ、聞いたり、歌ったり、体を動かしたり、簡単なリズム楽器を鳴らしたりして楽しむ。	(2) 友達と一緒に音楽を聴いたり、歌ったり、体を動かしたり、楽器を鳴らしたりして楽しむ。	(2) 音楽に親しみ、みんなと一緒に聴いたり、歌ったり、踊ったり、楽器を弾いたりして、音色の美しさやリズムの楽しさを味わう。	(2) 音楽に親しみ、みんなと一緒に聴いたり、歌ったり、踊ったり、楽器を弾いたりして、音色やリズムの楽しさを味わう。
(3) 様々な素材や用具を使って、好きなように描いたり、扱ったり、形を作ったりして遊ぶ。	(3) 感じたこと、思ったことや想像したことなどを様々な素材や用具を使って自由に描いたり、作ったりすることを楽しむ。	(3) 様々な素材や用具を利用して描いたり、作ったりすることを工夫して楽しむ。	(3) 様々な素材や用具を適切に使い、経験したり、想像したことを、創造的に描いたり、作ったりする。
(4) 動物や乗り物などの動きを模倣して、体で表現する。	(4) 童話、絵本、視聴覚教材などを見たり、聞いたりしてイメージを広げ、描いたり、作ったり様々に表現して遊ぶ。	(4) 身近な生活に使う簡単なものや様々な遊びに使うものを工夫して作る。	(4) 身近な生活に使う簡単な物や、遊びに使う物を工夫して作って楽しむ。
(5) 絵本や童話などに親しみ、興味を持ったことを保育士と一緒に言ったり、歌ったりなど様々に表現して遊ぶ。	(5) 作ったものを用いて遊んだり、保育士や友達と一緒に身の回りを美しく飾って楽しむ。	(5) 友達と一緒に描いたり、作ったりすることや身の回りを美しく飾ることを楽しむ。	(5) 協力し合って、友達と一緒に描いたり、作ったりすることを楽しむ。
		(6) 自分の想像したものを体の動きや言葉などで表現したり、興味を持った話や出来事を演じたりして楽しむ。	(6) 感じたこと、想像したことを、言葉や体、音楽、造形などで自由な方法で、様々な表現を楽しむ。
			(7) 自分や友達の表現したものを互いに聞かせ合ったり、見せ合ったりして楽しむ。
	(6) 身近な生活経験をごっこ遊びに取り入れて遊ぶ楽しさを味わう。		(8) 身近にある美しいものを見て、身の回りを美しくしようとする気持ちを持つ。

出典：厚生労働省「保育所保育指針」1999．

参考資料1-11 児童福祉施設の設備及び運営に関する基準（一部抜粋）

第5章　保育所
（保育時間）
第34条　保育所における保育時間は、1日につき8時間を原則とし、その地方における乳幼児の保護者の労働時間その他家庭の状況等を考慮して、保育所の長がこれを定める。
（保育の内容）
第35条　保育所における保育は、養護及び教育を一体的に行うことをその特性とし、その内容については、厚生労働大臣が定める指針に従う。

参考資料2

― 指導計画等 ―

参考資料2-1　自立支援計画票（記入例）

施設名	□□児童養護施設		作成者名	○○○○		
フリガナ	ミライ コウタ	性別	続柄	生年月日	○年 ○月 ○日（11歳）	
子ども氏名	未来 幸太	男				
保護者氏名	ミライ リョウ		実父	作成年月日	×年 ×月 ×日	
	未来 良					
主たる問題	被虐待経験によるトラウマ・行動上の問題					

本人の意向	母親が自分の間違いを認め、謝りたいということを聞いて、母に対する気持ちは持っているが、確かめてもいいという気持ちもある。早く家庭復帰をし、出身学校に通いたい。
保護者の意向	母親としては、自分のこれまで行ってきたことについては言葉足らずであったことを含め、不適切なものであったことを認識し、改善しようと意欲がでてきている。息子に謝り、家庭を含めての支援を望んでいる。
市町村・学校・保育所・職場などの意見	出身学校としては、定期的な訪問がなされており、家族を含めた支援を望んでいる。
児童相談所との協議内容	入所後の行動上の問題（3ヶ月間）をみると、本児を施設生活に適応し始めており、自分の問題性についても認識し、改善しようと取り組み、母親も改善の意欲がみられるため、継続的に働きかけつつ親子関係の調整を図る。

【支援方針】本児の行動上の問題性の改善及びトラウマからの回復を図るとともに、父親の養育参加などによる家族再統合を図る。また母親の養育ストレスを軽減しつつ養育方法について体得できるよう指導を行う。

第○回　支援計画の策定及び評価　　次期検討時期：△年　△月

子ども本人

【長期目標】盗みなどの問題行動の改善及び被虐待体験及びトラウマからの回復

	支援上の課題	支援目標	支援内容・方法	評価（内容・期日）
短期目標（優先的重点的課題）	被虐待体験やいじめられた体験により、人間に対する信頼感や安心感が薄い。	職員等との関係性を深め、人間に対する信頼感や安心感の獲得を図る。	定期的に職員と一緒に取り組む作業等の機会や場面を設定するとともに、関係性の構築や信頼感の獲得に留意し、心理的な関わり方の修正を図る。	×年 ×月 ×日
	自己イメージが低く、うまくコミュニケーションが取れず、対人関係上の問題を起こす。	得意なスポーツ活動などを通して自己肯定感を育む。	少年野球チームの主力選手として活動する場を設け、問題の発生時には認知や感情の丁寧な振り返りを促す。	×年 ×月 ×日
	自分がどのような状況になると行動上の問題が発生するのか、その原因や予兆が十分に認識できていない。	他人に対して表現する機会を与え、うまく表現できない状況下に対応できるコミュニケーション能力を育てる。	グループ場面を活用し、声かけや働きかけを経験させ、他者に通じる状態を認識できるよう、丁寧にサポートする。	×年 ×月 ×日
		自分の行動上の問題の発生経過について、認知や体験に起因する感情と抑圧された感情との関連を理解する。	施設内で行動上の問題の発生場面を取り上げ、被虐待体験との関連を理解するよう支援する。	

家庭（養育者・家族）

【長期目標】母親と本児との関係性の改善を図ると共に、父親、母親双方が本児との関係にどのような支援が必要となり、それが虐待防止にどのように結びついていくのかを共通認識とする。

	支援上の課題	支援目標	支援内容・方法	評価（内容・期日）
短期目標（優先的重点的課題）	母親の虐待行為に対する認識が深まりつつあるが、抑制技術や本児の成育歴を振り返り・本児に対する認識が十分についていない。	自分の行為が子どもに与える影響（与えた）影響を理解し、虐待行為を回避するための養育技術の獲得を図る。	児童相談所における個人面接の実施（月2回程度）。	×年 ×月 ×日
	思春期の児童への養育技術（ペアレンティング）が十分についていない。	思春期児童の養育に対する養育技術を獲得する。	これまで継続してきたペアレンティング教室への参加（隔週）。	×年 ×月 ×日
	父親の役割が重要であるが、指示されたことは行うが妻のサポートや母親としての役割の重要性の意識をもっていない。	キーパーソンとして家庭調整、また思春期児童に対する母親の役割を理解し、母親へのサポートを図ることで役割を深めることができる。	週末には可能な限り帰宅をし、お互いの意向や養育経験をもとに面接を行う。児童相談所における夫婦面接（月1回程度）。	×年 ×月 ×日

地域（保育所・学校等）

【長期目標】定期的かつ必要に応じて支援ができるネットワークの形成（学校、教育委員会、主任児童委員、訪問支援員、警察、民間団体、活動サークルなど）

	支援上の課題	支援目標	支援内容・方法	評価（内容・期日）
短期目標	サークルなどへの参加はまだみようになるものとのつきあいはわずかな状況。	ネットワークによる支援をもとに、つきあう範囲の拡充を図る。	主任児童委員が開催している支援サークルや学校のPTA活動への参加などによる地域との関係づくり。	×年 ×月 ×日
	学校との関係性が薄い。	出身学校の担任との関係性を継続する。	定期的な通信や面会などにより、交流を図る。	×年 ×月 ×日

総合

【長期目標】地域からのフォローアップが得られる体制のもとでの家族再統合もしくは家族機能の改善

	支援上の課題	支援目標	支援内容・方法	評価（内容・期日）
短期目標	母子関係の調整・改善が進み、母子関係を経由した父親の参加を含めた全体の調整も可能かどうかを見極める必要がある。	母子関係・妹を含めた父子の調整を図り、通所・通信目標をもとに、その達成に向けた支援を行う。	個々の達成目標を設け、通信、面接などを活用し本人と母親との関係調整を図る。	×年 ×月 ×日

【特記事項】通信などについては開始するが、面会については通信状況をみつつ判断する。

出典：児童自立支援計画研究会編『子ども・家族への支援計画を立てるために――子ども自立支援計画ガイドライン』日本児童福祉協会、p.515, 2005.

参考資料2-2 幼稚園幼児指導要録（学籍に関する記録）

（様式の参考例）

区分＼年度	平成　年度	平成　年度	平成　年度	平成　年度
学　級				
整理番号				

幼　児	ふりがな 氏　名		性　別	
		平成　年　月　日生		
	現住所			

保護者	ふりがな 氏　名	
	現住所	

入　園	平成　年　月　日	入園前の 状　　況	
転入園	平成　年　月　日		
転・退園	平成　年　月　日	進学先等	
修　了	平成　年　月　日		

幼稚園名 及び所在地	

年度及び入園(転入園) ・進級時の幼児の年齢	平成　年度 歳　か月	平成　年度 歳　か月	平成　年度 歳　か月	平成　年度 歳　か月
園　　長 氏名　印				
学級担任者 氏名　印				

出典：文部科学省「幼稚園及び特別支援学校幼稚部における指導要録の改善について（通知）」（平成30年3月30日29文科初第1814号）

参考資料2　指導計画等

参考資料2-3 幼稚園幼児指導要録（最終学年の指導に関する記録）

ふりがな			指導の重点等	平成　　年度
氏名	平成　年　月　日生			（学年の重点）
性別				（個人の重点）

	ねらい（発達を捉える視点）	指導上参考となる事項
健康	明るく伸び伸びと行動し、充実感を味わう。	
	自分の体を十分に動かし、進んで運動しようとする。	
	健康、安全な生活に必要な習慣や態度を身に付け、見通しをもって行動する。	
人間関係	幼稚園生活を楽しみ、自分の力で行動することの充実感を味わう。	
	身近な人と親しみ、関わりを深め、工夫したり、協力したりして一緒に活動する楽しさを味わい、愛情や信頼感をもつ。	
	社会生活における望ましい習慣や態度を身に付ける。	
環境	身近な環境に親しみ、自然と触れ合う中で様々な事象に興味や関心をもつ。	
	身近な環境に自分から関わり、発見を楽しんだり、考えたりし、それを生活に取り入れようとする。	
	身近な事象を見たり、考えたり、扱ったりする中で、物の性質や数量、文字などに対する感覚を豊かにする。	
言葉	自分の気持ちを言葉で表現する楽しさを味わう。	
	人の言葉や話などをよく聞き、自分の経験したことや考えたことを話し、伝え合う喜びを味わう。	
	日常生活に必要な言葉が分かるようになるとともに、絵本や物語などに親しみ、言葉に対する感覚を豊かにし、先生や友達と心を通わせる。	
表現	いろいろなものの美しさなどに対する豊かな感性をもつ。	
	感じたことや考えたことを自分なりに表現して楽しむ。	
	生活の中でイメージを豊かにし、様々な表現を楽しむ。	

出欠状況	年度		備考	
	教育日数			
	出席日数			

学年の重点：年度当初に、教育課程に基づき長期の見通しとして設定したものを記入
個人の重点：1年間を振り返って、当該幼児の指導について特に重視してきた点を記入
指導上参考となる事項：
(1) 次の事項について記入すること。
　①1年間の指導の過程と幼児の発達の姿について以下の事項を踏まえ記入すること。
　　・幼稚園教育要領第2章「ねらい及び内容」に示された各領域のねらいを視点として、当該幼児の発達の実情から向上が著しいと思われるもの。その際、他の幼児との比較や一定の基準に対する達成度についての評定によって捉えるものではないことに留意すること。
　　・幼稚園生活を通して全体的、総合的に捉えた幼児の発達の姿。
　②次の年度の指導に必要と考えられる配慮事項等について記入すること。
　③最終年度の記入に当たっては、特に小学校等における児童の指導に生かされるよう、幼稚園教育要領第1章総則に示された「幼児期の終わりまでに育ってほしい姿」を活用して幼児に育まれている資質・能力を捉え、指導の過程と育ちつつある姿を分かりやすく記入するように留意すること。また、「幼児期の終わりまでに育ってほしい姿」が到達すべき目標ではないことに留意し、項目別に幼児の育ちつつある姿を記入するのではないことに留意すること。
(2) 幼児の健康の状況等指導上特に留意する必要がある場合等について記入すること。
備考：教育課程に係る教育時間の終了後等に行う教育活動を行っている場合には、必要に応じて当該教育活動を通した幼児の発達の姿を記入

出典：参考資料2-2と同じ

(様式の参考例)

	幼児期の終わりまでに育ってほしい姿
	「幼児期の終わりまでに育ってほしい姿」は、幼稚園教育要領第2章に示すねらい及び内容に基づいて、各幼稚園で、幼児期にふさわしい遊びや生活を積み重ねることにより、幼稚園教育において育みたい資質・能力が育まれている幼児の具体的な姿であり、特に5歳児後半に見られるようになる姿である。「幼児期の終わりまでに育ってほしい姿」は、とりわけ幼児の自発的な活動としての遊びを通して、一人一人の発達の特性に応じて、これらの姿が育っていくものであり、全ての幼児に同じように見られるものではないことに留意すること。
健康な心と体	幼稚園生活の中で、充実感をもって自分のやりたいことに向かって心と体を十分に働かせ、見通しをもって行動し、自ら健康で安全な生活をつくり出すようになる。
自立心	身近な環境に主体的に関わり様々な活動を楽しむ中で、しなければならないことを自覚し、自分の力で行うために考えたり、工夫したりしながら、諦めずにやり遂げることで達成感を味わい、自信をもって行動するようになる。
協同性	友達と関わる中で、互いの思いや考えなどを共有し、共通の目的の実現に向けて、考えたり、工夫したり、協力したりし、充実感をもってやり遂げるようになる。
道徳性・規範意識の芽生え	友達と様々な体験を重ねる中で、してよいことや悪いことが分かり、自分の行動を振り返ったり、友達の気持ちに共感したりし、相手の立場に立って行動するようになる。また、きまりを守る必要性が分かり、自分の気持ちを調整し、友達と折り合いを付けながら、きまりをつくったり、守ったりするようになる。
社会生活との関わり	家族を大切にしようとする気持ちをもつとともに、地域の身近な人と触れ合う中で、人との様々な関わり方に気付き、相手の気持ちを考えて関わり、自分が役に立つ喜びを感じ、地域に親しみをもつようになる。また、幼稚園内外の様々な環境に関わる中で、遊びや生活に必要な情報を取り入れ、情報に基づき判断したり、情報を伝え合ったり、活用したりするなど、情報を役立てながら活動するようになるとともに、公共の施設を大切に利用するなどして、社会とのつながりなどを意識するようになる。
思考力の芽生え	身近な事象に積極的に関わる中で、物の性質や仕組みなどを感じ取ったり、気付いたりし、考えたり、予想したり、工夫したりするなど、多様な関わりを楽しむようになる。また、友達の様々な考えに触れる中で、自分と異なる考えがあることに気付き、自ら判断したり、考え直したりするなど、新しい考えを生み出す喜びを味わいながら、自分の考えをよりよいものにするようになる。
自然との関わり・生命尊重	自然に触れて感動する体験を通して、自然の変化などを感じ取り、好奇心や探究心をもって考え言葉などで表現しながら、身近な事象への関心が高まるとともに、自然への愛情や畏敬の念をもつようになる。また、身近な動植物に心を動かされる中で、生命の不思議さや尊さに気付き、身近な動植物への接し方を考え、命あるものとしていたわり、大切にする気持ちをもって関わるようになる。
数量や図形、標識や文字などへの関心・感覚	遊びや生活の中で、数量や図形、標識や文字などに親しむ体験を重ねたり、標識や文字の役割に気付いたりし、自らの必要感に基づきこれらを活用し、興味や関心、感覚をもつようになる。
言葉による伝え合い	先生や友達と心を通わせる中で、絵本や物語などに親しみながら、豊かな言葉や表現を身に付け、経験したことや考えたことなどを言葉で伝えたり、相手の話を注意して聞いたりし、言葉による伝え合いを楽しむようになる。
豊かな感性と表現	心を動かす出来事などに触れ感性を働かせる中で、様々な素材の特徴や表現の仕方などに気付き、感じたことや考えたことを自分で表現したり、友達同士で表現する過程を楽しんだりし、表現する喜びを味わい、意欲をもつようになる。

るもの。

わりまでに育ってほしい姿」を活用して幼児に育まれている資質・能力を捉え、指導の過程と育ちつつある姿を分かりやすく記入するように留を記入するのではなく、全体的、総合的に捉えて記入すること。

すること。

参考資料2-4 3歳児　7月の指導計画——石川県むつみ会自主研究委員会

子どもの姿	○身のまわりのことを自分でしようとする子も増えているが、できなくて「して」と伝えてくる子もいる。 ○気の合う友だちができ、一緒に好きなあそびを楽しむようになる。 ○自分の思いを通そうとしてトラブルがみられる。 ○手洗い場では服までぬらしてあそんでいる子もいる。 ○園庭の実り始めた野菜を見て、「大きくなっている」と知らせに来る子がいる。	ねらい	○夏の生活の仕方を知り、汗の始末や汚れた衣服の着替えなど自分でできることは自分でしようとする。 ○保育士や友だちと一緒にいろいろな夏のあそびを十分に楽しむ。 ○庭に植えてある野菜に水やりや観察するなかで、野菜の生長に気づき、大きくなることを楽しみに待つ。

		内　　容	環 境 構 成
養護	生命の保持　情緒の安定	○暑さのため体調が変わりやすい時期なので、一人ひとりの健康状態を把握し異状に気がついたときは適切に対応する。 ○室温、換気に十分に留意し、快適な環境で過ごすようにする。	◇室温や換気に気をつけ、風通しをよくするなど、気持ちよく過ごせるように工夫する。 ◇室内外の危険物の取り除き、足洗い場、手洗い場などの管理をていねいに行う。
教育	健康・人間関係・環境・言葉・表現	◇十分な水分補給、適度な休憩や午睡をする。 ◇汗の始末や衣服、水着の着脱、後始末などを保育士に手助けされながら自分でしようとする。 ○水あそびやプールあそびの簡単な約束を知る。 ○年上の友だちにあそんでもらったり、まねたりして一緒にあそぶ。 ○自分の思いや要求を保育者や友だちに話し、相手の話も聞こうとする。 ◆夏の虫や草花・野菜などを見たりして興味や関心をもつ。 ○絵本や紙芝居などに親しみ、喜んで見たり聞いたりする。 ○歌を聞いたり、リズムに合わせてからだを動かして楽しむ。 ○身近な素材を使って描いたり作ったりして感触を楽しむ。 ○七夕飾りの製作を楽しむ。	◇水分をいつでも補給できるように準備し、子どもが自分で飲むことができるように配置の仕方や衛生面など配慮する。 ◇自分で始末できるようにカゴ、バケツ、ナイロン袋をわかりやすい場所に置く。 ○プールあそびは水温・水深の測定や衛生管理を十分に留意し、安全を確認する。 ○異年齢の友だちと生活やあそびが経験できる場を工夫する。 ◆水やりができるようにじょうろやバケツを用意する。 ○ことばのやりとりや、繰り返しのある絵本や紙芝居を用意する。 ○絵本は、季節に合ったもので興味をもって見られるように配置に工夫する。 ○季節にあった曲を楽しく歌ったり踊ったりできるようにする。 ○あそびが十分に楽しめるように素材や用具を準備しておく（空き容器、牛乳パック、ペットボトルなど）。 ○七夕飾りを作るコーナーを設けたり、七夕の曲をかけるなどの雰囲気づくりをする。
個別の配慮		Gちゃん・Hちゃん ○気の合うふたりが一緒だとふざけるようなことが多いので、そのつど、今はどうしたらよいのか知らせていく。	Ｉちゃん ○特定の保育士がいなくなると泣き出してしまう。不安な気持ちが少しでも和らぐよう、そばにいたりして安心して過ごせるよう見守る。

◆は食育、◇は保健に関連する内容について示した。

出典：『保育の友』第57巻第8号（2009年7月号）, pp.60-61, 2009.

地域との連携家庭との協働	◇暑さのため疲れやすいので、食事・睡眠など夏の健康管理について連絡をとり合う。 ◇夏の流行しやすい感染症について、早期発見と適切な対応の大切さを知らせ、予防のために家庭と協力し合う。 ◇水あそび、プールあそびのときは、健康状態を伝え合う。	行事	○七夕祭りの会 ○プール開き ○夏祭り ○職場体験（中学生・高校生） ○身体計測 ○避難訓練 ○誕生会

予想される子どもの活動	保育士の援助および配慮
◇暑さのため体調を崩しやすい子もいるが保育士に見守られて生活する。	◇一人ひとりのようすを見ながら心地よく生活ができるように適切に対応する。 ◇戸外では帽子の着用、活動のようす、木陰の有無、休息時間の確保など、その日の天候状態や一人ひとりの健康状態を把握し配慮する。 ◇一人ひとりのようすを見ながら、ゆったりとからだを休められるようにする。
◇のどが渇いたら自分で水分をとる。	◇一人ひとりが水分補給をしているかを確認するなど、子どもの体調管理に気を配る。
◇衣服の汚れやぬれたことに気づき、自分から着替えようとする。	◇自分でしようとする気持ちを大切に受けとめ、必要に応じて手伝う。
○水あそびやプールあそびの約束があることを知る。 ○プールでのさまざまなあそびを、からだを動かして楽しむ（ワニ歩き・宝探し・トンネルくぐり）。 ○水の感触を楽しむ（洗濯ごっこ・ジュース屋さん・シャボン玉・水鉄砲など）。 ○友だちとのあそびのなかで自分の気持ちを伝えようとし、友だちの話を聞いたり、わかろうとする。 ○保育士に自分のしたいこと、してほしいことを話す。	○安全にあそべるように、水やプールのきまりを繰り返し知らせ、常に保育士が見守る。 ○水の感触を十分に味わえるよう方法を考え、少しずつ親しんでいくようにする。 ○年上の友だちと楽しい経験ができるように、あそびの内容を検討する。 ○子どもの伝えたい気持ちを十分に受けとめ、保育士はよい聞き手となって安心して話せる雰囲気をつくる。
◆夏の野菜が生長していることをみつけ、喜ぶ。生長を楽しみにして水やりをする（ミニトマト・なす・トウモロコシなど）。	◆保育士と一緒に水やりや図鑑などを見たりするなどして、野菜の生長に気づかせていく。
○夏祭りなど夏の行事に参加し、歌ったり、踊ったりして楽しむ。 ○自分で作ったものを使って保育士と一緒にあそぶ。	○知っている歌や、リズムが取りやすい曲を選び、自由に表現する楽しさを味わえるようにする。 ○子どもが工夫したところなどを認め、自分で作った喜びを体感できるように導く。
○泥んこあそび、フィンガーペインティングあそびをする。	○汚れてもよい服装にして、開放感を味わい思い切り楽しめるようにする。 ○保育士も一緒にあそびながら、水や泥の感触や心地よさを知らせ、子どもの発見、気づきに共感していく。
○切ったりはったりして七夕飾りを作り、笹に飾りつける。	○子どもの夢がふくらむような話をしながら、七夕飾りを作る。

評価・反省	○夏季の保健衛生に十分留意し、気持ちよく過ごすことができたか。 ○いろいろな夏のあそびを通して、一人ひとりがあそびを十分楽しむことができたか。 ○年上の友だちと親しみをもってあそぶことができたか。 ○野菜の生育に気づき、興味や関心をもつことができたか。

参考資料2-5　4歳児　12月の指導計画——石川県むつみ会自主研究委員会

子どもの姿	○身のまわりのことを自分ですることができるが、簡単に手洗いうがいなどを済ませる子や、急いでいるときにていねいにしない子もいる。 ○友だちと一緒にごっこあそびをしているなかで、自分のなりたい役になってことばのかけ合いをしたり、表現することを楽しんでいる。 ○戸外であそぶなかで、風の冷たさを感じ取ったり、木々の変化に気づく子もいる。	ねらい	○寒さや活動に応じて室内環境や衣服の調節などに配慮し、健康に過ごせるようにする。 ○劇あそびなど友だちと一緒に表現することを喜び、自分の役割を理解して表現したり、その役になりきったりするなど、積極的に楽しんで参加する。 ○あられや風の冷たさなど季節の変化に興味をもち、冬の訪れを知る。

		内　　容	環境構成
養護	生命の保持／情緒の安定	◇寒さや活動に応じて室温や換気、衣服の調節に留意し、健康で快適に過ごせるようにする。 ◇子どもの思いや気づきを大切に受けとめ、一人ひとりが心の安定を保ちながら、自分を発揮できるようにする。	◇温度計で気温を確認する時間や換気をする時間を決めるなど、気温の変化に応じて室温調節する。 ◇子どもの話をゆったりと聞く時間や場所を設ける。
教育	健康・人間関係・環境・言葉・表現	○手洗いやうがいなど冬の健康な生活の仕方がわかり、身のまわりのことをすすんでしようとする。 ○寒さに負けず、友だちと一緒に戸外で思いっきりからだを動かしてあそぶ。 ◆地域のかたと一緒に、大根を収穫したり食べたりして楽しむ。 ○友だちのなかで自分の思いや考えを伝え合い、共通の目的をもって活動に参加する。 ○友だちと一緒に、表現あそびに取り組もうとする。 ○あられや雪など、冬の自然について興味や関心をもつ。 ○クリスマスや年末年始の行事に関心をもち、整とんや掃除をしながら、新しい年を迎える準備をする。 ○共通のイメージをもち、思ったことや感じたことを伝え合い、登場人物になってことばのやりとりを楽しむ。 ○絵本や紙芝居に親しみ、その場面を想像したり、イメージを広げたりすることを楽しむ。 ○曲に合わせて、歌ったり踊ったり、リズム楽器を喜んで鳴らしたりする。 ○身近にある素材を使い、工夫して作ったり、作った物であそんだり飾ったりする。	○手洗いやうがいが感染症の予防につながることを知らせる絵や写真をはったり、健康に関する絵本を用意したりする。 ○あそびが楽しめるように、ボールや缶などを取り出しやすい場所に置く。あそびの発展に応じて、線を引いたりできるようにライン引きを準備しておく。 ◆収穫した野菜を見たり触れたりできるような場所に置く。 ◆地域のかたと一緒に、豚汁パーティーに必要な食材や調理器具を準備する。 ○ごっこあそびや劇あそびの役決めについて、みんなでゆっくりと話し合いができるように、その場の環境等、とくに気をつける。 ○あられや雪など、冬に関する図鑑や絵本・写真などを準備したり掲示したりしておく。 ○クリスマスやお正月にふさわしい飾りを準備し、楽しい雰囲気をつくる（クリスマスツリー、門松、しめ飾り、カレンダー、鏡もちなど）。 ○子どもたちが扱いやすい清掃道具を用意しておく。 ○いつでも劇あそびが楽しめるように、お面や衣装などの小道具を出し入れしやすい所に置いておく。 ○季節感のある絵本や紙芝居を準備しておく（『ぐりとぐらのおきゃくさま』『ゆきのひ』『くろうまブランキー』など）。 ○発表会の曲や、季節の歌、クリスマスソングなどの曲を要求に応じてかけられるよう準備しておく（「あわてんぼうのサンタクロース」「うさぎ野原のクリスマス」「ジングルベル」「おもちゃのチャチャチャ」など）。 ○いろいろな楽器を子どもが使いやすいように置いておく（カスタネット、鈴、タンバリンなど）。 ○劇あそびに使うお面など、自分のイメージしたものを作れるように材料を十分用意しておく（画用紙、色紙、フラワー紙、割り箸、絵の具、セロハンテープ、ホチキスなど）。 ○リースやクリスマスツリーを作るに当たって自由な発想で表現できるよう、さまざまな素材を準備し、使えるようにしておく（木の枝、まつぼっくり、どんぐり、毛糸、リボン、綿、モール、接着剤、セロハンテープなど）。 ○子どもの作品を飾っておく場所を確保し、大切に扱う。

個別の配慮	Lちゃん
	○Lちゃんは、これまで製作やお絵かきなど、ひとりあそびを好んでいる。運動あそびやごっこあそびに参加するが、少したつと、ひとりであそぶことが多い。11月上旬より、鬼ごっこが気に入りあそびに入るようになる。友だちと一緒にしようとするが、自分ばかり鬼になりたがったり、捕まっても鬼になるのを嫌がるなどの行動をとったりするので、トラブルになりあそびが中断する。保育士は、Lちゃんと友だちとの鬼ごっこに仲間入りし、Lちゃんのようすを把握しながらルールを知らせたり、トラブルになったときは、お互いの気持ちが伝え合えるよう仲立ちをする。Lちゃんが相手の気持ちに気づいて、一緒にあそびが続けられるよう援助していく。

◆は食育、◇は保健に関連する内容について示した。

出典：『保育の友』第58巻第14号（2010年12月号）, pp.64-65, 2010.

地域との連携家庭との協働	○冬の感染症についての予防や対処の仕方について知らせ、早期発見や予防に努めてもらう。 ○表現会にむけ取り組んでいるようすを、クラス便りや連絡帳で知らせる。また、家庭のようすなどを聞いたりして子どもの成長を喜び合う。 ○地域のかたと一緒に豚汁パーティーを行えるように協力の依頼をする。 ○新年を迎える準備やお正月あそびを一緒にするなど、家族のふれあいの場を大切にしてもらえるように伝える。	行事	◇表現会 ◇身体計測 ◇避難訓練 ◇豚汁パーティー ◇誕生会 ◇クリスマス会

予想される子どもの活動	保育士の援助および配慮
◇寒さや活動に応じて衣服の調節をし、快適に過ごそうとする。 ○保育士に見守られ自分を発揮しながら、友だちと一緒に安心して生活をする。	○健康観察をていねいに行い、一人ひとりの体調の把握に努め、病気の早期発見と適切な対応をしていく。 ○自分の思いを安心して表すことができるように、子どもの気持ちや考えを温かく受けとめていく。
○身のまわりのことを自分でする（衣服の調節、手洗いうがい、鼻をかむ、防寒具の始末など）。	○寒さのため手洗い・うがいをていねいにしない子どもには、そのつど大切さを知らせ、身につくようにしていく。
○友だちと一緒に戸外で走ったり、登ったり、ぶら下がったりするなど、からだを思いっきり動かしてあそぶ（影踏み、どんじゃんけん、缶蹴り、ボール蹴り、ジャングルジム、鉄棒など）。 ◆冬の野菜を観察したり収穫したりすることを喜ぶ。 ・収穫をする前に野菜が育っているようすを観察する。 ・収穫をするときに土の中で育ってきたことを知る。 ○さまざまな野菜の特徴について話したりするなかで、新たなことに気づく。 ◆友だちや地域のかたと一緒に、大根を収穫したり洗ったりして、豚汁を喜んで食べる。	○寒くてもからだを動かすことで、楽しい・面白いと思えるよう、保育士も積極的にあそびに加わる。 ◆冬の野菜の特徴などについて理解しやすいように、さまざまな教材を用いるなど工夫をし、興味や関心を深めることができるように配慮する。 ◆食材の調理方法について話し、興味がもてるように導く。 ○豚汁を食べるときには、大根を抜いたり洗ったりしたときのことを話題に取り上げながら、友だちや地域のかたと一緒に楽しく食べられるような雰囲気づくりをする。
○友だちと話し合って物事を決める。 ・みんなで話し合って役決めをし、友だちと一緒に登場人物になりきってあそぶ。 ・同じイメージをもって楽しく劇あそびをする。	○一人ひとりが一生懸命がんばっているところを認め、みんなに話したりするなど、それぞれが自信をもってできるように導く。 ○友だちとかかわるなかで、相手の気持ちや思いに気づき、受け入れ、認め合う姿がみられたときは、その気持ちを受けとめ、他の子にも積極的に伝えていく。
○吐く息の白さや、風の冷たさを肌で感じる。 ○あられや雪などを見つけたり触ったりする。 ○冬に関する絵本や図鑑を友だちと一緒に見る。 ○クリスマス会に参加する。 ・サンタクロースと一緒に楽しんで歌ったり踊ったりする。	○身近な自然の変化を保育士が機会を逃さずにとらえ、子どもに伝える。 ○季節の変わりめにおこる現象などについて、子どものちょっとした発見や疑問をとらえ、一緒に共感したり調べたりするなどして、自然事象への興味や関心が深まるように導く。
○新年を迎える準備をする。 ・お正月がくることを知り、道具箱や玩具箱の整理をする。 ・床、窓などの拭き掃除をする。 ○共通のイメージをもち、みんなと一緒に劇あそびをする（『11ぴきのねこ』『三びきのやぎのがらがらどん』『ブレーメンの音楽隊』など）。 ○絵本や紙芝居を見たり聞いたりして、クリスマスや雪のイメージを広げる。 ○友だちと一緒に楽しんで歌ったり、踊ったり、楽器を鳴らしたりする。	○身のまわりの整理整とんをしながら、新年を迎えることに期待をもつことができるようにする。 ○劇あそびを通して、表現することの楽しさや、みんなにみてもらうことの喜びを感じられるよう、一人ひとりに応じたことばかけをして、子どもの自信へとつなげていく。 ○想像をふくらませて友だちと話しているようすを見守り、一人ひとりの表現を受けとめる。 ○友だちと一緒に歌ったり、合奏したりする楽しさが味わえるように、子どもの表現や発想を大切にし共感していく。
○劇あそびに使うお面などの小道具を作る。自分たちで作った物を使ってあそぶ。	○子どもの発想やイメージを認め、作る喜びが味わえるようにことばをかけたり、必要に応じて援助したりする。
○クリスマスツリーやリースを自分なりに工夫して作り、飾る。	○作る楽しさや飾る楽しさ、作りあげた満足感が味わえるように、一人ひとりの子どもの姿を認めたり、励ましながら作る意欲につなげるようにする。

反省・評価	○室内環境や衣服の調節に留意し、健康に過ごすことができたか。 ○劇あそびなど友だちと一緒に表現することを喜び、自分の役割を理解して表現したり、役になりきったりするなど、積極的に喜んで参加していたか。 ○季節の変化に興味をもち、冬の訪れを知ることができたか。

参考資料2-6 　5歳児　6月の指導計画──石川県むつみ会自主研究委員会

	子どもの姿	○友だちと誘い合って、小動物の世話をするなど積極的に当番活動を行っている。 ○なわとびやサッカーなどのボールあそびを、気の合う友だちと一緒に、自分たちでルールをつくるなどして楽しんでいる。 ○自分の思いを友だちに伝えながらあそびを展開している。友だちの意見を聞き、取り入れてあそぼうとする。 ○年下児の世話をしようとしてはりきっているが、かかわりを上手にもつことができず戸惑う子もいる。	

		内　容	環 境 構 成
養護・教育（健康・人間関係・環境・言葉・表現）		○梅雨期を健康で快適に過ごす。	○エアコン、除湿機などを使って、温度、湿度、換気などを調節し快適な環境をつくる。
		○からだや身のまわりを清潔にすることの大切さがわかり、すすんでしようとする。 ◇からだと食べ物との関係を知り、食事をする。	◇からだや歯に関する絵本やポスターを、見やすい場所に掲示したりする。 ◇歯科衛生士から、からだと歯の話を聞く場を設ける。 ◆栄養士から、からだと食べ物の話を聞く場をもつ。
		○自分のからだを十分に動かし、すすんで運動をする。	○室内でもからだを十分に動かしてあそぶことができるように、遊具や用具（なわとび、跳び箱、巧技台、マットなど）を用意する。
		○年下の子どもと一緒にふれあってあそぶことを楽しむ。	○年下の友だちとふれあってあそぶ時間をもつ。
		○自分の思いを伝えたり、友だちの思いを受け入れたりしてあそぶ。	○相手の思いに気づけるよう、子ども同士で話し合える場を大切にする。また、自分たちであそびを考えたり、工夫してあそびを広げたりできるように、十分な時間や空間を設ける。
		◆夏野菜の世話をするなかで、生長や変化に気づき、収穫を楽しみにする。	◆夏野菜を栽培して、興味をもったことや疑問に思ったことを調べられるように、図鑑や虫眼鏡などを用意する。
		○身近な小動物の成長に興味や関心をもち、観察したり世話をする。	○子どもが観察したり世話をしたりしやすい場所に、カタツムリやザリガニなどを置き、図鑑やえさ（ニンジン、キャベツ）を用意する。また、手洗い用に消毒液や石けんを置く。
		○梅雨期の自然事象に興味や関心をもつ。	○雨の降るなかの園庭を歩いたり散歩したり、梅雨期に生息する生き物に出会う機会をつくる。
		○砂や水であそぶなかで、その性質や特徴に気づく。	○あそびが広がるように、スコップ、バケツ、ホースなどを取り出しやすい場所に用意する。
		○梅雨期の自然に興味をもち、見たり触れたり調べたりする。	○梅雨期の雨や雷などに関する絵本や紙芝居、図鑑を用意する。 ○気づいたり感じたりしたことを、伝え合う時間や場をつくる。
		○絵本や童話に親しみ、イメージをふくらませて楽しむ。	○子どもの興味や関心に応じて、絵本や図鑑を準備する（『しずくのぼうけん』『だるまちゃんとかみなりちゃん』『かがくのとも』『自然の図鑑』など）。
		○友だちと一緒に歌ったり踊ったりすることを楽しむ。 ○リズムに合わせて、楽器を演奏したりすることを楽しむ。 ○自分のイメージしたことを、描いたり作ったりすることを楽しむ。	○季節の歌やリズミカルな曲を用意する（「ながぐつマーチ」「雨だれさん」「あめふりくまのこ」「虫歯建設株式会社」など）。 ○材料を取り出しやすいように分類し、落ち着いて製作に取り組めるように環境を整える（牛乳パック、空き箱、画用紙、折り紙、セロハンテープ、のり、はさみ、紙コップ、糸、絵の具、筆など）。
個別の配慮		Cちゃん ○友だちとあそぶなかで、自分が嫌なことをいわれても、その場で直接友だちにいえずに、保育士にいいにくることが多い。 Cちゃんには、自分の思いを友だちに伝えられるように、その伝え方などを具体的に話したりするなどして励ます。友だちには、Cちゃんの思いに気づいて、やさしいことばで話しかけるように声をかけ、仲間関係がうまくいくように導く。	家庭との協働	○梅雨期の衛生管理（手洗い、衣服の調節など）についてクラ ○歯みがき指導を通して、歯みがき習慣の大切さを伝え、家庭 ○保育参観では、日ごろのようすをみてもらい、保育で大切に ○当番活動のようすを伝え、家庭においても役割をもち、手伝いになったことにより、自信につなげていく。
			小学校・地域との連携	○近隣施設の高齢者と交流する（施設訪問を行い、ふれあいあ

◆は食育、◇は保健に関連する内容について示した。

出典：『保育の友』第59巻第6号（2011年6月号）, pp.70-71, 2011.

ねらい	○自分の思いや気持ちを伝え、友だちとのかかわりを深める。 ○梅雨期の自然事象や動植物について調べたり世話をしたりするなどして、その特徴に気づき、自らのあそびに取り入れようとする。 ○年下児の気持ちを受けとめ、思いやりや親しみの気持ちをもってかかわる。	行事	○人形劇観劇　◇保育参観 ◇身体計測　○高齢者施設訪問 ○避難訓練　◇歯科健診 ○誕生会

予想される子どもの活動	保育士の援助および配慮
○自分からすすんで衣服の調節や手洗い、汗の始末をする。 ○運動のあと、休息をする。 ◇歯みがきの必要性を知り、すすんで歯みがきをする。	○清潔にすることの大切さに気づき、健康的な生活習慣が身につくよう、必要に応じて知らせていく。 ◇歯科健診を通して歯をみがくことの大切さを伝え、子どもが歯みがきをしている姿を認め、すすんで歯みがきができるようにする。
◆かむことの大切さを知り、よくかんで食べる。 ○友だちと一緒に運動あそびをする（なわとび、サーキットあそびなど）。	○遊具や用具の安全な使い方を伝えたり、子どもの挑戦する姿や子どもの考えを受けとめ、環境を再構成したりする。
○年下の友だちと一緒にままごとや折り紙あそびなどをする。	○年下の子どもに親しみをもってあそぶ姿を見守り、かかわり方に戸惑っているときは必要に応じてことばをかけ、その対応方法などについて伝えるようにする。
○気の合う友だちと一緒に工夫してあそぶ（ごっこあそび、構成あそびなど）。	○あそびが発展するように子どもの姿を見守る。トラブルになった場合は、子ども同士で解決できるように、それぞれの思いをていねいに聞き受けとめ、ときには一緒にしたり、励ましたりする。
◆保育士や友だちと一緒に、野菜の水やりや草取りをする。興味や疑問をもったことを図鑑で調べたり話し合ったりする。野菜の花や実を見つけて伝え合う。 ○友だちと一緒にカタツムリを見つけ、生息場所などの特徴も知る。 ○カタツムリや、ザリガニなどの飼育物にえさを与えるなど、すすんで世話をする。 ○雨の降るなかを散歩し、雨の音を聞いたり、水たまりに興味をもって手で触れたり、水の流れをつけてあそぶ。 ○友だちと一緒に山や川などを作り、水の流れを予想したり工夫したりしてあそぶ。	○夏野菜などの生長に興味や関心をもち、気づいたことや感じたことに共感し、収穫への期待がもてるように導く。 ○小動物の観察や世話をするなかで、命の大切さに気づき、愛情をもって育てるように援助する。小動物に触ったあとは、石けんできちんと手を洗うように声をかけ、清潔など衛生面に配慮する。 ○五感を通して自然にふれ、見たり聞いたり触ったりして、感性が育つように導く。 ○雨の日の歩き方や雨具の扱い方など、安全面の指導をする。 ○砂や水の性質や特徴に気づく姿を見守り、他の子どもの工夫や考え方に共感し、子ども同士のつながりがよりもてるようにする。
○自分の見たこと聞いたこと感じたこと調べたことを、自分なりに友だちや身近な人にことばで伝える。	○子どもが自分の思いをうまく伝えられない場合は、ことばをそえるなどして、自分の気持ちが伝わる喜びが感じられるように導く。
○絵本や童話を見たり聞いたりするときなど、内容やことばの面白さについて理解し、そのイメージがふくらみ、さらにあそびが広まる。 ○友だちと一緒にリズムに合わせて、歌を歌ったり踊ったり楽器あそびをする。	○絵本を通して子どもの興味が広がるようにする。読み聞かせるときは、静かな雰囲気のなかで、話の内容が十分に伝わるように配慮する。 ○子どもの表現を積極的に取り入れ、一緒に踊ったり歌ったりして楽しさを共有する。
○さまざまな素材を使って、自分なりのイメージをもって作り、その作ったものであそぶ。	○一人ひとりの絵や作品を紹介したり展示するなどして、工夫しているところを十分に認める。また、友だちの作品から自分もやってみようとする気持ちにつなげる。 ○必要に応じて材料を補ったり、ことばをかけたりして、子どものイメージしたものが実現できるように援助する。

		反省・評価	○自分の思いや気持ちを伝え、友だちとのかかわりを深めることができたか。 ○梅雨期の自然事象や動植物について調べたり世話をしたりするなどして、その特徴に気づき、自らのあそびに取り入れようとする姿はみられたか。 ○年下児の気持ちを受けとめ、思いやりや親しみの気持ちをもってかかわることができたか。

（左下、切れている部分）
ス便りなどで伝える。
での歯みがきの習慣を呼びかける。歯科健診の結果を伝える。
していることや子どもの成長を伝える。
いをすることができるようにお願いをする。自分でできるよう

そびをする）。

索 引

あ〜お

- 愛着の形成 130
- アクティブ・ラーニング 27,31,192
- 遊び 23,50,77
- アタッチメントの形成 130
- 生きる力 77,181
- …の基礎 119
- 1日の指導計画 98,100,122,158
- 一貫性 3
- 意図的評価 105
- 異年齢保育 160
- いやいや期 152
- インターベンション 73
- 運動指導 48
- エバリュエーション 73
- 援助計画 70
- 援助指針 72
- 援助実施状況の確認 73
- 園便り 156
- 恩物 20

か〜こ

- ガーベ 20
- 解釈の記録 107,110
- 改善 67
- 課題 57
- 学期指導計画 92,98,120,158
- 学校 38
- 学校安全計画 51
- 学校教育機関 50
- 学校教育法 15,23,38,63,182,196
- 学校教育法施行規則 197
- 学校保健安全法 4
- 学校保健計画 51
- 家庭との連携 145
- カリキュラム 14,18,58
- …の歴史 20
- カリキュラム・マネジメント 27,28,31,51,56,156
- 環境 23,27,32,42,44,115,131,138,143,180
- …（旧・保育所保育指針） 212
- 環境構成 84,93,120,124,143,160
- 期案 76,82,92,98
- 期間指導計画 76,82,92,98,120,134,158
- 教育 91,133
- …の目標 180
- 教育活動 53
- …の計画 51
- 教育課程 2,4,14,18,30,32,34,50,52,54,64,76,118,120
- 教育課程編成 52
- 教育期間 76
- 教育基本法 4,15,180,182
- 教育時間 50
- 教育方針 53
- 教育方法 53
- 教育目標 4,31
- 教育理念 54
- 教科 50
- 教科カリキュラム 18,23,156
- 行事 120,145
- 記録 11,106,113
- …の意義 106
- …の教育的機能 114
- …の原則 107
- …の心得 109
- …の目的 106
- …の留意点 108
- キンダーガーテン 20
- キンダーガルテン 20
- クラス懇談 145
- クラス編成 133
- 倉橋惣三 21
- 計画性のある保育 2
- 経験カリキュラム 18,23,156
- 形式的恩物操作主義 21
- ケース概要票 72
- ケース検討会議 70,72
- 月案 76,82,84,92,98,120,134
- 健康 42,43,143
- …（旧・保育所保育指針） 210
- 研修 47
- 行為の中の反省 10
- 公開保育 47
- 個人別月間指導計画 93
- 個人面談 145
- 子育て支援 63,66
- 言葉 42,44,143
- …（旧・保育所保育指針） 213
- 子ども観 11,84
- 子ども・子育て支援新制度 39
- 子ども自立支援計画ガイドライン 72
- 子どもの活動 160
- 子どもの主体性 2
- 子どもの姿 122
- 子ども評価 107
- 子ども理解 178,188
- 個別支援計画 125
- 5領域 40,42,50,142,166

さ〜そ

- 3歳以上児 91
- 3歳未満児 91
- 支援の実施 73
- 思考力、判断力、表現力等の基礎 78
- 自己肯定感 112
- 自己効力感 112
- 自己評価 31,47
- 事後評価 73
- 事実の記録 107,110
- 実習指導案 100
- 実習生 172
- 指導 78
- 指導案 12,178
- 指導計画 2,34,47,50,51,63,76,90,118,120,125,154
- …の作成 138
- …の立案 144
- 児童自立支援ハンドブック 70
- 児童相談所 71,72
- 児童中心主義 21
- 児童の権利に関する条約 70
- 児童福祉施設 38,70
- 児童福祉施設の設備及び運営に関する基準 38,215
- 児童福祉法 4,15,38,70
- 児童養護施設 70
- 社会的資源 162
- 週案 76,86,98,122,134
- 就学前教育 156,181
- 就学前の子どもに関する教育、保育等の総合的な提供の推進に関する法律 4,15
- 柔軟性 3
- 週の指導計画 76,86,98,122,134
- 10の姿 92
- 主体性 131
- 主体的・対話的で深い学び 27
- 主体的な学び 30
- 小学校 190

…との接続	92,183
小学校学習指導要領	184
ショーン, D. A.	10
食育計画	63,144
食物アレルギー	102
自立支援	70
自立支援計画	70,72
…の意義	70
…の策定	72
…の策定過程	71
…の展開	71
…の目的	70
自立支援計画票	218
人格の完成	182
人的環境	79
睡眠リズム	140
生活上の自立	191
生活を生活で生活へ	21,77
省察	8,106,113
精神的な自立	191
関信三	21
責任実習	172
全体的な計画	
…2,4,14,30,32,34,51,54,62,90,118,120,144	
…の作成	66
専門性	113
創意工夫	32,35,66

た～と

対話的な学び	30
短期の指導計画	
32,34,50,76,86,98,122,134	
…の立案	171
地域交流	162
知識及び技能の基礎	78
地方裁量型認定こども園	15
長期の指導計画	
32,34,50,76,82,92,120,134,158,168	
…の立案	169
月の指導計画	
76,82,92,93,98,120,134,158	
デイリープログラム	146
同僚性	58

な～の

内容	5,32,39,81,115,122
…の取扱い	39
日案	76,86,100,122,158

日課	133
乳児	92,130
乳児期	130
乳児保育のねらい	132
入所に関する記録	186
人間関係	42,43,143
…（旧・保育所保育指針）	211
認定こども園	14,15,62
…の歴史	17
認定こども園法	4,15
ねらい	
5,28,32,39,47,81,98,115,	
119,120,122,134,173	
…及び内容	166
年間指導計画	50,76,82,92,120,133
年間目標	134

は～ほ

配慮事項	93
育みたい資質・能力	39,78,119,191
発達課題	169
発達過程	62,120
反省	113,114
反省的実践家	10
PDCAサイクル	8,58
非認知的能力	39
評価	8,67,104,113,114,149,160,173
表現	42,45,143
…（旧・保育所保育指針）	214
深い学び	30
物的環境	79
プラスの評価	104
プランニング	72
フレーベル, F. W. A.	20
ペスタロッチー, J. H.	20
保育	3,112
…における評価	104
…に関する記録	186
…の記録	108
…の計画	12
…の計画作成のポイント	6
…の計画と評価	4
…の省察	106
…の内容	82,142,166
…の評価	160
保育観	84
保育教諭	2,8,15,180
保育士	2,8,180
保育実践の可視化	105

保育者	106
…の援助	32,120,125
…の援助や配慮	172
保育者評価	107
保育所	14,38,62,190
保育所型認定こども園	15
保育所児童保育要録	109,186
保育所保育指針	
2,4,8,14,15,23,38,183,199	
…の歴史	16
保育内容	134
保育日誌	130
保育方針	2
保育目標	4,31
保育要領	15,23
保育要領――幼児教育の手引き	15,23
保育理念	2
方向づけ	104
ポートフォリオ	156
保健計画	63,144
保護者参画	162
保護者との連携	3

ま～も

マイナスの評価	104
学びに向かう力、人間性等	78
学びの基礎力の育成	190
学びの自立	191
マネジメント	58
3つの自立	191
無意図的評価	105
モニタリング	73

や～よ

誘導保育論	21
養護	91,133
幼児期の終わりまでに育ってほしい姿	
28,40,42,78,92,119,168,187,191	
幼児期の教育と小学校教育の円滑な接続の在り方について	190
幼児教育	39
…において育みたい資質・能力	42
幼児教育の手引き	15,23
幼児教育部会における審議の取りまとめ	56
幼稚園	14,20,23,38,50,190
幼稚園型認定こども園	15
幼稚園教育要領	

……………… 2,4,8,14,15,21,23,38,51,183,202
…の歴史 ………………………………… 16
幼稚園教育要領解説 ……………… 51,104
幼稚園教諭 ………………………… 2,8,180
幼稚園、小学校、中学校、高等学校及び特別支援学校の学習指導要領等の改善及び必要な方策等について ……………………… 26
幼稚園幼児指導要録 ……………109,186
…（学籍に関する記録）……………… 219
…（最終学年の指導に関する記録）… 220
幼保連携型認定こども園……………… 15
幼保連携型認定こども園園児指導要録
………………………………………109,186
幼保連携型認定こども園教育・保育要領
……………………… 4,8,15,23,184,205
要録 …………………………………109,186

ら～ろ

領域 …………………………………… 23
両義性 ………………………………… 11
ルソー，J. J. ………………………… 20
連絡帳 ………………………………… 156

新・基本保育シリーズ

【企画委員一覧】（五十音順）

◎ 委員長　○ 副委員長

相澤　仁（あいざわ・まさし）	大分大学教授、元厚生労働省児童福祉専門官
天野珠路（あまの・たまじ）	鶴見大学短期大学部教授、元厚生労働省保育指導専門官
石川昭義（いしかわ・あきよし）	仁愛大学教授
近喰晴子（こんじき・はるこ）	東京教育専門学校専任講師、秋草学園短期大学特任教授
清水益治（しみず・ますはる）	帝塚山大学教授
新保幸男（しんぽ・ゆきお）	神奈川県立保健福祉大学教授
千葉武夫（ちば・たけお）	聖和短期大学学長
寺田清美（てらだ・きよみ）	東京成徳短期大学教授
◎西村重稀（にしむら・しげき）	仁愛大学名誉教授、元厚生省保育指導専門官
○松原康雄（まつばら・やすお）	明治学院大学学長
矢藤誠慈郎（やとう・せいじろう）	岡崎女子大学教授

（2018年12月1日現在）

【編集・執筆者一覧】

編集

千葉武夫（ちば・たけお）	聖和短期大学学長	
那須信樹（なす・のぶき）	中村学園大学教授	

執筆者（五十音順）

碓氷ゆかり（うすい・ゆかり）	聖和短期大学教授	第10講
小櫃智子（おびつ・ともこ）	東京家政大学准教授	第6講Step1・Step2
小山朝子（こやま・あさこ）	帝京平成大学講師	第8講
千葉武夫（ちば・たけお）	（前掲）	第4講
寺地亜衣子（てらち・あいこ）	香蘭女子短期大学講師	第7講
德永聖子（とくなが・せいこ）	清和大学短期大学部講師	第14講
那須信樹（なす・のぶき）	（前掲）	第1講
西村美紀（にしむら・みき）	大谷大学准教授	第5講
野中千都（のなか・ちづ）	中村学園大学准教授	第12講
波田埜英治（はたの・えいじ）	聖和短期大学准教授	第6講Step3
堀　科（ほり・しな）	東京家政大学准教授	第11講
矢野景子（やの・けいこ）	東京福祉大学講師	第13講
山口宗兼（やまぐち・むねかね）	北海道文教大学准教授	第2講
山下文一（やました・ふみひと）	松蔭大学教授	第3講
吉岡眞知子（よしおか・まちこ）	東大阪大学教授	第15講
和田明人（わだ・あきひと）	東北福祉大学教授	第9講

教育・保育カリキュラム論
新・基本保育シリーズ⑬

2019年2月20日　初　版　発　行
2025年2月1日　初版第4刷発行

監　修	公益財団法人 児童育成協会
編　集	千葉武夫・那須信樹
発行者	荘村明彦
発行所	中央法規出版株式会社
	〒110-0016 東京都台東区台東3-29-1　中央法規ビル
	Tel 03(6387)3196
	https://www.chuohoki.co.jp/
印刷・製本	株式会社アルキャスト
装　幀	甲賀友章(Magic-room Boys)
カバーイラスト	M・いそみ(社会福祉法人 草笛の会 絵画療育教室)
本文デザイン	タイプフェイス
本文イラスト	小牧良次(イオジン)

定価はカバーに表示してあります。
ISBN978-4-8058-5793-9

本書のコピー、スキャン、デジタル化等の無断複製は、著作権法上での例外を除き禁じられています。また、本書を代行業者等の第三者に依頼してコピー、スキャン、デジタル化することは、たとえ個人や家庭内での利用であっても著作権法違反です。

落丁本・乱丁本はお取替えいたします。

本書の内容に関するご質問については、下記URLから「お問い合わせフォーム」にご入力いただきますようお願いいたします。
https://www.chuohoki.co.jp/contact/